JN327485

水橋町（富山県）の米騒動

井本三夫

桂書房

松井滋次郎さん、
瀧川弥左衛門さんと
証言の古老たちに捧げる

目次

まえがき …… 1
水橋米騒動の経過概要 …… 2
富山県米騒動の経過表 …… 20
水上徳重さんの証言：国際航路で見る神戸と大陸沿岸の「米騒動」 …… 23

第一章　松井滋次郎氏による集録と親族の証言

証言1　岩田重太郎さん・村井政次郎さん談 …… 34
証言2　杉村ハツさん・岩田重太郎さん談 …… 40
証言3　岩田重太郎さんの話「坐りこむ富山の女たち」 …… 51
証言4　思い出を語るおばばたち …… 52
証言5　高井文助さん・村井政次郎さん
「女たちが東水橋港で、汽船積み阻止」 …… 57
証言6　岩田重太郎さんの談
「七月二〇日過ぎ、女たちが仲せ親方へ押しかける」 …… 61
証言7　金山秀吉さん「女たち二、三百人が夜、水橋駅へ」 …… 62
証言8　松井夫人フミ子さん・長男征幸さんによる回想 …… 67
証言9　角川幸子さんによる松井・岩田両氏の回想 …… 77
解　説 …… 80

第二章　瀧川弥左衛門さんの証言

証言10　七月下旬、『毎日』記者が東水橋騒動を打電、「ごとむけ」事件 …… 86
証言11　「西水橋でも始まった頃、東水橋は（群衆で）真っ黒だった」 …… 91
証言12　「廣瀬南洋が『高岡新報』へ電話、異説を立てる人たち」 …… 92
証言13　高松キミさんと大谷晃一氏 …… 96
解　説 …… 101

考　察　「高松キミさんの作文とジャーナリズム・教育界」……102

第三章　東水橋での拡大期

証言14　桜井安太郎さん「〝仲せ〟女と米騒動」……108
証言15　新木政次郎さん「移出商の米車曳き」……109
証言16　土肥キクイ先生の話「新大町に連日の群衆」……112
証言17　横山藤吉さん「移出米商での騒ぎ」……114
証言18　水上ヒサさん「滑川水橋の騒動と水上トキ」……118
証言19　高柳アイ「誘われて高持ち歴訪」……126
証言20　水野勇一さん「街道上で女たちが米車阻止」……129
解　説……133

第四章　西水橋でも始まる

証言21　市田一郎さん「日枝神社でのもみ合い」……136
証言22　岡本公甫さん「遠い憶い出」……138
証言23　土肥キクイ先生「西水橋役場の群衆」……140
史料1　一九一八年の学校記録……141
証言24　市田一郎さん「西水橋の役場・小学校・浜三町」……143
証言25　黒川久士さん「倉・米屋、西水橋の女たち」……145
解　説……150

第五章　東西名望家層の連携、『高岡新報』へ通報

証言26　金山秀吉さん「岡本公夫さんと篠田七次さん」……152
証言27　瀧川弥左衛門さん「岡本救出に篠田七二郎が滑川署へ」……153
調査1　大村歌子さんによる調査「篠田姓の人たち」……154
証言28　市田一郎さん「廣瀬南洋と池田太吉」……159
調査2　小松外二さん・大村歌子さんによる調査「廣瀬姓の人たち」……161

解　説 …… 165

第六章　米価・「米騒動」・救恤の地元記事

史料２　一九一八年「米騒動」の地元紙記事 …… 168
史料３　一九一八年「米騒動」期の救恤 …… 175

第七章　連隊への出動命令とシベリア出兵期隊内暴動

証言29　横山藤吉さん「連隊に出動命令が出ていた」 …… 180
証言30　瀬島龍三氏の陸軍内での記憶 …… 187
証言31　櫻井安太郎さん「シベリア出兵期、留守隊内にも暴動」 …… 188
解　説 …… 190

第八章　女たちの回想

証言32　城川カオリさん「ジョーキとランプの頃の奉公」 …… 192
証言33　水上ノブさん（伊よんさのお婆わ）の記憶 …… 193
証言34　松井フミ子さん「弥助さのお婆わと浜端の暮し」 …… 195
証言35　水上ヒサさん他「仲仕の暮し」 …… 200
証言36　島田まつよさん談・堀田次修さん「島田のお嬶かのこと」 …… 209
証言37　水上ハルさん（ノブの孫の妻）「仲仕した嫁の頃」 …… 210
証言38　杉村アヤさん「杉村ハツさんのことなど」 …… 213

第九章　移出米商の変化

証言39　小泉米次郎さん「米屋（移出商）と搗屋（小売り）」 …… 216
証言40　市田一郎さん「大きな米屋は看板なし」 …… 222
証言41　島田英夫さん「昭和の米屋、電気騒動」 …… 224
証言42　山本忠之助さん「銀行と米屋」 …… 232
解　説　騒動後の変化 …… 236

第一〇章　正満又七の人と事績
証言43　市田一郎さん「正満又七さんのこと」…… 240
解　説　正満又七略伝と『水橋郷土史』編集…… 241
証言44　黒川久士さん「東水文庫と『水橋郷土史』」…… 243

第一一章　電気争議の頃
証言45　市田一郎さん「正満又七と滑川グループ」…… 246
証言46　高井文助さん「篠田耕三は同級生」…… 246
証言47　黒川久士さん「正満又七と篠田耕三」…… 247
証言48　黒川久士さん「電気争議の頃」…… 247
史料4　正満又七による電気争議の記述…… 248

第一二章　水橋郷土史料館前の記念碑
記念碑碑文…… 252
史料5　「食料政策の転換を要求、米騒動60周年記念集会」…… 254
証言49　瀧川弥左衛門さん「米騒動記念碑と隠蔽意見」…… 254
証言50　横山藤吉さん「売薬先でも米騒動は悪くいわれない」…… 256
解　説…… 257

付録I　明治期水橋の米騒動・米価
史料6　水橋米価：明治元年〜昭和二年…… 260
解説と史料紹介：水橋の明治期米騒動…… 261

付録II　水橋の人と略史
水橋の人と略史…… 266

あとがき…… 274

まえがき

この東西水橋町（現・富山市水橋）についての調査報告は、松井滋次郎さんが集録された「米騒動」参加者・目撃者たちの証言テープによる録音と、瀧川弥左衛門さんその他の目撃者・同世代人などから筆者が録音したテープを、合わせて文字化公表するものです。松井さんが集録を始められた当時は、まだ今日のような小型のカセットでなかったので、重いテープ・レコーダーを長男の征幸さんに持たせたりしながら家々を回られたそうです。松井さんの調査結果の概要が『労働農民運動誌』（一九六八年八月号）・『赤旗 日曜版』（一九六八年七月二八日）に公表されていたにも拘わらず、富山県で最初に出された米騒動の本である『証言 米騒動』（一九七四年、北日本新聞社刊）ではこれが無視されていました。その上、松井さんが間もなくに亡くなられたので、その成果は二〇年間、ほとんど知られずにいたのでした。筆者がご遺族の所在を探り当て、テープの内容の一部を文字化し『富山史壇』111・112号に掲載したのは一九九三年七月・一一月です。瀧川弥左衛門さんの多くの貴重な証言も、一部のジャーナリストや町民から不当な扱いを受けても黙することなく、強い意志をもって続けて来られたものです。

証言テープは全てに番号を付して保存されており、将来は（以前の拙著『北前の記憶』に掲載した証言のテープと共に）しかるべき公共の機関に託する所存です。

証言・史料の数は六〇本に及ぶので、一二章と付録Ⅰ・付録Ⅱにわけ、各章末尾に必要な限りで解説をつけます。なお、証言者の言い回しをできるだけ遺すよう方言のままにしてありますので、解りにくいと思われる箇所には（ ）にいれて註や説明的な語を補います。

この本にまとめるまでに証言者の方々の多くが亡くなられ、本書をお見せすることのできなかったことを心よりお詫び申しあげ、この書を謹んでその方々に捧げるものです。またこの調査報告をまとめる過程で、証言者のご遺族の多くの方々、水橋郷土史料館の小松外二館長、水橋郷土史会の大村歌子さん・山中昭さんほかの方々のご協力をいただいたことに厚く御礼申し上げます。

二〇一〇年八月

井本三夫

水橋米騒動の経過概要

一九一八年（大正七）の米騒動の際の水橋については、当時『高岡新報』が独占的に報じたことがそのまま伝えられてきました。八月三日に西水橋町で始まり、それが東水橋町側に波及したというのです。全国的な基礎資料とされてきたいわゆる『細川資料』や、それを主体にした『米騒動の研究』などにも、これがそのまま転載されていました。けれども、注意深く読むと初めからおかしいと思われるふしがないではなかったのです。八月四日号で三日に西水橋の側から始まったと言った『高岡新報』が、五日号以後報ずるのはほとんど東水橋町側のことばかり。その東水橋町では、「波及」した直後から全町に騒ぎが拡がってしまっていて、次々に起こる事件の中で動く人数も六～七百名、また数百名と西水橋のそれに数倍していました。隣の滑川町の騒動を中心に当事者の証言を集めた斉藤弥一郎著『米騒動』の中でも、東水橋町での騒動の一つである米運搬車阻止事件の激しさが報じられています（しかも後に知られるように、これは二度目の運搬車阻止でした）。

実は東水橋側では非常に早く、七月上旬から女仲仕たちが米の移出停止を要求して米商へ日参をくり返しており、この長い前哨戦の上に八月段階での騒動全町化があり得たのだ、という生残り参加者たちの回想談が発表されたのは、一九六八年の米騒動五〇周年記事の一つにおいてでした。富山では社会運動家として知る人も多い故松井滋次郎氏が、夫人の出身地の東水橋で米騒動参加者たちから詳細な聞き取りを行なっていたのです。その簡潔な要約が六八年に新聞・雑誌に出されてはいたものの、その背後に詳細な記録があることが氏の物故により、また前記『証言・米騒動』による無視で、長い間知られずにいたのです。

編者が水橋へ調査に入り出したのは米騒動六十周年を過ぎた一九八〇年頃からで、騒動世代の生残りを僅かに見つけることはできましたが、前記五十周年記事に回想を語っていた直接の参加者・随伴者たちはことごとく亡くなられた後でした。せめて子孫になり聞こうと東水橋の町を、西浜といわれる地区を中心に歩き廻っていましたが、移転や同姓が多く難儀を極めました。ここにその調査記録を紹介する松井滋次郎氏の義兄弟である、角川格一氏のお宅にほとんど偶然に飛び込んだのは、編者のこのような水橋歩きが一三年目に入った九一年五月上旬のことでした。

応対に出られた奥さん（幸子さん）が五十周年回想記事の中で話しておられる岩田重太郎氏の娘さんであったばかりでなく、嫁いでこられたこの家が、騒動を主導した三人の指導者の一人、「弥助さのお婆わ」の家（住所を移っていたので判らなかった）でもあったと知って驚きました。しかも、その「お婆わ」の孫の一人（格一氏の姉）が嫁いだのが松井滋次郎氏だったのです。

滋次郎氏は亡くなられたが奥さん（フミ子さん）と息子さんがお元気と聞き、早速にお訪ねした。お話によると、戦前から弾圧の中を生き抜いてこられた滋次郎氏は、その運動の歴史（殊にその途上で斃れた人々のこと）や民衆運動の記録を遺すことに、強い使命感を持っておられたという。「以前松井干冬という人が東水橋の米騒動のことを書いておられたが（以下『干冬報告』と略称）」と訊くと、滋次郎氏の筆名だという。のみならず前述の五十周年回想記事（以下『五十周年回想』と略記）もまた、松井夫妻が騒動参加者たちを角川格一氏の家に集め、お膳立ての出来たところへ記者が来て聞きとっていったのだそうです。

それらすべての基礎となっていた松井氏自身の調査を記録したテープが残っていると知り、是非にとお願いして聞かしていただくことになったが、今日のカセット・テープと異なる大型である上、長年保存のため黴が生えていた。富山駅前のCICビルの中で広告放送社をやっておられる本郷さんに特殊処理をしていただき、ようやく聞くことができた。テープは八種類あり、テープA～Gと名付けます。以下ではこのテープのほかに、筆者が集めた証言や史料をも使って東西水橋の米騒動の概要を見ます。

紙数の関係で、他の資料でも既に語られている事は割愛せざるを得なかったし、つながりの関係で話題の順序を変えさせていただいた箇所もありますが、話し言葉のそのままを出来る限り残すように務めました。文中（　）の中にある方言の説明その他、各章末の註、各章・各節の見出し、図とその説明は編者によるものです。

1）「七月初めから」移出米商へ、赤ん坊を負って「二十数回」、巡査に何度も探られる

行動は「七月はじめから」「二十五六人」の女（陸《おか》）仲仕たちが移出米商高松へ、積出し停止要求に日参することで始まります（証言4）。

まだ「つゆどきでバンドリを着てでかけ」たので、「バンドリ騒動」と冷やかされたと云います（証言2）。バンドリとは胴回りのない簡単な蓑で、バンドリ騒動とは明治二年にこの新川郡一帯を席捲した全国有数の世直し一揆の通称です。八月初めまでに二十数回も通ったといいます（証言4）。ただし、瀧川さんの見た（証

東水橋側の白岩川河口

図1 水橋と滑川（白岩川で東西水橋町が分かれている。上市川より東が滑川町）

言10の）場合は数人でしたから、「二十五六人」「二一、三〇名」というのは毎回それだけ参加していたということではなく、その集団に組織されていた、つまり東水橋の西浜と呼ばれる河口港沿いの地域を中心に住んでいた女（陸）仲仕の総数と思われます。

移出米商の高松が会おうとしないので、声を荒立て戸前を叩いての抗議行動になりました。高松の店は、図1で白岩川東岸に「文」の印で示されている水橋中部小学校・中学校になっている、むかし加賀藩の米蔵があった近くで、白岩川を下って来る米が集まり水車精米もしやすい位置でした。瀧川さんは女仲仕たちが、店にいる女将さんから「喰えんにゃゴトむけ（食べ

艀場

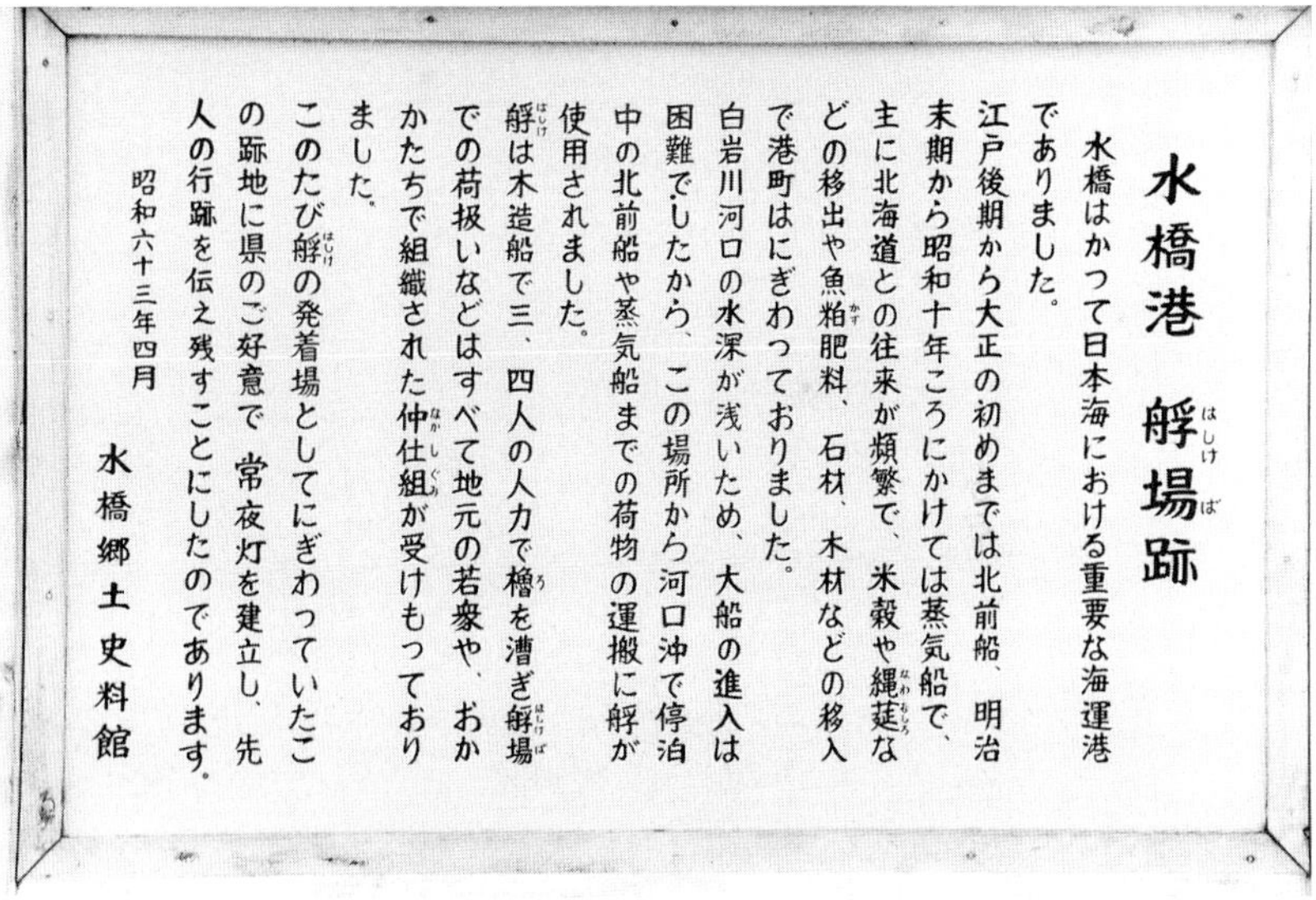
水橋港 艀《はしけ》場《ば》跡
水橋はかつて日本海における重要な海運港でありました。

江戸後期から大正の初めまでは北前船、明治末期から昭和十年ころにかけては蒸気船で、主に北海道との往来が頻繁で、米穀や縄莚《なわむしろ》などの移出や魚粕《かす》肥料、石材、木材などの移入で港町はにぎわっておりました。

白岩川河口の水深が浅いため、大船の進入は困難でしたから、この場所から河口沖で停泊中の北前船や蒸気船までの荷物の運搬に艀が使用されれました。

艀《はしけ》は木造船で三、四人の人力で櫓《ろ》を漕ぎ艀場《はしけば》での荷扱いなどはすべて地元の若衆や、おかかたちで組織された仲仕組《なかしぐみ》が受けもっておりました。

このたび艀《はしけ》の発着場としてにぎわっていたこの跡地に県のご好意で常夜灯を建立し、先人の行跡を伝え残すことにしたのであります。

昭和六十三年四月
水橋郷土史料館

られないなら死んだらいい）」と言われたらしい場面を見たそうです（証言10）。「バンドリの下にねゝ（赤ん坊）おんぶして」行き、「背中のねゝゃ（が）キャーッ言うたことあって振り向いたら、知らん男のっさん（男の人）立っとられて『堪忍してくれ』言われる。私服のじんだはん（巡査）だちゃ、バンドリの下、なんか悪いもん持っとらんか思ぅて探りまわいて、ねゝ泣かいてしもたがです。この人はんなんべんでも、三日やら来られて三日がらおない（同じ）ことして謝られた」（証言2・4）。警察はこのように梅雨中の七月上旬から米騒動が始まっていたことを知っていながら、それを隠したのでした。

２）七月二〇日婦女百人が汽船積み阻止、藤田回漕店を通じて噂が広まる

移出米商が応じないので、その親戚などにも訴えて回り（証言2）、一般の主婦たちにも拡がってふくれ上がりました。角川与三左衛門という回船問屋で番頭をしていた高井文助さんは語ります。「この浜へね、汽船や二杯も来とった。そういぅ船ぁ港のなか（河口）ちゃ入れえんが。沖に懸かっとった。角川はそういう船に米積ましとったれど、仲介しとったが滑川の藤田栄一いう回漕店。その番頭がここへ、角川の店へ来とったねけ」。その汽船の米の船積みを、女たちが艀場（白岩川口東岸の説明板が立てられている場所）で中止させました。「艀に一杯も積んでったかねぇ。二杯目ぐらいになったら、こりゃまあー出てきたぁー。……並んだ、倉庫からずーっと並んだ」、それで「滑川の藤田の店へ電話したもんだ。『なん、水橋の女どもぁ米騒ど（動）起こいてしもて、こっでちゃなん、積まれません』」（証言5）。これに関し、次の三点が重要です。第一は、『藤田回漕店日誌』で、それが七月二〇日の第２二上山丸と判ることです。第二は、それが「またたく間に五〇人、八〇人、百人と」（証言4）、東水橋にいた女仲仕二十数人の何倍もの一般主婦たちに拡がっていたことが判ります。第三は、この七月二〇日の汽船積みの中止情報が滑川の藤田回漕店を通じて、富山市殿町の取引所に出入りして東京と電話連絡している相場師たちに伝わったことです（証言5）。『東京日日新聞』『大阪毎日新聞』の堀越（？）という記者が七月下旬に東水橋郵便局に現れ、電信係をしていた瀧川弥左衛門さんに、東水橋の浜の宮で百人が集まるという記事を打たせたという事実（証言10）と符合します。

３）東水橋の浜では西水橋で始まる遥か前に、仲仕の範囲を越えた大衆行動

移出米商が積出し停止要求に応じないので女

たちは、仲仕の親方の市江平吉にも訴えに行っており（証言1～3）、その時期も「七月二〇日過ぎ」と結論されています（証言6）。証言5の汽船積み阻止が七月二〇日で百人の一般主婦によって行われ、中央紙の記者が東水橋に現れる上述の時期と一致します。東水橋の「米騒動」は少なくとも浜方地帯では、七月二〇日前後には、女仲仕の人数をはるかに越えた、大衆的でヴァラエティーのあるものになっていたことが判ります。そして「西水橋でも始まった頃、東水橋は（群衆で）真っ黒」になっていました（証言11）。

4）街道上で米車阻止が幾度も行われ、男たちだけによるものもあった

滑川へ米を運ぶ荷車を街道上で阻止する集団行動が行われたことについては、語り口の異なった数人の証言があり、阻止は女性たちによるが見物の男たちを警官が検束した事件（証言3・5・斉藤書14頁）、女だけで行われたもの（証言20・『高岡新報』八月六日）、男たちだけのもの（証言2・3・4）、と、少なくとも三種類に分けられます。第一種の男たちを不当検挙した事件（証言5）が、前掲斉藤『米騒動』14頁にある滑川署内での話と同事件とすれば、警官というものは権限乱用の上に勝手な作り話を上申するものと、今更ながら公安史料の価値を見下げざるを得ません。また『高岡新報』八月六日号に五日に行われたとある女たちの米車阻止が、証言20のものと同じものとは確言できませんし、証言20での行動の激しさが駅での主婦たちの静かさ（証言7）と非常に異なるのは、行動の種類の違いや女仲仕の有無によるのか、証言20の目撃者がまだ一〇歳だったための記憶の歪みによるものかも判断できません。

以上は皆、浜通りへ曲がる手前の旧役場・消防署近くの街道上で行われていますが、証言7の金山さんは、東西橋の上での米車阻止があったことも語っています。東水橋内の移出米商高松から運び出される他に、新庄など富山平野の中心部から滑川へ運ぶ陸送ルートが、東水橋町の大町という中心街を通っていましたから、毎日のように米の荷車隊が通って、阻止行動も日課のようになっていた可能性が見えます。

5）西水橋でも始まり、岡本公夫ら拘引

西水橋は、東水橋のような港がなく仲仕もいない、漁業・出稼ぎ・売薬業の町です。ここで八月三日に始まったとされる「米騒動」については、証言21～28で大略がわかります。少なくとも一隊は、素封家の多い（西）大町に近い日枝神社を出発点にしたようで（図2）、家が近かった市田さん（元・水橋郷土史料館長）は、女たちがそこで巡査と「もみ合い」になったと

聞いています（証言21）。和裁を教えながら虫《むし》籠狭間《こさま》越しに見ていたお母さんや、習いに来ていた娘さんたちが聞かしてくれたものです。

近くの売薬会社保寿堂や売薬信用組合の岡本公夫さんと、体の大きい散髪屋の高橋重三と「まだ誰やらと、三人ほどが後からついて歩いとった」のは、女たちに同情してのことでした。岡本さんは「おとなしい良い方だった」（証言21）、「相当の学識者だったらしいんでね。大分できた人じゃないですか。このころの売薬さんちゅうのは…」、「いろいろな事に世話を焼いておられたらしいですよ」。……高橋重三さんも「気のやさしい、そんなに何する人じゃない。そのころは将棋やったり碁やったりして、さあ遊んでいけっちゅう人」でした（証言25）。このとき岡本公夫らが検束された（証言21）ことについて、岡本さんの次男の当時五年生だった公甫さんはこう回想しています。「近くの藤木」家の前で「騒ぎが起きたとき、私の父が近所に間借りしていた石黒という巡査に現場で何か注意らしいことを言ったのか、煽動者と見られたのか翌日朝ただ一人滑川警察署に呼び出され、夕方近く何事もなく帰宅したが、その間多くの年配の女の人たちが私たちをなぐさめやら、はげましやらに訪れて私たちを当惑させたことは忘れられない」（証言22）。

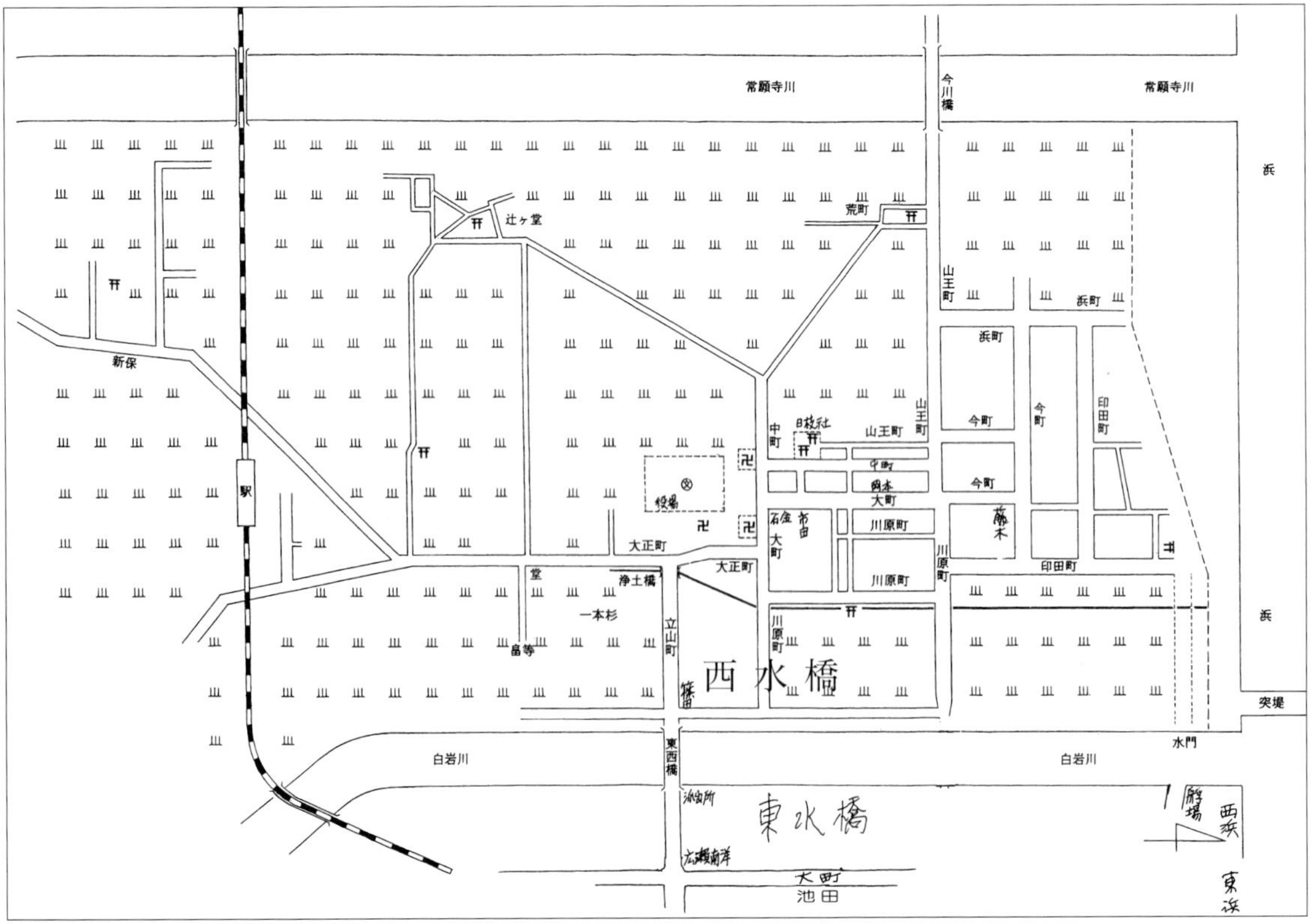

図2　西水橋

岡本救出に向かおうとした篠田七二郎など西の人たち（証言27）は、東のたもとにあった派出所の警官西橋を渡ろうとして遮られ、白岩川の河口を舟で渡って滑川署へ歩きました。東へ渡って来たことで（証言12・21）、東西水橋の騒動勢が合流しました。また、大勢が滑川まで歩いて行くことで滑川でも騒動が広がる一因になりました。途中の雪島神社のまわりで米の積み出しをさせられていた男仲仕たちが、彼等と話し合うことで米を倉に戻し、積み出しを止める事態も生じたからです。（証言12・21）

６）『高岡新報』が西水橋から騒動報道に乗り出した理由

『高岡新報』（T7・8・4）は三日「午後七時過ぎより漁師町一帯の女房連」「海岸に集合し」「三隊に別れ一隊は浜方有志方へ、一隊は町内有力者方へ、一隊は町中の米屋及び米所有者の宅」へ向かったと書いています。最初から「百七、八〇名」というのは大きすぎるので、（誇張でなければ）すでに以前に何らかの行動をした後かもしれません。西水橋町役場は同日すでに、戸数割三歩以下のものに対し内外米とも一升に付き五銭ずつの補助や外米を取寄せ原価にて販売することを決め、購入のため神戸に人を走らせています（『富山日報』T7・8・4）。それまで新川郡の「米騒動」を報じていなかった『高岡新報』が、この西水橋の記事を機に「米騒動」報道の中心に成ったのには理由がありました。

『高岡新報』は開明的文化人だった井上江花（河田稔『ある新聞人の生涯・評伝井上紅花』新興出版一九八五年）を主筆に、近代的な社内構成をはかり、東水橋にも通信員を置いていました。廣瀬南洋という肝煎・戸長層の末裔の、文学青年とも云われた人物です（証言28）。その廣瀬南洋は、東水橋内でも漁民の住む浜方とは最も離れた位置にいたので、そこで七月から騒いでいたことには気づいていなかったようです（そこが専門の新聞記者と異なる限界かもしれません）。図1に見るように、東・西水橋町は白岩川の双方の岸で、川沿いから海岸沿いへと「かぎ型」に曲がって続く細長い町で、米価に弱い漁民たちは河口・海岸部に、商業層・知識層は上流に住んでいました。そして当時両岸を結びつけていた唯一の橋「東西橋」は、上流にあって双方の知識層を親密に往き来させていました。廣瀬南洋は図2に見るように東西橋のたもと近く（小松外二さんによる調査IIによると現在沢木金物店がある中大町四番地）、つまり西水橋に最も近い所に居たようです。そのため、東水橋町の河口・海岸部で七月から始まっていた「米騒動」を、同町でも廣瀬たちは知らぬ一方、西水橋の知識層とは親密な関係にありました。そこへ遅ればせに起こった西水橋の「米騒動」で、彼の家のあった橋の東側のたもとの派出所の、警官たちが騒ぎ出して西に向かって行きます。その上、岡本公夫が逮捕されたのです。廣瀬は西水橋の「米騒動」の方を東水橋のそれより先に知ることになり、『高岡新報』へ記事を送りました。大原社研史料や『米騒動の研究』第一巻が、東水橋の「米騒動」を西水橋からの「波及」とを書いているのは、この廣瀬南洋の認識の順序で、彼が『高岡新報』に送った記事がそうなっていたからです。

7）知的指導層の東西連携

当時一般家庭には電話がなかったので、廣瀬は記事を『高岡新報』に送るのに電話を近所の池田清兵衛商店へ借りに来ていたのが目撃されています（証言12・証言28）。こうして廣瀬南洋の通信によって、『高岡新報』は八月四日号以来連日、水橋・滑川の〝米騒動〟記事を掲載（史料2）するようになりますが、それらの記事の末尾の発信名が八月五日号からは「水橋電話」となっているのに対し、八月四日号だけは「西水橋電話」となっています。前述のように、廣瀬南洋は東水橋の近所の池田商店（中大町四一番地）の電話を借りて記事を送っているのを目撃されていますから、「水橋電話」とあるのはそこから『高岡新報』へかけたものでしょう。それに比べ四日号掲載だけが「西水橋電話」とあるのは、（三日の）勃発現場である西水橋のどこかで電話を借りてかけていたことを意味します。多分それは、橋の西のたもと（今の「声電社」に接する位置）で搗米屋（米の集荷・精米、証言26・27）をやっていた篠田七次・七二郎父子の店からでしょう。篠田七次は前記の警察へ召喚された岡本公夫と親しい間柄（証言26）で、七二郎と南洋は図2に見るように、東西橋の両たもとという最も近い位置に居た、似た立場の青年指導者でしたから、廣瀬が『高岡新報』への「西水橋電話」は篠田の店で電話したと思われます。その際、岡本公夫もそこにいた可能性がありますし、岡本の召喚後であれば、その救出に滑川署まで行こうとする七二郎に協力して、岡本を支援する意味もあって『高岡新報』へ通信したと思われます。

この通信を送った東西水橋の知的指導層の立場は、女たちに同情してついて歩いた岡本公夫と似たものだったでしょう。篠田七次は岡本と親しく、その「壮士風で威厳のあった」父親に似る次男の耕三は、正満又七に師事して電灯争議を指導することになる社会主義者で（証言45～48及び史料4）、兄の七二郎も「それから遠くない」「世話好き」だったからです（大村歌子さんによる調査Ⅰ）。つまり岡本公夫・篠田父子・廣瀬南洋という東西水橋の知的指導層が民衆に手を差し伸べ、また苛立った警察側がその岡本を拘引したことがその民主主義的連携を一層進め、井上江花の『高岡新報』に結びつけることになったのです。

8）篠田家と廣瀬家

西水橋の篠田父子のことは、水橋郷土史会の大村歌子さんが調査を重ね、篠田家系図とその説明文（調査Ⅰ）を得てくださったので、解明できたものです。水橋郷土史料館編『郷土水橋の先覚 第一～第二集』八九年をも参考にしつつ、要約しましょう。町村制施行による西水橋町の初代町長（明治二二年五月～二四年四月）を務めた篠田七次は、「相当の人物だった」と云われます。篠田治作家の先祖らしい、給人蔵の蔵宿を勤めていた辻ヶ堂屋宇左衛門は売薬商ですから、同じ辻ヶ堂にいた篠田七次も売薬で財をなした一族かも知れません。七次の長男耕太郎も同町町議・助役を歴任しましたが、その子が東京に出たためか、七次の長女が一度離婚した後に迎えた婿が「篠田七次」を襲名し、やはり（大正一四年四月～昭和四年五月の）町議を務めました。家は前述のように東西橋の西たもとの北側（立山町二五七〇）の今も空家に篠田の表札が残っている所で、北陸線がつく前は駅馬車を経営（証言26・27）していました。この二代目七次の長男が七二郎、次男が耕三です（筆者監修の『図説・米騒動と民主主義の発展』一〇二頁で「篠田七次郎」と記したのは七二郎に、耕三を「その子」と書いていたのは「その弟」に、訂正されねばなりません）。七二郎は「世話好きで」町議・同議長・四代目公民館長を勤め、「小柄な搗米屋・食糧営団をやっていた人で、昭和四〇年代まで見かけ」ました。「米騒動」当時、耕三は満二一歳で（証言46）七二郎は三〇歳前、父親の七次は五〇代だったでしょう。戦後は社会党に入る耕三は（証言45～47）、「米騒動」について松井さんに「言われとるの、ありゃ違うんだ」（証言26で）と言っていながら、急逝してしまいました。

廣瀬南洋の出自も、小松外二さん・大村歌子さんに調べていただいて（調査Ⅱ）ほぼ判りました。東水橋の廣瀬家には甚造系と順平系が見られます。前者は藩政時代から現・水橋中大町八番地にあった肘崎《かいなざき》屋甚衛門・せがれ甚助（天保六年水橋など八個所の売薬吟味役を仰せ付かる）を祖とし、甚太郎が戸長をつとめた明治一一年には、天皇行幸時の御座所となっています。後者、順平系も戸長・町長を務めますが、寺子屋・小学校長に代を重ね、新大町五三五（昭和期に横山藤吉商店になる場所）に居ましたが、屋敷が焼失後の大正中期に東京に去っています。両家とも直系は水橋に残っていませんが、関係のある医師の廣瀬雅一家が残っています。小松外二さんが廣瀬南洋が昭和五年に建てた墓を照蓮寺に見つけられたことから、後継ぎの廣瀬外幸夫妻が富山市於保多町おられることが判りました。そこに聞いて、南洋は達次郎という医師の父から明治二八（一八八五）年に生れ、米騒動当時は三三歳だったことも判りました。後に北海道に渡って大正生命保険の北海道支店長をしていたこと、前記の富山市の家で一九六〇年四月二二日に七五歳で亡くなり、自分が昭和五年に建てた照蓮寺の墓に入っていることが判りました。父の達次郎という名が順平系や雅一系の同世代の系図には入れない一方、甚造系の系図にはその余裕があることと、年齢関係の試算（調査Ⅱ）から、父達次郎は廣瀬甚太郎の弟だった可能性が強い、と筆者は考えています。南洋は大正二（一九一三）年に、東水橋青年会の副会長をしていることが同年の『北陸タイムス』に出ていますから、大正七年の米騒動時にはその会長クラスで、西で同年輩の七二郎と好一対の世話役的存在だったでしょう。

9）歴史的遺産が知的指導層を育て、民衆との連携で報道の壁を破った

東水橋町では、北前船時代以来の港町で、女性が荷役労働に出る習慣が確立し、平素から強固な行動集団を形成（証言２・18・33〜36）していたことが、富山県でも最も早い騒動発生地になった理由です。東・西水橋の知的指導層が果たした上述の役割の背後にも、河口港に寄る北前船を介して発展した歴史が、売薬業屋の教養の高さと指導性として働いていることを見落としてはなりません。富山県は有名な売薬県ですが、旅先で得意先関係を記帳し、金銭勘定だけでなく薬や化学の知識も要るので、近世から寺子屋の数が多く、教育が盛んでした。剱・立山を真正面に見る水橋の町は、その麓から流れ出る白岩川で港に恵まれ駅馬が置かれていました。平安時代以来の長い歴史と北前船がその河口港に運ぶ文物、その船にのって全国をまわった売薬業者たちによって「水橋売薬」という言葉があるほど売薬業が盛んで、開明的・文化的な人たちや俳人文化が育ったところです。大正期には、東水橋の正満又七（証言43〜44）・廣瀬南洋たちと西水橋の売薬会社保寿堂の名望家だった岡本公夫やその友人の篠田七次・七二郎などが、白岩川にかかる（当時は立山橋とよばれた）東西橋を通じて距離的にも精神的にも近い関係にあったのです（証言26〜28）。この特性は、一〇年後に正満又吉や篠田耕三の指導により電灯争議が闘われるなかで、もう一度現れることになります（証言45〜48及び続く史料

4)。

「米騒動」期は全国的に民主的な変革期であり、そのための諸階層の連携が進みました。水橋においても前記のように民衆と知的指導層の連携が、『高岡新報』がその通信を採用する以前から始まっていたのです。七月上旬から始められていた東水橋町の米騒動は、前述のように毎回私服巡査につきまとわれていながら、警察側の隠蔽主義、ひときわ厚い地方警察のそれによって、発表されませんでした。また、『北陸タイムス』『富山日報』は魚津での始まりについて掲載しながら、それを県外に伝える積極性がありませんでした。そのなかで「水橋電話」「西水橋電話」を受けた井上江花が、『高岡新報』に掲載し、更に『大阪朝日新聞』『大阪毎新聞』や石川県の『北陸毎日新聞』『北国新聞』にも「高岡電報」として送ったことで県内外に伝わったのです。

八月初旬が「米騒動」期のなかで画期的に見えるのは、西水橋の漁民の米騒動が画期的だったからではありません。東・西水橋の知的中間層との連携で情報の壁が破られ、以前から始まっていた東水橋の米騒動とその滑川への拡大過程が見えるようになったからです。全国的にも出兵騰貴で街頭型「米騒動」が始まる時期に当っていました。

10）西水橋の素封家・役場への交渉

「警察部調」(20頁の表1の欄外説明文に「警察」と略記した公安側文書)は八月五日の西水橋の項で「午後一一時ころ、細民妻女約五〇名ばかり輸出さしとめ哀願のため、米商藤木治郎平に面会を申し込みたるも、戸締まりを厳重にして面会を拒絶したるため退去」と書いています。藤木(治郎平)家は、持ち船による北洋漁場経営で産をなした家で、田地も蓄積して小作米を米商に売ることはしていたでしょうが、主婦たちが移出反対を訴えに来ているからといって高松商店などと同じように「米商」と書かれているのは誤解を招きます。他方、大きな船持ちの石金長四郎家に女たちが行かなかったのは、町長だったので役場で会えるからだったようです(証言24)。その西水橋の役場は小学校と同じ敷地内でした。一八歳で新任の土肥キクイ先生(証言23)は、「手かけぼんぼに子供を」負ぶった漁民の主婦たちが、「積み出すが止めてもらいに」集まって来るのに会い、「そいが言うても駄目でしょ」と言うと、「先生らは月給もらっとられるからそいこと言えんが」だと言われます。役場の入り口は七、八〇人もいる黒山、「三割ぐらいは男で」、「その夜は役場の前で一夜を明かした人も多かったといいます。次の日もまたそうで、二三日続いたがでないかと思います」（証言23）。

11）女たち二三百人が夜、水橋駅へ

駅前の中田の米屋にも群衆が夜訪れたと云いますが（証言24・25）、「警察部調」は八月五日の西水橋の項で、「午後一一時ころ」、藤木治郎平家で「面会を拒絶」された後、「停車場前十合会へ約二百五〇名ばかり集合し、輸出停止」を要求したと書いています。『高岡新報』八月七日号（史料２）には、「官線水橋駅前拾郷運送店より昨六日午前東京に向け玄米一車発送せんとしたるに、之れを聞き知りたる女軍連は更に同列車を襲い右玄米数百俵全部を荷卸して発送を不可能ならしめたる由」とありますが、「聞く所に依れば」とことわっています。当時国鉄水橋駅に勤めていた金山さんの、以下の証言７と比べて全面的に信用することはできません。金山さんは晩九時ころ二三百の女たちが現れたと話しています。人数は同程度ですが時刻がちがうので、十合会へ行ったとは別の晩という可能性も捨てきれません。

金山さんは、「やっぱり沢山で来られると気びゃ（気味が）悪かったです」、「まだ小僧っ子の私に、米の値ゃどんどん上がるもんだから、どーか、たび（よそ）へ米送らんといてくれと頼みました」、「駅長さんとか助役さんにそういうことをお願いしてあげる」と言うと、素直に帰って行ったと言います。二、三百人という多人数であっても、何かの実力行使をするわけでもありません。「私だけにそう言い、そして私もそういう具合に、静かに話しました」。その静かさ素直さゆえに、彼女らの必死の思いがヒシヒシと伝わってきます。「荷物は平常どうり仕向け地へ送られたわけです」が、「止めたと（新聞に）大きくとり上げられて、全国へ」伝わって行きます。彼女らの生活のためのたたかいの巧まざる強さがそうさせたのでしょう。

12）西水橋の人も、東水橋から始まったと証言

松井滋次郎さんは証言蒐集の最後に、こう結論しています。「改めて聞き合わせて見ると、こりゃあ（水橋の「米騒動」は）仲せの女たちが始めた—。仲せは西水橋からは来ておらず、（東水橋の）西浜町・西出町・地蔵町・中出町辺りから来とった。米騒動のそもそものの始まりというのは、西水橋でなく東水橋の西浜、港で起きたんだということが見当がつく」（証言７）。そしてそれに対して、西水橋の人である金山さんも賛成します。「わたしらもそう思いますね。西は漁師が多かったです、男も女も」、「事実はどうも東が先のようですね。その辺の事情、瀧川さんがよう知っとられますわ」。その瀧川さんも、西水橋の主婦たちに押しよせられた藤木家の益三夫妻が「東水橋が最初の発祥地だと明

言されている」と言います（証言11）。

13）滑川騒動との比較

東水橋町の東隣にある滑川の米騒動については、斎藤弥一郎さんが遺した聞き取り・資料があったため、自治体史の記述としては詳細なものができていますが、県内で最も大きく激化した局面だったので、東水橋との関係や異同について見ておきましょう。東水橋町の「米騒動」を激化させた原因である、女性荷役者集団の存在は滑川と共通といえますが、北陸線と（当時立山電気鉄道とよんだ）地鉄の接合点となって集散中心となった滑川に対し、東水橋は従属的な立場におとされました。北前船時代からの河口港をもつのが東水橋の特色でしたが、すでに汽船中心の時代になり、沖懸り（泊り）しか出来なくなっていたので、港としても滑川に対する優位を保てなくなっていました。滑川には米肥の移出入会社や回漕店が多く集まり、米の積み出し船の入港頻度も高く、副業になる手工業などの地場産業が、売薬以外にも発展していました。したがって騒動の起こり方も水橋とはかなり対照的です。

イ）副業などもあって景気の良い滑川の方よりも、そこへ荷を引き寄せられて従属化した東水橋の方で不満の進行が早く、「米騒動」が早く始まりました。その間、滑川の若者などが見に来ていたと杉村ハツさんはいいます（証言2）。

ロ）移出米商に注目すれば、東水橋では高松商店だけに押しかけたのに対して、滑川では松坂栄一・米肥会社・金川宗左衛門・斎藤浅次郎・斎藤仁左衛門など何軒もの積み出し商を歴訪しています。米の船積み阻止も東水橋の場合は、七月二〇日の第２二上山丸に対する河口の艀場で一度ですが、滑川の場合は六日の伊吹丸に対しての雪嶋神社の浜と、七日の三徳丸に対しての北町の浜とで、二度行われています。しかし、代わりに東水橋では、滑川へ運ぶ米輸送車隊を街道上で襲うという、他の町にない特色的なたたかい方が女たち男たちによってくり返され、それを検束して滑川署へ連行することで、両町の騒動が連続し一体化してきます。

ハ）東水橋でも滑川でも、クライマックスで最も人数が集まったのは最大の移出米商の前ですが、前者の高松商店は町はずれ（現新大町の南端）だったこともあって六、七百人（『高岡新報』八月五日）までですが、後者の金川商店とその向えの倉庫群があった下小泉町の空間は、晒屋川の両岸が広く大きな楕円形で、ヨーロッパの都市の広場のような機能を果たしました。最高時には二千人が集まり、職工など他の町では見られなかった階層も見られて、滑川の商工的発展を映し、東海側「米騒動」や欧州の食糧騒擾との共通面を垣間見せています。

ニ）鉄道の駅でも起こって（陸）仲仕がかかわることは水橋・滑川とも共通ですが、滑川では汽車仲仕の対米価賃金ストライキ（七月三一日・八月一日、『高岡新報』八月三日号参照）の形で「米騒動」が始まった点、北陸線・地鉄の接合点で流通中心だった特性が顕れており、東海側のそれと似ています。

ホ）知的指導層に注目すると、水橋では教養人とその青年層が、前述のように情報の壁を破るなどで民衆と連携する成果をあげていますが、滑川では八月の騒動段階ではなく一〇月に普通選挙期成同盟会を発足させる、独自の形になっています。大正政変期の『第三帝国』誌の商工層出身の読者グループが大正三年の富山県立憲青年会結成（平井・松井・中村与八など）などを経て、独自の政治主張をもつグループに成長していたからです。都市の性格の差が現れていると言えましょう。

14）富山連隊への出動命令、シベリア出兵期留守隊暴動

富山第六九連隊は、富山市五福の今の富山大学の場所にありました。一八年夏、その第一中隊にいた東水橋の横山藤吉さん（証言29）はこう語ります。「金沢の師団本部から命令が来て、中隊長から集合がかかった。『米騒動が起こっていて、警察の連絡で軍隊に要請があった。鎮圧に行くから武装せよ』とのことでした。各中隊は初年兵・二年兵併せて百五〇人ほどずつで、第一中隊は魚津と水橋へ行くことになった。滑川は別の中隊が行くことになったがだろ。他にもう一ヵ所どこだったかへ行くことになったが、どこだったか思い出せん。武装せよということで実弾を配られた。一人三〇発ぐらいで、小隊ごとに箱に入れて横に置かれた」。「出発する時はまた命令するからと、炎天下で待たされることになった。ところが待っとるうちに特務曹長が廻ってきて、私を見つけるとこう言うた。『横山、お前ゃ水橋だったのぉ。水橋のもんは水橋へは鎮圧に行かれんがじゃ。引込んで、また連隊本部へいっとれ』。しかし、ほかの連中も一、二時間整列して待っとるうちに、情勢が変化したから行かんでもいい、ちゅうことになった。こんな一部始終があったから、米騒動の時のことはよう覚えとる」。

富山県の米騒動は軍隊出動には全く関係がなかったと思われていた一方で、騒動後発行された『日本弁護士協会録事』一二三四号の『会報』欄には、「富山県無事にして騒擾なきに軍隊出動す」と、内容不明の記載があることが指摘されていましたし、同『会報』欄の「騒擾調査に関する評議員会会議録」にも、富山県での「軍隊出動」が記録されています。この疑問に答えてくれたのが、当時連隊本部勤務で、その出動命令を受けた当人のこの横山藤吉さんの話です(証言29)。

横山さんの第一回の証言は、『米騒動通信』第六号（一九八六、一二月二〇日）に掲載したので、国会図書館蔵・富山県立図書館などに入っていますが、第二回証言で捕捉・修正された点もあるので、それを含めた証言29の方を基準にしていただきたいと思います。横山さんは「八月で、盆少し前、一〇日近かったかと思う」と言っておられますし、県警察部長も「警察的着眼ヨリスレバ八日が危険切迫シタルモノナリキ」（富山県警察部調）と書いていますから、滑川で一番激化した八月八日午後～一〇日頃のことかと思われます。八日頃は、水橋・魚津の騒動は山を越えて後引き状態で、最も激しかった滑川では山場でした。前日チョークで衣類にしるしを付け尾行する方法で住所を調べておいた、三〇（または三七）人を召喚して取調べ始めたので滑川中が緊張し、午後五時頃、県の警察部長・課長たちが多数の応援警官を伴って滑川に到着しました。晩には滑川署前の千人が、一時は石つぶてが課長を直撃するまで激化しましたが、連日の疲れと五十数人の警官による説諭、それに金川商店前の前日にまさるライトアップで、深夜を前に散って行きました。厳重警戒のもと、九日からは廉売準備の態勢へ移っていきます（前掲斎藤書及び『滑川市史』）。表2に見るように、その八～一〇日あたりには内陸の富山市清水町・東仲間町・西田地方、神通川以西の四方町・新湊町、以東では東岩瀬町や石田浜と広範に拡がっていましたが、人数の多いのは富山市、長引いていたのは生地・三日市から押し寄せて来る石田浜でしたから、横山さんが思い出せなかったもう一ヵ所は、そのどちらかでなかったかと思われます。

該当する話を、瀬島龍三氏（証言30）も参謀本部勤務期か富山連隊勤務時代に陸軍部内で聞いたと証言しており、前記『日本弁護士協会録事』とも矛盾がないので、もはや実証された事実ということができます。正規軍と系統的に異なりますが、憲兵の動員された地点にも富山東水橋町・西水橋町と田崎治久『続日本之憲兵』（軍事警察雑誌社）に記載されています。現実に憲兵の行動を見かけた証言は残っていないので、連隊の場合と同様な未遂で止まったと思われます。いずれにせよ富山県は、「米騒動」期に天皇制軍隊に命令が下った最初の地だったことになります。

横山さんたちが除隊するのと入れ替わりに同連隊に入った櫻井安太郎さん（証言31）は、シベリア出兵期にこの富山六九連隊で留守隊暴動があったと証言しています。この第一次大戦末の国際的な市民戦争期には日本でも、他の時期には想像できない闊達さが天皇制軍隊の中に生じていたことを示す貴重な証言です。これについては、更に史料が寄せられるよう各方面の協力を期待するものです。

15）女たちの生活

証言2〜5、14〜20、24・25、32〜38のすべてで、（陸）仲せ（仲仕）その他の女性たちの行動が語られています。この地域では証言19の高柳アイさんの話にあるように、娘時代は製糸・紡績の女工に行くものが多かったのですが、証言32の城川カオリさんは富山市内へ女中奉公に行き、戻ってから売薬徒弟の妻になっています。これも当時の一つの典型的なコースだったので、当時のこの地域の女性の一般状況を知ることができます。城川さんは浜に住んではいなかったので、主婦になってからでも荷役稼ぎに出てはいませんが、浜の女たちは証言33〜38にあるように、ほとんどみな仲せに出ています。ただし、証言38の場合は、語っている嫁のアヤさんは広島から来て方言が通じないので、仲仕はしていません。証言33〜38から、女（陸）仲仕たちの労働形態や社会環境、男勝りな性格形成が理解できるでしょう。

『高岡新報』八月一〇日・『北陸タイムス』八月一四日（史料2）は、滑川・東西水橋両町・富山市などの女房連が八月中旬ともなると夏蚕秋蚕の稼ぎ口を求めて、続々南信地方へ向かいつつある姿を紹介しています。彼女たちは実によく働きます。「越中女の権幕　両水橋町より発する」と題し、『北陸タイムス』八月七日号（史料2）はこうかきます。「背に腹は換えられぬ生活難に差迫っては忽ち虎の如く女子参政権論者以上の大示威運動を敢えてするとは、…斯かる女性の匿れた反抗的勇気が先ずわが県の漁師部落から澳発されたことは見逃し難き現象である」。

前記「狼煙揚がる」の社説を掲げた『高岡新報』八月七日号（史料2）を、「米騒動」期新聞弾圧の第一号として発売禁止にした富山県警察部は、この『北陸タイムス』をも見逃しませんでした。同紙一三日号は名古屋「米騒動」の記事の抹殺を命じられ、月末に同警察部長斉藤行三が各方面に配布する弾圧文書「所謂越中女一揆と新聞の関係について」でも、『高岡新報』と『北陸タイムス』がやり玉にあげられています。

しかし証言33～38には、この時代は働く庶民にあっても、姑嫁関係がなお厳しかった状況が現れています。「米騒動」期の女仲仕のお婆わたち（大将株）は三人（証言2～4）いて、証言33の水上ノブさん（伊よんさのお婆わ）が最年長、次が証言34の角川イトさん（弥助さのお婆わ）、三番めが証言18・35に出てくる水上トキさん（甚きどのお婆わ）でしたが、はじめの二人は何人もの嫁を追いだしたり、財布を握って小遣いさえやらなかったり、嫁に食物をけちったりしています。そして、共同体的基盤にたつ姑たちのその権威が、この労働集団の規律を形成する仲介にもなっていた面を見落とすわけにはゆきません。一方で彼女らの「米騒動」における闘いぶり統率ぶりは、証言2～5、14～20、24・25に見られるとおりです。

水橋以外の富山県内の情況は表1にまとめておきました。また全国米騒動の中心ともいえる神戸の八月一二日からの情況と国際情況を水上重徳さんの証言（23～32頁）で見ておきましょう。

表1 富山県米騒動の経過表

青木年表＝青木虹二『日本労働運動史年表』第一巻、新生社、1968年

「警察」＝富山県警察部が米騒動の1918年８月末に発表した騒動経過表（『高岡新報』では８月29～31日号に掲載）。『富山県警察史』（1965年）605頁の表はその抄約。

復命書＝1918年米騒動中の富山県内務部の調査に応じた下新川郡長への復命書（法政大学大原社研蔵）

「第一段階」＝長谷川博・増島博「『米騒動』の第１段階」、『社会労働研究』第１、第２号。

北前の記憶＝井本三夫編『北前の記憶』桂書房、1998年12月。

役場日誌＝東岩瀬役場「日誌」東岩瀬郷土史会『会報』９号（1983年８月12日）に所収。

斉藤「米騒動」＝斉藤弥一郎著『米騒動』1976年、同氏遺著刊行会。

「回顧」＝谷村邦博「米騒動の回顧」『日本穀検』1956年11月

吉河＝吉河光貞『所謂米騒動事件の研究』司法省刑事局、昭和13年

月・日	郡／市町村名	内　容	人　員	期　間	主な出典
1月8日	高岡市	丸二汽船の神威丸乗組員が食費・給料アップを要求し同盟下船			青木年表188頁
7月初旬から	上新川／東水橋町	移出停止要求で米商へ日参、子供を背負い、まだ梅雨でバンドリ（胴のないみの）を着る。船積み阻止も行う。滑川町への米の荷車を阻止しようとしたのは男だけと女だけで複数回。	女性陸（おか）仲仕20数名から始まり、一般に拡大	7月初旬以来日参し、8月3日までに20数回通う	証言1～6、10.11
18	下新川／魚津町	伊吹丸寄港でで婦女の騒ぎ。			高岡新報8.9
20	上新川／東水橋	第２二上山丸入港に対し積出し阻止。	婦女百人		証言5・3
	下新川／魚津町（新下猟師町）	未明海岸に集合し役場へ押しかけようとするのを警官数名が解散せしめた。	漁民女房46名		北陸タイムス7.24、同7.25
21	下新川／魚津町	米商浜多兵衛方へ移出反対で押寄せる	女房連200名		「回顧」
22	富山市中長江町など市内各町	富豪が死去の際に寄附した施米にもれたと市役所へ押しかける。	婦女など200人		北陸政報7.23
	下新川／魚津町	夜「寄り寄り集会」	漁民		富山日報7.24
23	下新川／魚津町	早朝大挙して役場に押しかけようとするのを警官数名で帰宅させる。	漁民		富山日報7.24
	魚津町（新下猟師町）	伊吹丸の米移出反対、海岸に屯集〔解散さる〕夜、米商を歴訪し移出停止を要求。	漁民婦女60名（郡地方課報告）		富山日報7.25、北陸タイムス7.25
27	上新川／東岩瀬町（浜町・浦町）	資産家に救助要請。午前1時警察へ押しかけ救助要求。	細民100人婦女30人	27～28	役場日誌、「警察」
	西砺波／西野尻村	賃上げストライキで瓦工が寺に集まる。一昨年と２度目。	36名		高岡新報7.29
28	上新川／東岩瀬町（一番町・二番町）	一番町・二番町細民。午後９時、10時の２回役場に押しかけ救助要求	20有余人		役場日誌、「警察」、北陸タイムス7.31
31	中新川／滑川町	駅仲仕が運送店に賃上げ要求、翌日スト入り	14名	31～8.1	高岡新報8.3、滑川市史通史篇502頁
	下新川／泊町	形勢不穏		31～8.4	富山日報8.1
7月末又は8月初	富山市	市役所使丁が日給引上げを集団要求、学校小使いも準備中。		7月末～8月初め	北陸タイムス8.4
8月1日	高岡市	米屋が平能五兵衛宅へ集団陳情、手持ち1300石の売渡しを請う。市内飯米20日間を残すのみ	米屋17人		高岡新報8.2、大毎8.3
2	下新川／泊町（田町）	町役場に救助要求を協議	婦女		「警察」
3	下新川／泊町（田町）新町	夜間集合、嘆願を協議			北陸タイムス8.5、「警察」
	下新川／生地町	夜、役場・議員に米価引下げ要求	婦女30人	3～6	「第1段階」

月・日	郡／市町村名	内　容	人　員	期　間	主な出典
3	中新川／西水橋町	有力者・米商多数に移出反対、廉売要求	婦女170人	３～６	高岡新報8.4
	中新川／東水橋町	移出反対で米商宅に押しかける	陸仲仕女性など	３～	証言4.3
4	下新川／泊町	寺院に集合、移出中止、救助	代表８人		北陸タイムス8.5、「警察」
	上新川／東水橋町	米商・町長・町議などに移出反対救助要求	婦女６～700人		高岡新報8.5
	中新川／滑川町	松坂栄一など米商／地主を歴訪して移出停止を要求		４～８	斉藤「米騒動」12頁
	下新川／宮崎村	泊町米商水島豊次郎に安売要求でガラス戸６戸破る	婦女50人		復命書8.6、8.13
	下新川／生地町	町役場に外国米輸入・米価引き下げ要求、午前中10数人、晩になり７～800人となる	婦女7～800人		高岡新報8.9、「警察」
5	下新川／生地町・石田村	石田浜での成城丸への米積込に生地町民が反対	婦女3～400人		高岡新報8.9、「警察」
	中新川／西水橋町	役場で助役が町民と議。婦女連が米持ち・米商を歴訪、駅に至って積出し停止を要請	250人		高岡新報8.6、松井テープ続
	下新川／泊町荒川・上町	荒瓦運送店の汽車玄米積出停止を要求	婦女24人	５～８	「警察」
	下新川／魚津町・猟師町	夜移出米商多数へ移出反対の哀訴	婦女数十人	５～７	高岡新報8.9
	下新川／横山村	米商亀田善松に米移出反対〔阻止さる〕	婦女30人		入善間町史通史篇477頁、復命書
	中新川／東水橋町	汽船積出阻止、移出米商・町長・町議などへ押しかける（汽船は米積みでないと判る）	6～700人		高岡新報8.5
	東水橋町	新庄から滑川への米車阻止	婦女50人		高岡新報8.6、証言11、16～19、富山日報8.7
	中新川／滑川町	午後９時半より集り斉藤・金川両家へ深夜に移出停止・廉売要求	女50人に始まり3～400人	５～８	高岡新報8.6、「警察」、滑川市史通史篇502頁
6	砺波郡	瓦工同業組の職工賃金上げ要求で不穏	250人		北陸タイムス8.7
	下新川／魚津町	晩に米商多数へ移出反対で押しかける	婦女数百人		高岡新報8.9、北陸タイムス8.8
	下新川／生地町、石田村	汽船への米積込反対、女（陸）仲仕も躊躇し中止	婦女200人		高岡新報8.9
	中新川／東水橋町・西水橋町	逮捕者釈放要求で派出所を囲み、滑川署へ遠征、役場が廉売救済を決定	300余人		高岡新報8.7、斉藤「米騒動」、北陸毎日8.8、証言12、27
	中新川／滑川町・漁師町	町役場、金川宗右衛門宅、滑川米肥会社などへ押しかけ、移出停止・救助を要求。伊吹丸の積み出しを阻止し追い払う	晩の金川宅前では2000人近く		高岡新報8.7、斉藤「米騒動」、滑川町史通史篇503頁
7	下新川／魚津町	夜おそく町議をおそわんとす、山沢長九郎方へ哀願〔阻止さる〕			高岡新報8.9、東朝8.10
	下新川／三日市町	神社へ婦女屯集の風説			町長より郵便局への報告（8月9日）
	中新川／滑川町	資産家金川宅付近に屯集、役場は廉売決定	1000人		滑川市史通史篇507頁、「警察」
	高岡新報が８月７日号県内務部より発売禁止を受ける				
8	中新川／滑川町	汽船三徳丸の米積出阻止、滑川警察署に釈放要求に1000人、金川宅にも移出反対で1000人	2000人		高岡新報8.9、北陸タイムス8.10、斉藤「米騒動」
	婦負／四方町	町長・物品販売所へ救助嘆願	婦女50～60人		高岡新報8.9、北陸タイムス8.10
	富山市清水町	市役所へ救助嘆願、大米商の蓮沼家に押しかけ窮状をうったえる。	部落民10数又は40名		北陸タイムス8.9、富山日報8.9、高岡新報8.8

月・日	郡／市町村名	内　容	人　員	期　間	主な出典
9	射水／新湊町	屯集、役場・有志に救助嘆願のため。	漁民婦女50人		吉河110頁
	上新川／東岩瀬町	有力者宅を廻り歩く。	婦女70人		「警察」
10	下新川／生地町	石田港から北海道へ出す荷車米の積出を阻止	婦女50人		「警察」
	下新川／石田村	移出反対に同調して仲仕がストライキ。賃上げで12日に解除		10～12	富山日報8.17、北陸タイムス8.17
	富山市（東仲町、西田地方など）	富豪へ救助	100人	10～13	高岡新報8.11、北陸タイムス8.11
11	富山市	各町より群集して市役所・警察署に対策要求に押し寄せる			北陸タイムス8.13
12	富山市	市役所へ嘆願、前夜より朝までに300人	婦女細民300人		北陸タイムス8.13、富山日報8.13
13	富山市	早朝より正午まで市役所へ164人、対策要求13日中まで28町の600人が救済届出に出頭	164人		北陸タイムス8.14、富山日報8.14
16	西砺波／石動町	神社に屯集、町長に救済範囲と値段の要求で。	500人		「警察」、富山日報8.18、北陸タイムス8.18
17	富山市	言論圧迫反対で富山県記者大会を富山ホテルで集会。無能の責任を新聞に転嫁した非立憲の内閣の倒壊を期すと決議			富山日報8.18、北陸タイムス8.18、高岡新報8.20
19	北陸タイムス８月19日号が県内務部により発売禁止をうける				
	上新川／東岩瀬町	資産家馬場道久方へ押しかけ、保有米安売強要〔解散させられる〕	漁民200人		北陸タイムス8.22
	下新川／三日市町	米の相場についての運動方針話合い〔解散さる〕	30人		「警察」
25	下新川／魚津町	蔵米の大阪方面への積出しに駅へ向うのを目撃して阻止	漁民女房60人		高岡新報8.26、富山日報8.26～27
27	婦負／八尾町	神社に屯集、米の移出阻止行動に入ろうとするのを八尾署が富山署の応援も得て逮捕、解散さす	170人～200人		高岡新報8.26、富山日報・北陸タイムス・北陸毎日新聞いずれも8.29
9月５日	富山県記者集会が富山市内で開かれ、富山記者クラブを結成し、県当局を不当とする		記者30名		
23	下新川／魚津町	またも不穏の動きがあり、20日で切った廉売を再会すると共に警察が監視			富山日報9.25、北陸タイムス9.25
24	中新川／上市町	米商平井勘蔵・荒木宗吉方へ押しかけ、米買占中止を要求	婦女子供150人	24～26	高岡新報9.26、富山日報9.27～28、北陸タイムス9.27
26	中新川／滑川町	廉売停止だが米価は上り続けていると、滑川町役場に午後３時米の安価供給を嘆願	婦女数名		高岡新報9.27、富山日報9.28、北陸タイムス9.28
10月２日	下新川／泊町	米移出の中止、安売を要求して米商２戸に押しかく	婦女50人	２～３	高岡新報10.4、北陸タイムス10.5、富山日報10.5
3	下新川／泊町	屯集〔退散〕			高岡新報10.5、富山日報10.5、北陸タイムス10.6
	下新川／五箇庄村西草野	米移出の中止を要求して午後２時頃屯集	婦女20人	３～４	復命書、北陸タイムス10.6
4	下新川／宮崎村	２日泊町騒動の応援、泊町米商水島豊次郎方おそう	漁民女房40人		高岡新報10.5～6、北陸タイムス10.6、富山日報10.6
	下新川／五箇庄村西草野	泊町米商へ押しかけんとす	30人	３～４	復命書
12月15日	富山市東仲間町・清水町	米価益々高騰で生活難から救助米要求100名の主婦が町総代へ押しかけ	140名	15～16	大朝毎日12.17、北陸タイムス12.17
16	富山市	数名の主婦団体代表が市役所へ			北陸タイムス12.17

水上徳重さんの証言：国際航路で見る神戸と大陸沿岸の「米騒動」

明治三三年六月生
富山市水橋中大町五二〇
一九八五年九月一一日　テープ

質問　瀧川弥左衛門さんに伺いましたら、船に乗っておられたし、米騒動も見られたと聞きましたので、これは珍しい証言を伺えると思いまして…。

―いやいや、七〇年前ですからね、記憶もかすれとります。瀧川さんとは小学校で一緒です。水橋で生まれて、ほして魚津中学へ行ったわけですわね、当時は富山中学のほかは、魚津、高岡しかなかったんです。後で砺波ができますが、私らの入った時分はなかったと思うんだれどぉ、記憶にありません。叔父さんと言っておりましたけれども、叔父じゃないんで母の従兄弟ですが、藤木という人がおりましてね。このすぐ近くの村の、いま滑川市になっていますけど、そこの出身です。その人が日本郵船におりまして、おらに日本郵船に入らんかっていう勧誘ありましてね、それで行ったわけです。えゝ、事務関係です。

北清航路と台湾航路

私は船ばっかり、外国望んだので外国ばかりです。四月に最初に北清航路に乗りまして、横浜、大連、青島…？　いや青島行かなかった、今の秦皇島、エイコウ（？）まで行くんですがね。その船に乗ったんだけども、二千トンの船ですから小さい船です。相模丸だと思うんです。その船に乗って神戸へ行ったらハヤ、転船命じられてェ―。そして台湾航路へ行ったんです。信濃丸て、日露戦争のときに「敵艦見ゆ」て―、最初にバルチック艦隊発見して（打電し）手柄立てた船、ありゃ信濃丸です。

質問　急に乗り換え命じたいうのは何か…？
—いいや何もないです。ただ欠員ができて一人、お前行ってくれ言われて行ったんです。そん時の事務長はありゃ大瀬古いう、いいー事務長やったー。あんたらご存知かどうか知らんねど、大瀬古いう陸軍大将もおりました、ありゃ九州人だね。その事務長に「水上、お前行け」といわれましてねェ、わたし行きたくなかったんだけど…。六月だったか、大正七年ですね。米騒動はありゃ七月でなかったですか？

神戸港の景気と米価

質問　えゝ暑いときです、端境期のー。
—台湾航路ちゃ、ありゃ月に二航海するんでね二往復、それをそうだねェ三〜四往復もしたろかねー（註．神戸の米騒動は八月一一日には始まっていたが、以下の事件が起こるのは同一二日）。台湾から帰ってきて神戸港へ入って、まぁ荷物を下ろしておったわけです。私ら事務関係ですから、荷物の監督しなければならんです。そしたら神戸は景気はいいですよ、労働者の。そしてアンタねェ、米ぁ高なったときは—四、五〇銭になりましたかねェ。そしたら人足の頭が威張っておるんですよォ。なに威張っておるかいうとねぇ—。

東洋における大貿易港として自他ともに許す神戸港　開港場として開かれたのは慶応３年。六甲断層崖下に繁盛を誇る。

新聞に、富山県に米騒動が起きたと書いとるでしょ、私は富山県でしょう、「か（こりゃ）、よわった（困った）なぁ、富山のウチに居るもんどもは困っとろなぁ」て、心配しとった—。そしたら人夫の頭が「あんた新聞にこんなこと出とれど、神戸は起こるもんでない。儲けやあらいから、一升が一円になったて平気だよッ」て、力んどる。「そうだそうだ」て調子を合わせとったれど内心はね、「家のもんどもよわっとるんでないか」思うとったんですよ。

そう思ってねぇ、その仕事を終わって何時ごろでしたかね、まだ明るかったから五時か六時だったかなー。私らは岸壁には停まらないで沖に停まるので、サンパン（小舟、中国語）に乗って陸へ上がろうと思うた。そして中波止場いうところあります、内国航路は中波止場着けんにゃならん。メリケン埠頭いうがは外国航路でないと着けられんがです。えゝ、台湾航路は内国航路だったんです、外国航路じゃないんですよ、えゝ。そしたところがね（陸へ）上がって、こうして神戸の町の方へ向かって行ったと、左手の方に、煙がねッ、ぼーっと上がっとんですよね…えゝ。私らねェ風呂は船にありますけどねぇ、陸に着くとちょっと住みたいがで、下宿がありますから、下宿に行って風呂でも入って、銭湯ですねぇ入って、そしてマアちょっと遊んで帰る—。

鈴木商店焼討

質問　下宿というのは、会社がそういう宿舎とってくれとるもんですか？

—いやいや各人で。（下宿）構えていたというもんではないんですけれど、月に何度かで払う。場所もいいしね、元町のちょっと小路に入った

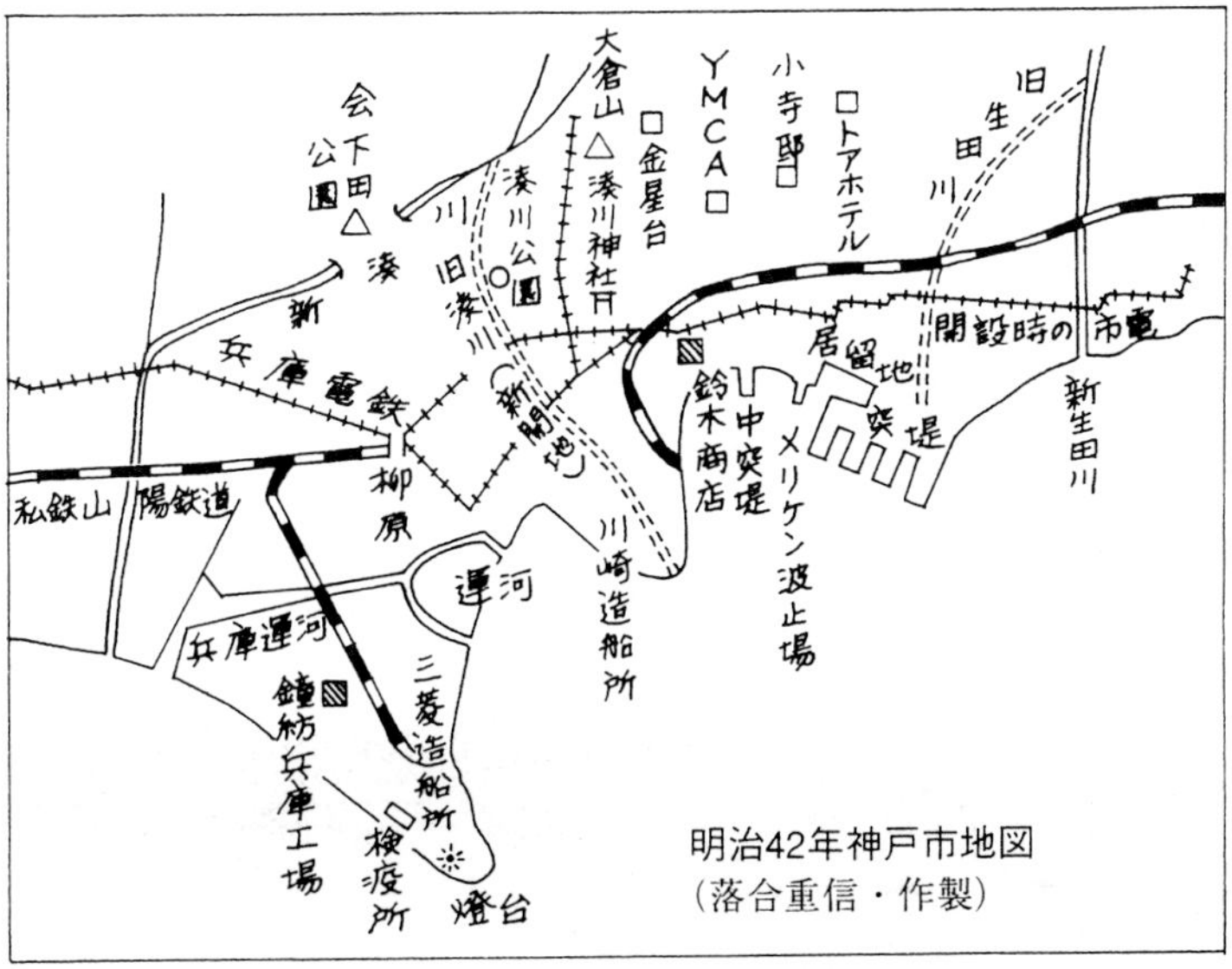

明治42年神戸市地図
（落合重信・作製）

ところにあったんです。そしたら煙が上がっとるでしょう。ヘンだねェ火事でないがかと、そうやー火事かもしれんねぇ、とこう言って行ったところ…！。

あこ、電車（市電）走っとるでしょ。元町通り、三宮からずーっと廻ってね。三宮はこっちで、元町はここです。こっちゃ海岸の方です。だからここ上がってった、ここは鉄道です。（西側をさして）神戸駅はここになるがです。（その北側をさして）こっちに楠公さん（湊川神社）さんがあるでしょ、そういうとこですちゃ。そいがでここ上がって行こうかと思ったら、もう群衆でェ！　大変なもんでした…。ここから一寸上がったところでもう、群衆がバンバンやっとるッ。そしてねえ、どこでやっとるか言うと、この角ですちゃ。ここが神戸新聞、これがねェ神戸郵便局、ここにね、問題の鈴木商店がある。ここは鈴木の倉庫みたいになっておりましたよ。か（こりゃ）、鈴木がやられとるのんです！　鈴木がもう…、私らそば行けないんですよっ、鈴木が燃えていたんですー。

ほーッえらいもんじゃなあー。ガラガラガラッて崩れとる。ありゃねっ、鈴木はね、このー角のどっち側やったかね、改築しとったんですよ。その改築しとったところがまだ完成しとらんかった、そのガラスどもまって（まるで）、

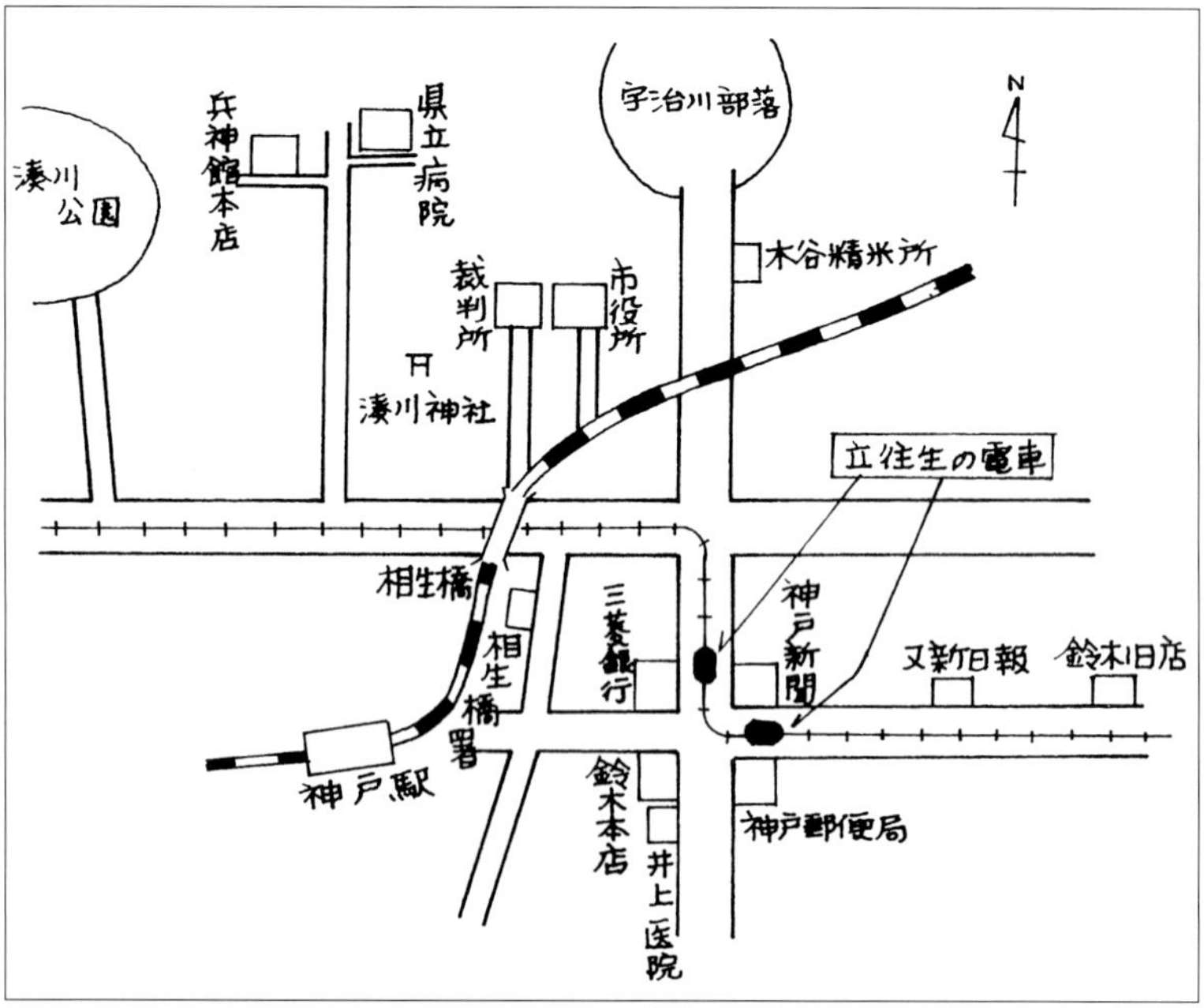

鈴木本店付近見取図　井上・渡辺編『米騒動の研究』より

五階あったか全く壊いとるもんです。ひどかーッたですよ。こりゃー大きなっとるわい思ぅてねッ。煙もそこから出とったもんだったです…、焼討にしとるもんですねェ。

神戸新聞社も焼かれる

そうしとるうちにね、神戸新聞がやられた。

鈴木がなんか神戸新聞とつきあっていたもんだねぇ、そうでしょ。ほしたら神戸新聞の自分とこの者か、ホースを持ってきて消しにかかったんです。そうーしたら怒ってねェ、新聞社のなか入ってってってねぇ、新聞紙を山のように出して来るがです。そしてそれに火つけてねぇ、放り込んでおるがやちゃ。わーやー、えらい事やるもんじゃなぁ…と。そのとき指揮者がねェ、指揮者がね、年よりだったか判らんかったですがねっ、鉢巻締めてね人力乗っとるがですよォ。

燃える鈴木商店（神戸新聞社撮影）

そいが二三人、四五人おったかねぇ…。

そして夜、ここぐるり（まわり）に小路がありますよね。そこを群衆が回っとるんですよ、ワショイワショイてね、その焼討があった周りをねっ。そしてずーっと、一時間も一時間半も見とったかねェ。今度は引き上げたぁ、大将が何か指揮しとるんですねェー。私ら聞いとるがでは、警察官がおったれど何んも、ただ後についとるだけですよっ。警官も私服もおるがでしようが、何も出来ないんです。後で聞いた話で

焼け落ちた神戸新聞社（神戸新聞社撮影）

は、背中に白墨を投げつけたと、後から引っ張るがにねっ。そういうことを聞いておるんですが、それは実際はどうか知りませんよー。そして、がーッと引き上げていくわけです…。ほってその後にアンタ、群衆がくっついて行くんでしょ、ねぇー

ほーッ、こりゃえらいもんやなー、と思って…。一番災難ながは神戸郵便局ですちゃ、類焼があってねぇ、後でわかったんですけど…。いつしたのか知りませんけれども、ともかく類焼したんです、可哀そうなことしたなと思ってます。鈴木は木造でなかったかもしれませんけどー、郵便局は木造ではなかったですよ。新聞社は煉瓦かセメントか、ビルでした。ありゃーまー、ひどかったですよ。私らまー、野次馬みたいもんで好奇心だけのもんでしたがー。ありゃーひどいもんでぇ、鈴木は三階か四階か、燃えとる中でなかで暴れとる、壊いとる！　こりゃーひどいなぁ、と思ってましたよ。

戒厳令下の三日間

あくる日戒厳令でました。二日目の日は朝、一晩泊まって元町へ出たら、店はアンタみんな閉まっとるっー。「物価騰貴につき臨時休業仕り候」って書いてあるんです。二日目やったか

姫路の師団が来ました。二日目か三日目やったかなぁ、わしゃ兵隊が人刺すの見ましたよッ…。

それは何処かいうとねぇ、（地図を見ながら）ここはみんな通行止めですからねェ、このね、あこに兵隊が守ってるとしましょう、ここらへんにも。それはもう通さんでしょ、両方からぐんぐん群衆が押して来るもんだから、それでだんだんくっついてくるんですよ。そしてね、それでも兵隊は通行止めにしとるでしょ。そしたところがねッ、野次馬のうちからある男が出て、兵隊さんをつっついたもんですちゃ、兵隊をねぇ。ついたくらいで、そんとき上の指揮官おりゃ止めたと思えどぉ、ありゃ「突けッ！」言うたもんですちゃ。そしたらグサッとやられたッ。死んだかどうか知りませんけどもねェ…。群衆は、か、えらいことになったとねェー。兵隊さんをつっつく方も悪いんです。兵隊は命令で守っているがやからねぇ、兵隊も実は内心は物価が上がってよわった（困った）なぁと思とったがだろうけどっ。群衆に味方する気持だったろけどねー、口にいわれませんからねぇ、突けいわれたら殺いた。死んだかどうか知りませんけれどもねー。

それから、自動車はまってでアンタ…。ここ楠公さんあって後に遊郭あった、あの遊郭どもみな営業中止ですちゃ。たまたま飲んどる奴おる

1. 神戸の米騒動に関する研究は少なくありませんが、最近のそれは徳永高志「神戸市の騒乱」及び上野祐一郎・徳永高志「神戸の労働争議と三菱造船の騒動」井本三夫監修・歴史教育者協議会編『米騒動と民主主義の発展』第三章B所収、に文献なども纏められています。

とそこへ（攻め）上がって行くがですちゃ。私は現場を見ませんけれども、お客に対してね「貴様ら何やっとる」とやるがでしょぅ。それからねぇ、私見たがはメリケン波止場のここにねッ、ここから自動車乗ってきたがー。そしたら「ワッショイワッショイ」いうて来るがです。何いうとるがだろと見に行ったら、自動車誰も乗っとりませんでしたけどね、この自動車をねッ、だんだん持ってきて、メリケン波止場からドーンと海の中へ放り込んだんです。…いやァ、誰か乗っとたか芸者かなんかねー、そいつを止めたんでしょぅ。それから楠公さんの前は溝が深かった、宮の前。だいぶ大きい溝ですわ、そこへアンタね、芸者と二人乗っとる奴を止めて、自動車をどーんと落といたが見ました、ねッ、乗っとるままねー。まだおもしいが見たがは…

質問　それ何日目ですか？

―こりゃ三日目です。一日目から後はもう、町じゅうです。その頃は、もう町中ガラガラのもんです、えー。一番面白いのはねェ、指揮官が行ってしまうと、あと群衆が行くんでしょう。そんとき、あれはどこの町だったかね…。質屋あるんです、後で聞いたんですけれど質屋で金貸し。群衆が行くでしょ、そいつの一人が質屋の家に入った、質屋の家に放火ですちゃ、平生から評判が悪かったんでしょう。そういうがも聞いたことがあります。

質問　船は何日ぐらいここに止まっているものですか。

―このときは三日か四日です。そしてね、一番わし感心したのはね、これが楠公さんでしょう、この踏切を渡ってすぐここにね、床屋があるんですよ。その床屋がね、感心したのはね、「物価騰貴につき二〇銭引きにします」やら、「物価騰貴につき」、一〇銭引きやら二〇銭引きやら覚えはありませんよ、書いてあるんです。そして営業しているんですよ。そうしたら大入り満員、何ちゅ頭いい、ほかの家はみんな物価騰貴につき「閉店休業」でしょう。この床屋はねェ、わんさわんさ人が入っとるんです。感心しましたねぇー。まあ神戸は、私が見たところではそういう状況です（註1）。

米騒動は上海まで広がる

その後船ゃ出て、下関に行きました。あこもやられたと聞いとります（註2）。それから台湾の基隆《きーるん》に着きますが、基隆でもやぱり（註3）、郵船でも商船（大阪商船）でも少しやっぱり（被害）受けとりましたわ。何かやっぱり一寸傷んだように聞いとりましたね。でかい会社どもやられたと聞いとります、見たわけではあり

2．関門地域では、周防灘の漁民たちの騒擾、対岸の門司の商店襲撃や仲仕争議に加えて、全国最大の死傷者を出した宇部炭鉱の大暴動（一三名射殺・一一名重傷）が起こりました。下関市では2千人の群衆が集まりましたが、軍隊により解散させられています。宇部と下関との、この一見対照的な状況を説明する鍵は、事態を左右する軍隊の過剰行動です。前掲『米騒動と民主主義の発展』の井本三夫「関門・北九州での激化」（一一七頁）・「炭坑争議が米騒動でもあった理由、軍による射殺理由のウソ」（第三章D）を参照。

3．井本三夫「台湾の米騒動期と議会設置請願運動」『米騒動と民主主義の発展』五〇二頁以外に、日本での研究は見当たりませんが、用いられている史料が和字紙『台湾新報』の範囲なので、総督府による騒動隠蔽が掘り起こされていない可能性があります。現地語史料による研究が待たれます。

ません。
　上海航路へ替わったが八月か九月やったか。台湾航路は三ヵ月ほどしか、四月とは居らんかったでしょうわい。私は横浜へ帰りたくてね、ちょうど神戸で事務長の大瀬古さんに一緒になったもんだから、「おら、どうしても横浜いきたい」と頼んだわけです。それでもういっぺん北清航路へ行くことになった（前述のように北清航路は横浜発）。そして北清航路におって、これも短かったですね。ほんの僅かで大正八年の、初めごろかなー。大連で正月過ごした覚えゃあるからねぇ、大正八年の初めでしょう。四月には乗っとりません。八幡丸いう船に乗ってね上海航路行ったら、上海もやっぱり（米騒動に）でっかい店なんかやられたとちゅうことを聞きましたちゃ。マアこれは、上海広いからね、やられたということを、話を聞いただけですがね（註４）。

質問　下関も上海も米騒動が起こっていたとすると、ほかの港ではどうでした？

―他の港では？…、大連ではー、そういうことは聞かなかったですね。何か交渉というふうなことあったようだったけれども。

質問　値下げしてくれということですか？

―なんか寄付の強要か何かでしょうー。何かそういうようなことを聞いたような気もしますけれどもー。

質問　こりゃ中国人ですね？　日本人？

―ええ、日本人ですよ。

質問　上海や台湾では中国人ですね、台湾人と

黄浦江の展望　右手に見えるのは仏祖界に属するバンドの一部。サンパンの無数の点綴が上海らしい。

4．前掲『米騒動と民主主義の発展』第四章所収の佐藤いずみ「東南アジアの米価騰貴と日本による買占め」及び井本三夫「中国の抗日阻米運動と五四運動」

か？
―いやぁそれゃ日本人でしょう、恐らく。中国人とか台湾人とかは、そっだけ関係しとらんだろと思うんだけれどもねぇ。

質問　中国の歴史を勉強している人の論文を読んだら、日本の米騒動が過ぎてしまってから、それの余波といいますか、やっぱり日本が米を外から買ってくる。中国にちょうど軍隊を置いとったから、その圧力のもとに強制的に輸出させたというんで、騒ぎがだんだん南に広がったと書いてあったんです。

―それはあり得ます。そりやぁそうかもしれませんよ、ええ。うん、そりゃそうかもしれません。

質問　だから、上海だったら日本人がおっても中国人のたくさん居る所だから―。

第一次大戦後の東アジア

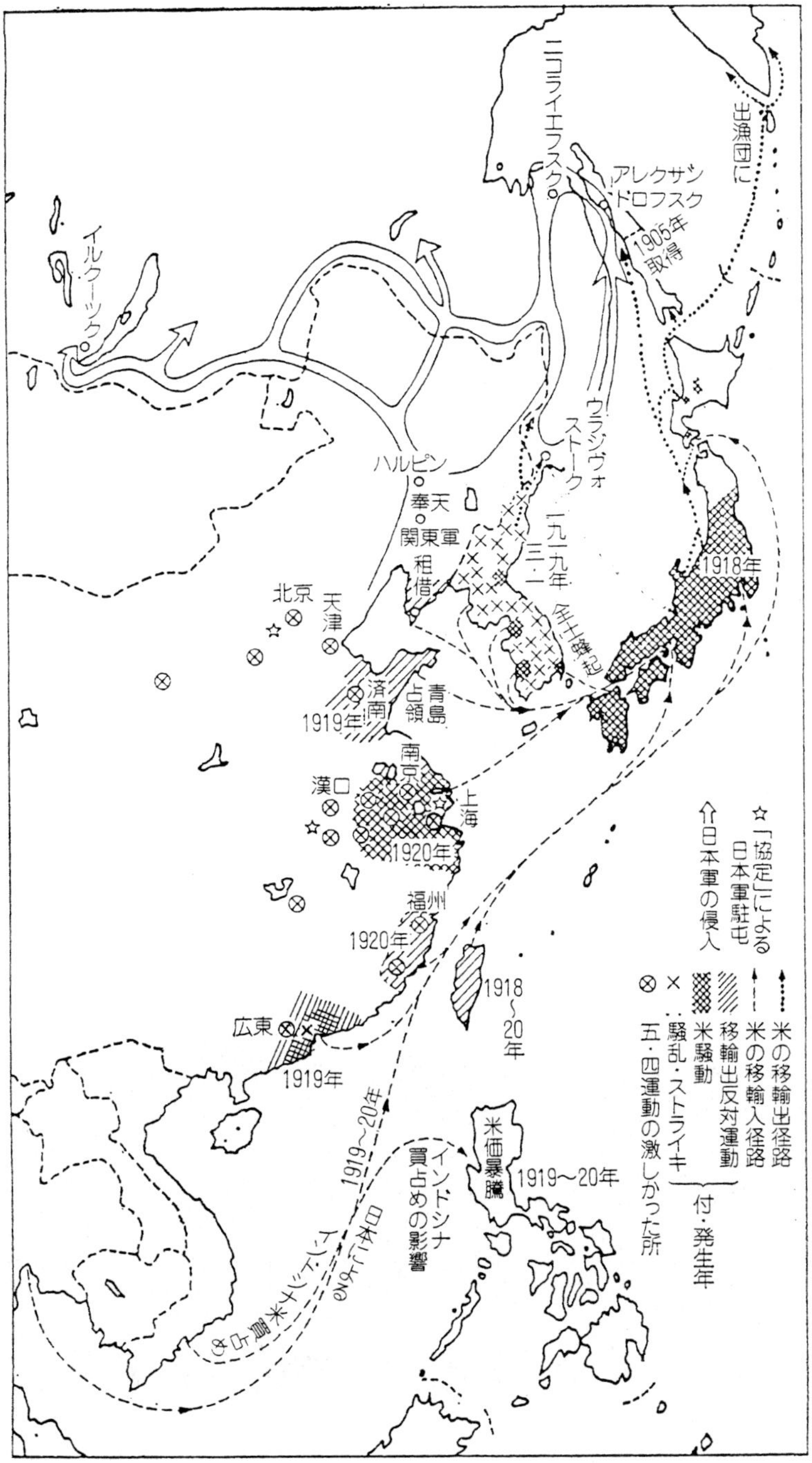

—台湾人が騒いだというのは聞きませんね。やっているのは日本人です。その中に台湾人もかもしれませんけれども。

欧州航路に見る大戦状況

質問　ずいぶん船を乗り換えるんですね。

—いやー、船はしょっちゅうです。私はあんた、アメリカ航路行ったのは大正八年です、香取丸いう船です。その頃は欧州航路はもう日本船ばっかりやからねぇ、第一次欧州戦争でどこの船も、外国の船ちゃ見たことないです、ええ（註5）。たまたま、香港を基点にしとるイギリスの船ゃ来るだけです、これはでかい船じゃないです、小さい船です。これゃ香港を基点にしてたまに来るだけでね、後は日本の船ばかりですよ。船会社は儲けにゃならんもんですちゃ。だれどねやっぱり、だんだん欧州（航路）の方は戦争でやられるようになって来ますからね。スエズ運河でやられたのは、日本郵船では照国丸が沈没しました。いや、潜航艇にやられたんです。ポートサイドの沖でね、港ほんの一寸出たところで、港の近くだったそうで、そって大して死人はでなかったそうですけどね。だからみんなアメリカ航路に変った。私が乗った香取丸いうがもみんな欧州航だっんですが、ロシア・欧州航路は危ないというもんだから、シヤトル航路に変ったんです。大正八年に行って、それから兵隊検査になって私、また上海航路に帰って、上海航路からまた、最後に台湾航路で豊後丸乗りました。それから一二月に軍隊に入りました、大正九年です。

5. 国際航路、ことに欧州に向かうそれはドイツ潜水艦（U-ボート）によって、最激化期には一日平均三万トンの船舶が撃沈され、合衆国・日本などの非主戦国が輸出と海運の主勢力となりました。

第一章　松井滋次郎氏による集録と親族の証言

証言1　岩田重太郎さん・村井政次郎さん談

松井テープA・B（一九六八年六月二日・四日録）

調査の動機

松井　えー米騒動がね、水橋で勃発したのが大正七年、今年で五〇年に当たるそうです。そっでね、色々の催しやら回顧録やら、そういうものが方々で計画されているわけながやちゃ。そこでそのォこれからお願いするのはですね、『労働農民運動』という雑誌が出てるんですが、ここが特集号を出したいいうので案内が来てる、米騒動の思い出という形で書いていただきたいと。そしてね、生存者を含めてやってもらいたいような要望なんやちゃ、それから六月二〇日までに締め切りたいと。

　今までね、こういうものが何回か出てるんだけれどね、じき滑川・魚津から起きた（註1）ことになるんだよ、我が国の米騒動の始まりは。それは色々聞いてみた結果、まちがいだ。これは一つには、私がここの角川の縁者関係だから余計はっきりしたわけだ。水橋からだということは大体わかって来ておるんですけれどもねッ、それにもかかわらず―、またその中でも間違いがあるんです。すぐに「西水橋」、とこうなるんです。西水橋でなく東水橋の西浜町、その西浜町が何処にあるか判らんもんだから、西水橋にしてしまうだろうと思うんですねッ。

　去年の、一九六七年一一月二日付の『新婦人新聞』に、わざわざ中央から記者が入って記事にしたのがこれです（以下では『新婦人』記事と略記）。これはねェ、この若い記者というのは富山生まれの若い人です。ここへ一緒に付いて来たがは前橋さんいうて富山診療所にいる婦長さんなんで、これも古くからの、五百石の人なんです。それからこの町を案内したのは高井文助さん、らしいんですね。ところが出来た記事が私の所へ送られて来たのを見たら、白岩川が常願寺川になりですね（註2）。西浜町が西水橋になるという間違ったもんになっとる（第一図参照）。あんたも見られたように、あんたも見られた？

岩田　西水橋にちゃ西浜町ちゅう所アない、浜町ならあれど。

1．一九一八年米騒動については、騒動が一番大きかった滑川が戦前は有名であった。但し滑川自身が初発地という説はほとんど聞かない。

2．白岩川が東・西水橋町の間を流れるのに対して、常願寺川は西水橋町の西のはずれを流れる。第一図及び次章参照。

松井　それが、西浜町が何処にあるか判らんもんだから、「西水橋」になってしまう。西水橋に聞きに入った人は何人も居るけど、知らん、とこう言われる。関係者のことを調べれば調べるほど、こりゃ東水橋町の中の西浜町だとわかってくるッ。

岩田　そうッ！

松井　でェ、そうだとすればですね、この際に明確に改めておかんとですねッ、五〇周年というこの時に。このままでまた何十年か過ぎて行ってしまったら、そしてあんた達が居らんようになったら、この歴史は永遠にわからんよになる――。そこへ先ほど言ったような注文を受けたわけで、こりゃまァいい機会ではあるしと思って、それで今日特に来ていただいたような次第です。

　こないだ（五月）三〇日の日、（角川家の）法事あった時に、高井文助さんも米騒動当時おられたと聞いて伺ったんですが、「血圧が高くて喋れんからもう少し後にしてくれ、村井政次郎さんとこ行って聞いたらなお詳しい」、と言われた。

（以上、テープAの冒頭部による）

東水橋で起こった背景

村井　私け？　数え年七九、高井さんは私より

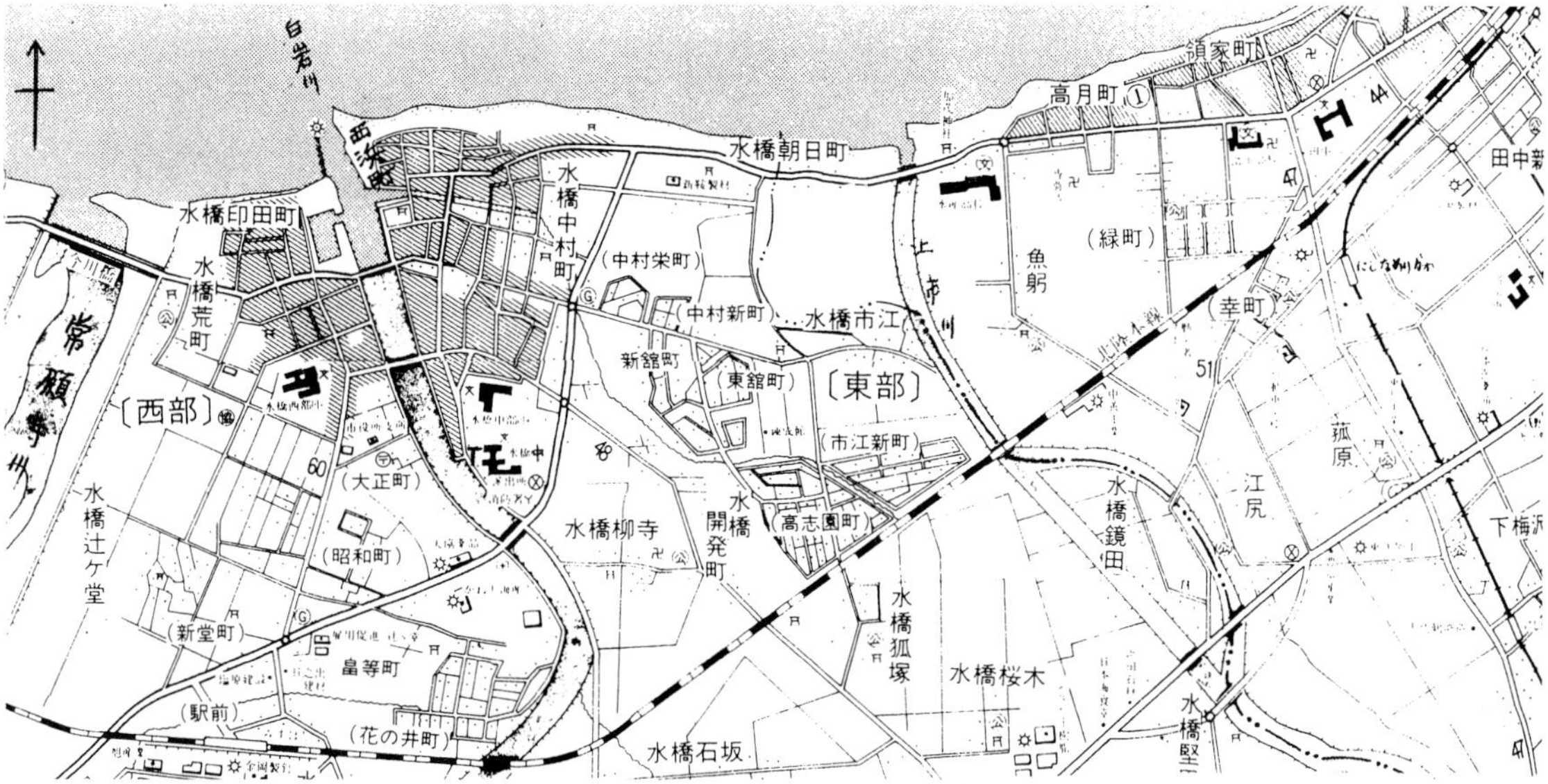

第１図　富山市水橋地区と滑川市西部

第一図説明　移出米商高松商店は、白岩川東岸の町並み（東水橋）が切れる南端部にＴの印で示す所にあった。川舟で白岩川を下して来る米を集め易く（文の記号で示す小学校の位置にかつては藩倉があった）、また用水の白岩川への合流点で水車精米に適していたことが、このような川沿いの町端れに米商ができた理由ではないかと思われる。移出停止を要求して７月初旬から、仕事の後に毎夕押しかけたという女仲仕たちが住んで居たのは、同じ東岸でも北端（河口右岸の突出部）にある西浜町であるから、町を縦断してかなりの道のりを往復したことになる。

五つほど若かろう。米騒動ネ、私あれから一五年たってから町会議員に二回当選しましたがね、その関係で興亜の運動に出てったことがあります。その時に、(水橋は)米騒動の率先地やから、こういう所へ、興亜の運動にちゃ加わってもらへんて拒否に遭うた(註1)もんです。当時は東浜町、宮のすぐ前に、諏訪神社(註2)の前(註3)に居りました。(第二図参照)私ゃ浜のことはくわしいがです。

松井　水橋は千石船が入って、今とは比べものにならん栄えた所や言いますね。ここらは新川郡いわれた平安・鎌倉時分からの穀倉地帯で、京都の朝廷からの出張所みたいもんも小出(註4)にあったそうなね。ほして上方だけでなしに北海道・樺太まで米出す港になった――。

村井　昔は常願寺川もこの白岩川へ流れ込んどったんです。停車場(JR)から来ますというと、富山へ行く道と停車場へ行く道が別れるへんに、今でも土手みたいに高くなっとる所あります。あの土手のとこから昔は常願寺川が白岩川に流れ込んどった。だから水橋の町んとこでは、昔の白岩川は今の二倍ぐらい広て東水橋と西水橋がはっきり別れとった。ところが私ら生まれてからしばらくした頃、測量してかって二つの河切り離いた(立山から降りる急流の常願寺川が度々氾濫し、町を水浸しにする上に河口港を砂で浅くするため。明治二六年竣工)。いま停車場からこっちへ来ると牛乳の、牛囲っとる家ありましょ、斉藤ね。あの牛乳屋のおやじども常願寺の工事に来てあこに住み付いたもんだ。もと河原やった所もろて真ん中に牛囲とった。

松井　その頃の水橋の港は千石船が?

村井　バイ船(いわゆる北前船時代からの数百石積みの和船)が三〇何杯おったもんです。それから東は生地のむこうの石田までは、当時そういう船の居る所は無かった。

その時分回漕問屋いうもんはしんしょ(財産)築いたもんです。高井文助さんは親が早ぅ亡くなったもんで、角川(註5)いうバイ船五、六杯(艘)持った回漕問屋に奉公しとった。北海道通いで大きなった。西浜で一番大きい家やった。いまの室谷さんの所に屋敷あった。小松さん(註6)どもは後で大きなったがで、こりゃ御収納(小作米)で儲けて高(田地)買うてった地主だ。(各家の場所については第二図参照)

その頃、ここの天神町に誰が居ったかいうと、早川権右衛門(註7)という人が居った。こりゃ相場師の親方です。古橋(註8)から南へ行くと道ゃ曲がるところある。あこ一面が全部この人の屋敷やった。倉ばっかりでも一二、三棟もあって、米・肥料を出いとった。この人の家来に富山の米商人の蓮沼(註9)はんが居って、

1.「興亜の運動」とは、一九三〇年代後半から四〇年代前半の戦時期に、政府唱導で組織された「大東亜共栄圏」運動のことであろう。この頃軍隊その他で同種の差別を経験した者は水橋・滑川に多い。

2. 諏訪神社、(現)水橋東浜町の海際。日本海を北上伝播して来たといわれる諏訪社は富山湾沿岸では漁民集落に多く、漁民一揆や米騒動の集合場所になることもしばしばであった。一九一八年の東水橋の米騒動でも、少なくとも八月五日晩にはここに集まるよう口伝がなされていたと、『高岡新報』八月五日は書いている。

3. 村井政次郎氏は当時、(現)水橋東浜町四四八に居住。

4. 白岩川の東岸にある(現)水橋小出の地区。平安末期から小井手として堀江荘に関る文書に見え、鎌倉期に黄金佛の発見、室町期には多くの堂塔を擁する大規模な臨済寺院(小井手金剛寺)の存在が記録され、戦国期の小井手城は佐々・織田・上杉各勢力の接点であったという。

私らが一六、七の時分あこへ米買いに来とった。毎日米私、蓮沼のおやじいう人、顔覚えとります。富山から三里の道、毎日草鞋はいて歩んであそこへ話に来る。米は東京、大阪でこっだけこっだけ、どこどこはどっだけしとりますて。毎日米の値持って草鞋ばきで早川権右衛門のとこへ来とった。その時分水橋の町の町会議員は、まっで早川権右衛門一人で決めとった、どこの町内

第二図説明
東水橋の北部のみを示す。

A　伊よんさのお婆わの家
B　弥助さのお婆わの家
C　甚きどのお婆わの家
　　A～Cが女仲仕の指導者
D　杉村ハツの家
E　笠間ヨリの家
F　尾島ヒサの家
　　D～Fが五十周年回想に出席した女仲仕たち
G　高島佐七郎（男仲仕の親方）

・市江平次郎（西出町八八五）は女仲仕の親方
・角川与三左衛門（西浜町二八二）は回漕問屋
地主の石黒七次（かわ七屋、当時町長、西天神町一九）、小松武右衛門（西浜町二二六）などにも騒動勢がきた。

角川与三左衛門、市江親方、A～F、仲仕だまり、ソーコ（米・漁肥の倉庫）が西浜町を中心に集中していることに注意。西浜町から古橋を渡った女達は、町の南のはずれにある高松商店までほぼ旧北陸街沿いに歩いたと思われる。戦前は河沿いの土手には道が作られていなかったからである。（浦の橋は戦前はなく、そこから東に通じる太い道もそこを流れていた用水に戦後蓋をして出来たものである。敷地割は現在の住宅地図にあるものによっている）。

からは誰、あこの町内からは誰てね。

この人が中心で水橋銀行いうが作ったが、つぶいてしもた。いま北陸銀行の隣りに歯医者（註10）居ろうか？　あの家、早川権右衛門がつぶれた時に蓮沼が早川の家族住まわせてやって金物屋やらしとった家だ。蓮沼があいだけになったが早川のお蔭だったがか—。

松井　その頃はあんた能登通いの船（小型の和帆船）に乗っとられた？

村井　炭・割木・下駄、そういうもん持って帰って、こっちからは米持ってく。肥料に持ってくがは北海道の鰊。ここへ来たのは主に胴鰊です。一週間干いといて肉の所と腹をそいだ背骨中心の長いもんです。

能登からもどって来た時は、この白岩川へ入るがに引っぱってもらわんにゃ入れなんだ。引っぱる女どもの親方が水上の伊よんさのお婆わ、角川の弥助さのお婆わ、甚きどのお婆わ（註11）やった。この人どもの口がかからんと船引っ張ってもらえん。ほして河一ぺん引っ張ってもらや、その時分の銭で大抵五〇銭から人の沢山出ている時で七〇銭。人の少ない時は三〇銭でも四〇銭でも。なん、これは一人当りでない、これを皆で分けるがで一人当りは二銭か三銭になる。

松井　そうやって米や北海道魚肥の出入りにかかわる商売で、今とは比べもんにならん盛んな港やった——

村井　それが滑川へ軽便鉄道が敷かれたら（明治四四年起工、大正二年完）、今まで水橋へ来とった荷まで滑川の方に行くようになりました。滑川に、滑川米肥会社とか今の細田はんが経営しとった、そういう移出会社が機つも出来て—。軽便鉄道、立山電気鉄道はこりゃ五百石・上市から西滑川へつないだもんです。今あるが（富山地方鉄道）は軽便鉄道のあとですよ。今のやつが軽便鉄道と少ォし違とるのは、上市の方へああいうひどく入っとらんかったことです。こうやって滑川の方へ軽便鉄道が出来ると、例えばあのでっかい斉藤仁佐衛門（註12）でも、元は水橋へ米持って来て〆糟（鰊から油を絞った後のかす。魚肥として北海道から船で入る）買って帰って商い（註13）しとったが、やっぱりこの時期から滑川の方へ（米）出すようになってったわけだ。水橋に入る汽船の数も大分減っとった（註14）。それからあこに（東水橋西浜町の河口沿いに）ずーっと倉庫がある。今でもあるが（第二図参照）、あの倉庫の中身が大分悪くなっとった。以前に比べて米が減っとったらしい。

松井　そういう問題ちゅもんな、こりゃ波止場で働いとる人たちや、回漕問屋だけの問題でな

5．角川与三左衛エ門、（現）水橋西浜町二三五番と二三七番を併せた広い敷地に赤がね御殿と呼ばれた豪邸を営んだ。

6．小松武右衛門、（現）水橋西浜町二二六、米騒動当時八月四日には石黒七次町長宅などと共に騒動勢が陳情に押しかけた豪家の一つ。

7．この時期の当主は早川権次郎で、権右衛門は先代以前の名が家系の通称として通用していたものと思われる。

8．下条川の河口近くにかかる琴平橋の通称。北陸街道が通り、此を北へ渡った所から西浜町が始まる。近代になって上流に出来た新橋に対比して、古橋と俗称される。

9．富山市桜木町に住んだ米商、大正期に巨大化した米騒動時に貧民に押しかけられる。

10．（現）水橋東天神町六八五番地南辺、現在のカナキ洋装店の西側にあった。

11．以下で指導的な役割をするこの三名は、伊よんさ（水上伊右衛門）のお婆わノブ、

いッ。水橋の町自体にとって大変な問題なんだねェ、仕事が少なくなって行く。そして水橋の町がだんだんさびれて行く。だから問題が非常に幅が広いね、そしてそこへ米の値がどんどん上がり出した。

　水橋の米騒動がなぜあんなに大きくなったか、今まで解らんとこあったが、今それを聞いて解りました。町全体が滑川の方に荷を引きつけられて不景気だった、その基盤がなくちゃねエ、あんなに拡がってくもんでないですよ。そのね、拡がってった理由。水橋という所であれだけ大きな動きになってったのは何故か。「そりゃ米の値が高かったからだ」と言うのではね、それだけではやっぱり片付けられんものがあるんですよねッ。そこが知りたかった所です、ええ。これがないと歴史にはならないんです、それが解った感じです。

（以上、テープBによる。但し最後の節の村井氏の発言は、テープAの前半で松井氏が一度目に村井氏を訪問した際に聞いた話を紹介しているのを、転用した。）

（『富山史壇』111号一九九三年七月掲載稿に加筆）

まず仲仕親方のところへ

松井　岩田さん、いくつになられる？

岩田　今のがで七二だちゃ。

松井　何町におられる？

岩田　東浜町（註15）。

松井　西浜町に近いから動きが判ったろげ？当時は何の商売しとられた。

岩田　魚屋―。ほしてこういうこと起こっとるの自分が最初知ったがは、市江（第二図参照）（註16）の仲仕の親方のところへおかっつぁんらち（女房たち、ここでは女仲仕たち）が来て、「米ェ外へ遣りや（移出すれば）高なるから、外へ出してくれんな、外へ出てくから高なるがだ。自分らちァ僅かな銭（仲仕賃）もろとって食ってちゃいけんから、やめさしてくれ」と、そう言うて市江の親方の家へ頼みに来たわけや。

　だれど、それまでになるまでにゃ、後で聞いたがだけど―米やこう高なりゃどうすると。おらっちゃ食うていかれんよになるとォ、北海道でも何処でもこうやって積み出いて取ってくがでエ、ふんじゃけね高なるがだと。そういう話が前からボツボツと、仲仕のおかっつあん達の間にあったそうな。そしてその結果が、なら今夜行って、仲仕の親方の市江のうち行って頼まんまいか言うて、つんだって来たちゅうことや。

　そうしたところがその市江の親方が、「おらっちゃがなんかァ出すもんでなし。米屋が出い

弥助さ（角川弥助）のお婆わイト、甚きど（水上甚吉）のお婆わトキ。住居はいずれも（現）水橋西浜町（第二図参照）。弥助、甚き（吉）はいずれも夫の名ではないので、先祖の名が家系の通称化したものであろう。

12．大正七年米騒動に押しかけられた大地主（米輸出商）のうちの一つ。滑川市領家町（水橋に近い部分）に住み、現在も当時のままの石造り倉庫の連なりが残されている。

13．鰊肥は即効性があるので農民に売るか貸与される。元利を米で払うことを要求し、実質上地主の小作米増収法として機能した。

14．汽船の寄港が減ったことについては、大正二年に北陸線が直江津まで全通したので、伏木～直江津間の定期汽船が寄港しなくなった事も関係している。

15．岩田重太郎氏は（現）水橋東浜町四六五に住んでいた。

16．市江平吉氏（現）水橋西出町八八五の南隣りに在住したといわれる。

てくれ言うがで積むがだねか、仕事でせんにゃならんまいが。そいがなら米出いとる高松（移出米商）（註17）へ行って話しすりゃいいが」、そういうが言わっしゃった。お嬶からち（達）がどういうて交渉しとったか、そんな時は大勢の人でおらっちゃは後の方に居ったから、お嬶からちがニワ（店の入口や玄関の土間・セメントの所）に居って話しとったか、上ってねまっとって（座って）話しとったか、そういうとこまでちゃわからんちゃ。とにかくこら、ほんの何十分かの話でー。そしてとにかく高松へ行かんまいか言うて、「おまさらち皆なつんだって（随いて）来いや！」てこういう具合で、実になるものもならんもんも、つんだって高松の店の方へ押しかけてったちゃわけだ（第一図参照）。

（以上、テープAによる）

（『富山史壇』111号一九九三年七月掲載）

証言2　杉村ハツさん・岩田重太郎さん談

松井テープC（一九六八年録）・D（一九六九年三月録）及び前述Aによる

輸出米商への日参

杉村　えーえ、高松へは何べんも行きました、何べんでも行かんにゃー。さ、一ぺんや二へんや五へんでちゃあきませんぞいねッ。

どんな風雨の日でもあんた、バンドリ一つ着て笠かぶって行ったもんです、昔は草鞋ばっかり。こういう下駄どもちゃ履かいてもらえなんだもんです。こうやってねゝ（赤ん坊）おんぶして行きましたれど、雨ゃ降ったとその上にバンドリ着て笠かぶってく。そこにあるあゝいう傘でなしに、昔の笠だねッ。笠ちゃ、一番・二番・三番まであるもんで、暑い時ゃ二番、雨降る時あ一番かぶるもんに。あげくの果てゃこういうでかい大笠かぶったらく。「おまさらバンドリと笠ばっかり被って来るさからい、そっでバンドリ騒動ていわれるがだ」（註1）て、高松で働いとる出袋仕（註2）のおとっちゃんにいわれた——「バンドリ騒動・米騒動」て、どしてそいが言うやらねぇ——。おらっちゃ何もバンドリ買うてくれって行ったわけでなし、ね

17. 移出米商高松の店（現）水橋新大町五五二に当時あった。

エ。おらっちゃのしたことはね――、家計立てんにゃならんて一念で商売したらいた体やさかい、商売しても晩にならんにゃつめかけて行かれんがやねけ。えゝ、高松の店は端（町はずれ）の学校のきわ（傍）やった（証言1の第一図及び証言26の図を参照）。

あんたはん言われたその伊よんさのお婆わと、弥助さと甚きどのお婆わ、こういうお婆わらちにおらっちゃ連れられて行くがです。それに行かなんだと叩くやらぶつやら。一番ひどいが伊よんさお婆わ。ほして三人して叩かれんがだ、顔でも背中でもドッシーンと。おらっちゃ若いもんな、こういう鬼婆ばておろかて言うたもんだった。

「お婆わ、今まだ御飯食べとらんから行かれんちゃ」言うたと顔でも何処でも叩かれたちゃ。だから夕飯食べずに行くがだ、腹かゝえて。高松行きゃ、でかいとの（沢山の）出袋仕ども御膳並べて夕ご飯食べとる。毎晩のようにおらっちゃ行くもんだから、それまでにせい出いて（急いで）食べとけ言われて。そこへおらっちゃ「今晩は」て行こうげ、二五人でも三〇人でも。ほして「お父さん（ご主人）に会わせてくたはれ」言うても、何べん行っても、お父さんにちゃ会われんが。おとッつあんも出てこんにゃ、おかッつあんも出てこん。ほしたと伊よんさのお婆わと、弥助さのお婆わと甚きどのお婆わと、親方三人して戸叩き出すがやちゃ、店前の戸を――。ほして言われっことだ、「なんかおらっちゃ米一升くれて言うか、米一合くれって言うとっか。たゞ米を北海道へやらんといてくれて申し込みに来とるだけぢゃ、何がつらてこうして出て会われん。出てさえ会うて、おっか、そんならこっで北海道へやらんさからい、てさえ言うてくれりゃ、そっでおらっちゃ来んようになる」、そう言われんが。そっでもとうとう出て会われなんだ。

「おやっさん出られんがなら、おっかはん出てくれはれ。おっかはんならめろ（女）とめろでなお話わかろッ」、そう言うても出てこられん。そのうちに婆はんらち怒って汚い言葉、「こらッ！　このおやじ！　米一合くれって言っとっかよッ！　北海道へやるなちゅうがだがいッ」。はァずかっしゃ恥ずかっしゃッ、聞いてくたはれー。おらっちゃ黙っとらんにゃどうなるいね。若いもんが言や、どこそこの嫁さ、きッついこと言うた、あこの嫁さこうだった言われんにゃならん。

夜ゥさる、あんた八時ごろ行くがだもんに、遅けりゃ九時、えゝ、そいがばっーかり。しまいにねェ、あゝ、うぞいこと（情けない）や、なんでこいがやらんにゃならんやら思うと、恐

1．バンドリは胴まわりのない簡単な蓑、これを着て手を広げると鳥のような格好に見えるので、この名が出たという（広辞苑によれば「ばんどり」は雀の方言ハドリを意味するという）。越中では、飢民となって流れる時にこれを着用したのを「ばんどり虫が出る」といゝ、一揆の際にも着用したことで明治二年秋の新川地方大一揆は「ばんどり騒動」と呼ばれるに至った。その主導勢力の発生中心が、水橋を河口とする白岩川の上流で身近な歴史だったことが、水橋の住民に米騒動の女達をも同名で呼ばせたのであろう。

2．出袋仕　遠隔地への移出用に米俵の外側に包装をする男達。

しい人たちゃ思たちゃ、あの婆わらち。おら思たこと言うがですぞ、自分な今年齢いってみて感心しとんが、あのッさんらちのしたことは悪なかったて。だれどあの時分、何とおとろしい婆はんらちだと思たちゃ。

松井　その何べんめかの時に高松のおかみさんが、食えなきゃ死にゃいゝと言ったという話が伝わっていますがー？

杉村　そゥーいうことはー？　さ、他人の話でしょうがいね。さ、あんたそいが言うたとあんた、二〇人でも二五人でも行っとるもんな怒って何でも壊さんけ？

松井　野次馬的に付いて行っとった若いもんが、あんた達がそう言われるのを聞いとって街に拡げた？　そういうことないけ？

杉村　そういうことちゃない、そういうことならおらっちゃのくらいやないもん。おらっちゃあんた、血気盛りやったから、そういうこと言われりゃ覚えとります。そいがしたと、このめろども（女たち）ちゅうもんナ、ぐちださからい、男のきっついがにも負けとりませんぞッ。あんた達もみられ、家の嬶といさかい（けんか）しても、めろが勝つぞいねッ！

松井　そーッそゝ。

杉村　だからそういうことはないことです。そら、なん、水橋の町であの婆わらちゃおとろして、三人の婆わがおとろして。そういうことはもう水橋の町でちゃ言えんことです。

松井　あー、むこうもよく知っとるわけだー。

杉村　えゝ、さ、そういうことちゃもうないことです。おらっちゃらち、西浜の暴れめろ、暴れ婆ばァ言われた。だれどもなーんも悪いことちゃやっとりませんぞ。暴れて切れ物もって行ったわけでもなけんにゃ、棒切れ一つ持ってたこともない。あこなち（あそこの家＝高松）のガラス一枚壊いて来たこともないしー。

　そんださかい、毎夜さ行く時にねゝ担いで水橋の警察（派出所）の前通って行っても、何しに行く、言われたことちゃこっだけもない。だれど背中のねゝがキャッー言うたことあってふり向いたら、知らん男のッさん（男の人）立っとられて、堪忍してくれ言われる。私服のじんたはん（巡査）だちゃ。バンドリの下、なんか悪いもんでも持っとらんかと思て探りまわいてねゝ泣かしてしもたがです。この人はん何べんでも、三日やら来られて三日がら同じいことして謝られた。そっでおら言うたが、「旦那はんよ、あんたはん役人だって言われても長いサーベルさいとられんもんだから判りませんがいね。よろしゅござんす、叩いたか抓ったか知らんねど、ねゝやなん死ぬようなことござんせんちゃ」

おらっちゃなん悪いことちゃしとらんがだから、警察ァ百人こられてもおとろしいことなし、警察の前行って立っとってもおとろしいこともなし。ねェ、われに暗いことないがやからー。

おらっちゃが毎晩そうやって出かけるが見物に来られる人はんあった。面白おかして見にこられたがか、ま、今のしゃばにすりゃ青年団だねッ。そういう血気旺んなところで見に来たがだ、三人だったか五人だったか。二日も三日も続くがで、「あんた方どしておらっちゃにつんだったれんが（ついて来るか）？」、おら言うた。「へゝゝへー」てその若いもん言うとる。「あんたらちー、あんたらちも米騒動の中に入っとんがけ？」。中に顔知っとられるさん（ひと）居られた。「あんた！　あんたらち滑川のさんでないか、あんちゃんよ、あんた何でこいとこつんだって来られるよ？　水橋へ」て訊いた。「ん、また、そいこと言われんなよ」。「言うた言わんたって、何してつんだって歩かれんがいね、こい所まで」。それきりこんよになったれど、滑川のもんだった、水橋のもん混じっとったかどうか知らんねどー。

（以上テープCによる）

滑川への荷車を停める

岩田　陸運ぶもんな女ばっかりだ、その女どもが米出すな言うて動きに出ん。その時分荷車に八俵つけたか一〇俵つけたか、女どもが艀に荷つむ所まで運ぶがだねけ。その女らちが出んとー、男どもばっかりだと仕事にならん。

そうこうしとるうち高松は、（荷が）出んがなら在郷《ざいご》のもん（農村部の者）頼んで滑川に運んでそこから船に載せよう、いうことになったらしい。ところがねェ、誰ともなく、その滑川へ運ぶ米止めんまいかて、そういう話が出たがですちゃ、えゝ。誰も指導者ちゃ一人も居らんのですヨ。「明日、あの新橋の、あここに居ってェー」（証言1の第二図参照）。今みたいに滑川への道ゃ何本もあるがでない、一本道だからねェ。古橋通ったところであのへん（新橋から見える出町の三ツ角）通らんにゃ行けん。ほして新橋の袂のところで、今の公民館ちゅうもんか、あの頃は役場だったいね、あこで、橋で停めんまいかて。「あゝホウかホウか」て、誰言うとなくそうなって指導者なんか居らん。

おらねェ、あっこに居ったもんなみんな、野次馬根性で居ったがでなかろかて思とんがだちゃ。おら、そん時おって。傍に居って見とった。ほしてその時分な、そこに居ったもんナおらみたんもんが一番若かったろげ。あこにまた、遊び宿みたいもん一軒あるがやちゃ、稲垣の散髪屋（註1）。みんな、ちょいちょいあこに出たり入ったりして待っとった。ほして、「まだ来んかなァ、来りゃあ停めるがだれどなぁ」て、こういう具合になっとったがや。中にどういう人どもおったやら、なん覚えはなけれどー。

「よォ来た来た」言うがで見たら、むこうから集まるともなく二〇人ほどやって来た。その時分、お母ちゃんらちゃなん来んがやちゃ、お母ちゃんらちは一人も居らなんだと思とんがや。そっでも居ったか居らなんだか知らんねど。自分の記憶にあるがは、女どもちゃ一人も居らなんだ思とるがい。そして車ひいて来たもんな大分あい間とって五、六〇間ずつあけて来るがやちゃねェ。さー、三台来たか四台来たか覚えやないちゃ、三、四台来たがだろ。ほして一番先のがゞ橋の前で、どっこいしょと停められた。「この米や何処行くがだ」て。そしたら、やっぱり言い含められとっけねネ。その人たちゃ口ごもっとるがや。「滑川へ持ってくがだろがい。高松から出いたがだろッ」て、こういうよな具合のもんだったがじゃ。

「そんなが出いてもらわれん」て。「米こうやって持ってかれたと値ぁ高なるから、あんたら返やいて」て、おとなしく話いとってがだ。だれどね、車の米につながっとるもんから梶棒の所につながっとるもんから四、五人居って、また車引っぱとる人の周りに何人か居る。何十人て居っても一つの荷車にちゃ沢山はつながられん。その間に二番目の車来て、それにまた何人かつながって同じようなこと言うとる。そこへまた次の一台来るー

松井　その車に積んでやって来たが何時ぐらいですか？

岩田　さー朝て言えばー、昼ま前（午前中）だったろねェ。そうやってらちァあかん、話ャこじれてきて。こじれたところで喧嘩も何もせんことだちゃ、持ってかれん言ャ持ってかんにゃならん言うもんだ。

そのうち、なァん見たこともないよな判らん、在郷から来たよな恰好した人が、ぶらりぶらりと歩らき出した。ぶらりぶらりと人の間行ったり来たりして歩くがやちゃね。その時ぁ大通りでもあるし、誰も気にせなんだもんだ。その間にその人ぁだんだん近寄ってきて、人の背中にチョッコ（チョーク）でなんか印し附けたらいたらしい。おゝんチョッコで、その私服刑事みたいもんな。それがなん知らんがやちゃ附けられとるもんは、それから傍に居るもんも。そら、スゥッとなすってくだけだもん、何わかるいね、そやろげッ。

そったらそのうちに巡査が、制服の巡査が来た。顔知った巡査やったが、来たら「やァ巡査

1．稲垣理容店は（現）水橋西出町八〇九に近年まであった（証言1の第二図参照）。

が来た」て。巡査来たらやっぱり怖かろげ、引っ張ってかれるかと思て。喧嘩でもなけんにゃ、「持ってってくれんな」、「いや、おらっちゃ頼まれたがだからァ持ってく」て、そっだけの議論だったがだれど。警察来たもんだからァそれで解散になった。そしたら、解散になったれどチョッコぁ附いとんねけ、あんた。チョッコ附いとるもんをその場で警察へ呼ぼってってたもんか、さ、その間どうなっとったもんか。おらっちゃすぐ帰ったから、しっかりちゃ判らんねど、ともかく呼ぼられたんもんだちゃ。

そしてところがさァ、呼ぼれたがだれど、結局さァ、それだけのことだったがだからすぐ帰って来たが。帰って来たれどー、罰金の略式命令ちゅうもんか、何かそういうもんな呼ぼられたもんに。まァその時分の何円だったか、十何円だったか、まァ指二廻りも折りゃー。それに書いたるが見たと二〇円と見たがだれど、最高のものか知らんねどォ。そのー人数はおら知っるもんは四人ほどだったと思とんがやちゃ。

そこでねェ、面白いことがあるがやちゃ。呼ぼられた中に罰金食わなんだもんが居る。その人がねェ、米屋しとんがやちゃ、たゞの飯米の米屋（搗き米屋）、こうやった電気で搗《か》って。その搗っとる所へ来て泊っとるがだれど家ぁ立山町にあった。立山町の辻にあったがらしい。そしてそっちの家に巡査が間借りしとったもんだ。その間借りしとった人のお蔭でー。だれどその人ァ眼がうっすい（眼がよく見えない）がで、もと按摩しとったが。この人あ、そういうわけで、そいがで免除になったがや言えど、それともその、巡査が下宿しとったがで免除になったがか、どっちか判らんねどー。

結局その罰金喰った人どもァ何人か寄って、おらっちゃ人のためにこいがに歩いて罰金喰ったと、この罰金誰ゃ出いてくれんがかと。誰ゃ出すけェ？　誰も出いてくれるもん居らんまいげ。「わァこいがでー（私はこういうわけでー）」てほうがん（募金）にも歩かれんまいげ。そしたところがその呼ぼられても罰金喰わんだ西川いう人に、「お前や罰金喰わなんだだけでもいゝがで、お前も少しもて、出せ」言うたらしい。そしたら「おら何んでそんなもん出すことい、おら何ん出すことない」て。ほして一つ言い二つ言いして喧嘩んなったと。あとどうなったか知らんねど、こんなもんは喰うたもんは喰うたもん損いね、こいがですちゃー。それから一日か二日たってから滑川へ騒動が移ったがやちゃ。

（以上、テープAの後部による）

米商の積み出し停止

杉村　三〇日通たか二〇日かゝったか、そっでもなん高松は会おうとせんがだから、高松のおっかの姉妹うちと親うちにも通たちゃ。何処ァ親うちだった言うたとね、あの照蓮寺の向かいの半助さ（尾島、証言1の第二図参照）（註1）、七十五郎さ（かまぼこ屋の角川）の親戚の、あこが高松のおっかの親うち。それに、新大町の水上の二、三軒むこうにパーマ屋あったいね、その向かえの下駄屋（註2）、今あるかないか知らんね。あの下駄屋のおっか、高松のおっかと姉妹です。そしておらっちゃこうしてあんまり責めに行くもんだから、それェ聞いて三次郎さ（註10の住所に移っていた頃の早川家）も「さ、積んでってもらえん」（積んでもらうわけにはゆかない）言うもんだから、どうやらこうやら。三次郎さのおっかはん聞いてこられた、高松のおやっさんな、「休もうかー。頭やめてやめて、気や悪ーい。なも、あいだけもん来てギャワギャワとみゝずかぎゃわず（かわず）が鳴くよに言われたとおらなも、のぼせるがよ」て、そう言うとられると。ほしてェ出袋仕もおらに言うが、「あんねよ、二、三日したと高松ア米出すがやめっちゃ」。おら言うたちゃ、「へツーッ！　やめられよか？　おかしなってくっちゃ、自分の親方やと思て贔屓しとっちゃ」。ほしたらやっぱり、高松は一週間ほど休んだぞいね、北海道へ米やらずに。

それから、おらっちゃ行かんがです。何月のなん日に行かなんだやら、いつから行かんようになったがやら、覚えやありませんー。

あの頃朝鮮米来たねけ、南京米も。あれ食べるが嫌かった、油臭いもん混じっとって。そいがでない外米買いに五百石まで行ったこともあります。

松井　浜へ出て来て荷担いだり、引っぱったりしとった西浜の人たちは、大体どのくらいおったもんですか。

杉村　その時ですよ、おらっちゃ（女）が二五、六人だったかな。そういう時ゃあんた、二八貫（百五キロ）・三二貫（百二〇キロ）あるたて（盾筵《たてむしろ》）、昔風の知っとられましょう、鰊から鱗から身欠きから入るこういうでっかーい袋、そいが一人でヒョイとこうやってね、横についとる縄で担ぐがです。そして舟へ架けてある板の上、こやってこやって上って行く。

そださかい、えらい（体がつらい）がですぜ。昔ゃ米五斗俵だった。一斗枡に五杯入っとる。それをこうヒョイと持ち上げて、人の腰の上に置いてやらんにゃならんが。おら六〇になって生地の配給所へ魚とりに行った時、問屋の倉ん中に七俵あった米、二俵残いて全部、ヒョイヒョイと担いでつけて（荷につけて）やったちゃ。

杉村ハツ、松井

1．半助さ（尾島）（現）水橋東天神町六七八の南辺でパーキングになっている所に、当時在住。

2．下駄屋（現）水橋新大町五七三の古川家から当時営業。

「お婆わよ、あんたその米担がれんがか?」て驚いとるから、「お婆わ言われんな、おかあちゃん言われ」て笑とった。「なんちゅうご苦労はんな」て、取締役ァお礼言うとったちゃ。

そうやって体ぁ担いで来たれど、うい事（体のつらいこと）に遭うて来たれど、お蔭様であんまりわずらわずにー。

松井　それであんた、眼鏡かけずに針仕事なさる?!

杉村　えゝえゝ。今八四です。こゝなち（こゝの家）は二〇で来た（嫁いだ）がです。六四年経たせてもろたー。

松井　この前こゝへ来て、東水橋の米騒動のこと聞いて行った人が、西水橋と書いとる（『新婦人記事』の件）。

杉村　さ、西浜を西水橋と間違われたがだ、東水橋の西浜を。書いたがまた見せてくたはれりゃ直せたがにー。何ちゅうー、若いもんなねェー

（以上、テープCの後部による）

松井夫妻によるまとめ

——一研究者の来訪に応えて

松井　水橋、しかも東水橋の西浜町に起こったというのは、この最初にやった人たちはですね。舟方ですから漁師のおかみさんも何人か混じっ

大正時代の白岩川河口

とられるが、しかし漁師のおかみだからやったのではなく、仲仕だからやったんです。

夫人　西水橋は出稼ぎの多い、一本釣・手繰り網の漁師が主な所です。網元の大きい人たちは東にも西にも居られたけれど、西水橋はやっぱり漁師町でしたね。だれど東水橋は完全に、やっぱり港だったんです。私ら子供の頃なんか能登通いの舟なんかも、もう何十隻と居たんですよね。西の方なんか岸壁がないから絶対（舟が）つけておりませんわ。つける所がなかったんですもん（註1）。

松井　だから仲仕というのは全部こっち、東水橋なんです。ほして廻漕問屋もこっち。

夫人　東水橋では西浜町のほかに東浜町・地蔵町・天神町、あこのへんの方たちが私たち小さい時分ナやっぱり、トラックが無かったから皆（陸）仲仕に来とられましたですね。私ら子供の時分、西浜の通りはとっても賑やかだったです。船が入るともうね、朝から荷車は通る、そして浜ぎわが（船から降した）昆布や鰊、色んな肥《こやし》（北海道・樺太の魚肥）の山になるんですよね（証言1の第二図の船荷の積み降し場）。そんでやっぱりお祭りなんかも、浜の方がそれだけ賑やかだったし、それだけ経済力を持っとった。だから御輿《みこし》は必ず浜端を通るんですよねッ。新橋は決して通らないんです、今でも通りません。新橋なんて後で出来た所ですからね。みな古橋を通って行くんです、えゝ。（証言1の第二図に見るように、古橋は西浜への入口にあり、浜通りへ通じる）今でもあこに大きな屋敷跡もありますけどね、その時分はねェ、もう、本当に大きな屋敷が沢山（註2）あったそうですわ。

　昔は船が沖にかゝると艀でとりに行くんですよね、北海道から来た鰊肥料をね。こっちからは出す米を持ってく。それを交換する艀も陸で引っぱらなきゃならん。それを引っぱったり（陸）仲仕したりするもんは、私とこの（角川）のお祖母さん、伊よさんと甚きどのお母さん、その三人がウンと言わんと集まらん、船が入らんということがあったらしいんですよ。

松井　当時はまだ、四、五〇の働き盛り、血気盛んだったらしいんですよ。

夫人　杉村の家なんか毎晩、うちのお祖母さんが（移出米商の高松へ）行かれんか行かれんかて戸叩きに来るんだそうですよ。というのは、お前たちのことだのに何故出んかということで。杉村のおばあさんから言わせると鬼婆みたい人で、出んにゃひどいめに会わせされる、おとろしかったおとろしかった言われる。だけどねえ、高松の家行っても物に手かけたりすることは絶対にならん、言うたてねェ。警察の手に

1．今日の西水橋側に見る舟付場や漁港は、第二次大戦後築かれたものである。

2．元北前船主（大正期にはカムチャッカ漁場等の他の北洋経営に転じる）、回漕店、米の相場師、地主等、米や北洋にかゝわる者ばかりだったと言えよう。

乗るようなことは絶対するなて言うー。だから分署のもん、警察のもん来てでもねェ、わしらなんにも外のことちゃ言わん、米さえ出いてくれんにゃそいでいゝがだ、それだけお願いに来とんがだ言うてね。だから、やっぱりそれが本当だろと私は思うがです。

松井　それだけの統制力がねェ、こりゃ漁師たちにはなかなか出来んと思うんですよ、網元なら別としてもね。こりゃね仲仕のね、一つの労働者としての労働規律の中、仕事の規律が作ったちゅうかね、そういうどん底の激しいもん、厳しいものだね。一定の動員をかけて、挑発にかゝらんようにやって行く、その統整力というのはねェ。この三人の親方というのがあるから、私は出来たと思うんですよね。もう全部警察がついてるんですね、その後いろいろ挑発的なことも出てきている中でやってるんです。そういう中で行われたもんだというのが真相だと思うんですよ。

　杉村ハツさんなんか、当時参加した人たちの話をねェ聞きますと、どうしても文月（七月）らしい。そして、そんな五回や六回（高松へ）出かけたがやない、何遍も通たいうんです。皆そう言ってるんです。

夫人　毎日雨が降るからバンドリを着て、あの大きな笠をかぶって、子供をおんぶしても子供の頭に入るような大きな笠をかぶって行った、毎日雨が降ったちゅうがやてね。だからばんどり騒動とも言われたて、こうなんです。

松井　そうするとね、そんなに毎日ね雨が降っているのはいつか（註3）、ということになる。八月二日か三日頃かというと、それまでにもう随分通った言うんですから。

　そして滑川の若い人たちが、これは多分七月も終り頃でしょうが、もう付けて来ている。水橋の町の人たちが彼女たちを支持するような形も出てくる。輸出米商の高松は仲仕たちの協力が得られんもんだから、在郷（農村部）の男たちを使て、滑川まで運んで出そうとして、今の消防の屯所（公民館前）のところの新橋を通る。この時、町の男たちが出て車の梶棒を押さえた、一騒ぎやるんです。こんな時に何人かマークされるんです。私服に。こゝに女どもがでなかったのは、私の女房の祖母さん（角川のお婆わ）がですね。挑発されるから止めてるんです。それを家で話してるんです。出さなかった、て。こゝへやるとですね、挑発されてパクられる。犠牲者を出すと思ったからね。

　非常に頭のいゝ婆さんだったらしい。またあとから見ても女のくせにかなり先が見えて軍師というところがあって、男まさりの大した婆さんだったらしいんですよ。しかしまた一面から

3．富山気象台に残る資料によれば、大正七年の梅雨は場所によって早いおそいがあるが、全部七月一九日までゝ上っている。毎日雨の中を何となく通い続けたというから、少くとも七月一〇日前後には始っていたことになろう。騒動参加者が集った五十周年座談会の記事（証言4）では「七月初めから」「八月三日のすわり込みをやるまでに二十数回も」通った、と証言されている。

言うと、家があんまり困っとらんからいわゆるその、小ブル的な日和見たいなところがチラリチラリと覗くんだね。こりゃやっぱりね、自分が漁師でもないし船乗りでね、生活に困っとらん。やっぱりね、肝腎のところへ来ると少し動揺するというかね、あんまり考え過ぎてるってところがあるんですよ。

夫人　私の父親がそのお祖母さんの子供だちゃね、それが松前通いの船乗りだったんです。私の近所の角川ていう大きな回漕店の、天神丸という船に乗っとった。この写真がその天神丸で、昔の白岩川にはこういう帆船が沢山並んどったて父親いうとりました。この人が高井文助さん（註4）、この人の父親も天神丸に乗っとった人です、エー。

松井　高井文助さんは角川回漕店の番頭しとって、船に荷積む時にもこの人が側に居った。女どもがわァッと集まって米を積ませまいとかゝったがで、彼がそれをやめさせようとした。

夫人　それでうちの婆ちゃんに叱られた、言うとった。そん時、婆ちゃんどう言うたていうがけェ？　えゝ、お前さんねェ、どうやらでー？

松井　そう、ひどくやられた言うとった。店へ帰りゃおやじさんにやられる、浜へ出りゃ女どもにやられる、モタモタになっとったて。

東水橋は平安時代からの古い船付場でね、時代と共に大きな港になって来とった。後背地に新川郡というものがあったから。

夫人　やっぱり新川平野をひかえてることでねー

松井　この上流、利田村というのは宮崎の忠次郎の、あのいわくつきの事件（明治二年のばんどり騒動）の起った所だからね。米騒動もそういう後背地を持った歴史的条件のもとで、起こるべくして起こったと言える。

（以上、テープDによる）

おわりに

以上の証言は、東水橋の米騒動についてのいくつもの新しい事実と共に、その背景・風土をも語って貴重である。背に負った赤ん坊の上からバンドリを着、笠を被り草鞋をはいて梅雨の中を日参し、「バンドリ騒動」と呼ばれたという、この女たちの闘いに見るまごう方ない越中の風土と伝統。その動かし難い民衆的・風土的なリアリティこそ、七月初めから二、三〇日も通い続けたという彼女たちの証言に何よりの信憑性を考えるものである。（編者）

（『富山史壇』112号一九九三年十一月の掲載稿より）

4．高井文助氏は当時、（現）水橋出町四二七に在住（証言1の第二図参照）。

証言3　岩田重太郎さんの話「坐りこむ富山の女たち」

岩田重太郎さんの話（七四歳）

「高松米屋のおっかはん（中年の主婦のこと）が《食われんにァ死にァいい》と言ったという噂が町じゅうにあって、やかましかったね。まさかとは思うが。」

「高松が、やかましくなってきたもんだから、近辺の村の者を雇って、荷車で、滑川へ運ぼうとしているが、それをとめるようなことが伝わってきたので、通り道である役場（今の公民館）の前の《新橋》へ見に行った……近くの家々の軒下や、かげに、もうかなりの人数が集まっていました。

女は一人も見えず、男ばかり……知らん者もいたし、私服もいたのではなかろうかね……そのうちに、車が見えて、こちらに進んできたら、誰がどう言ったか判らなかったが、つかつかと皆、車の方によっていって、先頭の荷車の梶棒を押さえる者、戻ってくれ、と押し返そうと言い争う者、車を囲んで立っている者、小さい声でやってはいるが、ざわざわしていました。

そのうちに、《警察がきたぞ》と言うし、制服にサーベルを下げた警察官が見えたので、みな散ったのを、私はこちらから見ていた。白墨で印をつけられていた者が後で、滑川の警察へ呼びだされて、何人か処分があったときいたが、しかし、米を荷車で滑川へ運ぶことは止まなかったのです。」

「大勢の女達が荷車を止めようとしてかけつけた警官たちとくみ合った。その場から二人の男が検束された。場所は出町であった。今や町が騒然としているなかで、この二度目の事件が起ったのです。」

「西浜の親方のおはば達によって、町内の家々から一人ずつ女が出て続々と荷揚場に集まりそのふちに立並んで、荷役ができないようにしました。荷積は止まりました。ハシケを持っていた沖合の汽船は錨をあげて立去った。たたかいは終始荷役の女達が中心になっていたのです。

警察が、米問屋へ、しばらく米を出さぬようすすめたという噂がひろがった。これと前後して騒動は滑川でも魚津でも始ったのです。」

「金川（当時の滑川一の米屋かながわ）へ、北海道へ、米を出さんように、話しに行ったのは、水橋のあとです。そのとき、やめさせようとして、かけつけた郡長か署長が、高いところに立って皆にやめるように話していたが、どうして踏みはずしたか、溝に落ちたが、そこでは誰も手をかけたわけではないし、ケガもないし、何もごたごたしたことなしに、皆が家に帰ったときいています。ところが、これが拡がって町が湧きたちました。」

（松井千冬『労働農民運動』一九六八年八月より抜粋）

証言4　思い出を語るおばばたち

米騒動参加者・目撃者座談会の記事

米問屋ですわり込み

「八月三日は、あつい日でした。おらっちゃ（わたしたち）、仲仕の仕事がおわってから二五、六人で米問屋の高松（高松庄太郎＝東水橋町新大町）へおしかけた。『おらっちゃ安い米を買いたい。水橋の米をよそ（他県や他の町）へやらんといてくたはれ（ください）。一合の米も、ただでくれというのじゃない。ただ安い米を食べたいのだ』というて店の前へすわりこんだんです」

　ことし八四歳の杉村ハツさんはこう語りはじめました。耳もよく聞こえ、とても達者なハツさん。暗いへやの四十ワット電球の下で、針の目が見え、めがねなしで、縫いものをやるといいます。若いころ、仲仕（註）という男まさりのはげしい労働をしたとは思えない白いつやつやしたほお―。

　五〇年前の思い出を語るおばばたちはハツさんのほか尾島ヒサさん（八四）、笠間ヨリさん（八一）で、いっしょに東水橋西浜町（当時は中新川郡、現在富山市に編入）で仲仕をしていたのでした。

　第一次世界大戦の《好景気》で諸物価は値上がりしましたが、中でも米は全国的に高騰し、米の生産県である富山県も例外ではありませんでした。一九一八年（大正七年）には一升二五銭が三〇銭、三七銭と天井知らずの高騰をつづけ、《夜寝て朝起きるともう何銭か高くなって

註　女性は海上へは出ない陸《おか》仲仕。

いる》という《高値相場》で、七月には一挙に五〇銭にはねあがったのでした。

ハツさんたち仲仕をしている主婦はこの値上がりをおさえるためには、水橋港から北海道、樺太（サハリン）へ送られる米の積み出しをやめさせなければならないと考えたのでした。

米問屋高松では店をぴったりしめてしまいました。ハツさんたちはトントン、トントンと手がしびれるほど店の戸をたたきました。

「おらっちゃ、米をただでくれといっていない。店の主人から米を北海道へ送らないと約束してほしいだけだ」とハツさんたちはいったのですが、だれも出てきません。西浜の女仲仕たちが高松の店へおしかけているということが、たちまち夜の町にひろがり、ぞくぞく町の人がつめかけ、騒ぎが大きくなりました。

すると、店の奥から高松のおかみさんの声がきこえました。

「ああ、うるさい」「米が食えないというんなら死ねばいい」というののしりでした。

「なにおッ」とさわぎが大きくなり、そのとき店のガラスが二、三枚割れました

三人のおばばたちの指導で

西浜の女仲仕のなかに、三人の親方株がいま

向え左より杉村ハツさん・松井夫人フミ子さん・笠間ヨリさん・尾島ヒサさん・村井政次郎さん・高井文助さん・岩田重太郎さん
手前の白シャツ男性、左より田村清記者・作家岩倉政治氏

した。千石積みの船が港へはいると人足集めや荷車の手配などの采配（さいはい）をする五〇歳前後の主婦です。第一の親方が、いよんさ（水上伊右衛門＝一本釣りの漁師）のおばば、二番親方が弥助さ（角川弥助＝千石積み船の船頭）のおばば、三番親方が甚きどん（水上甚吉＝一本釣りの漁師）のおばばで、三人とも気性のはげしい人たちでした。ハツさんたち若い仲仕たちは、この「おばば」たちのさしずどおりに行動したのでした。

三人のおばば―この女仲仕の指導者たちは、押しかける米問屋高松へけっして危害を加えるな、警察に弾圧の口実をあたえるなと細かい注意を払っていました。同時に《おばば》たちは西浜町の漁師の家を一軒一軒まわり「貧乏人は仲間にはいらないと困る」と説いてまわる組織者でもあったのでした。

日本人の主食としての米。当時の米は、現在とは比較にならないほどそれは高い比重を占めていました。都会ではともかく、北陸の田舎町では、パンはもちろん、うどんもめったに食べられないごちそうでした。米さえあれば、塩か梅干で飢えがしのげるのでした。

そのころ、西浜町の女仲仕たちの日給は、ハツさんのように三〇貫もあるタテ（にしんカスやたらカスの魚肥を俵に詰めたもの）をかつぐものでやっと五〇銭でした。荷車に米を積み、隣の滑川町（現在の滑川市＝片道六キロ）へ二往復して三〇銭の手間賃でした。西浜町の女仲仕の夫の多くは漁師で、はげしい肉体労働をする男たちは一升めしを食べます。収入はその日その日の魚の捕獲量に大きく左右されます。女仲仕たちはやけつく炎天下で肉体を酷使して得た賃金で、一升の米さえ買えなくなったのです。

「毎日毎日が心配で心配で……」

当時の切実感をこめて、ハツさんは強調します。だから、八月三日のすわり込みは、その日突発的に起きた最初の行動ではありませんでした。

ハツさんの話によると、行動は、七月初めから起こされていました。《おばば》たちのさしずで、八月三日のすわり込みをやるまでに二十数回も米問屋高松へ「米をよそへ出すな」と交渉していました。つゆどきで、バンドリ（みの）を着て出かけました。きつい仲仕の仕事を終えたあと、夕飯の支度をすませ、こどもの世話をしてから毎晩のように仲間二五、六人と出かけていました。

「にいご（ワラの芯）のはな緒の下駄をはいて、二番目の赤ん坊を背負って毎晩いきましたちゃ」

そして、ある晩、ハツさんの赤ん坊が急にギャーッと泣き出しました。みると、そばに見知らぬ男が立っていました。まといつきはじめた私服刑事が、バンドリの下に危険なものでももっていないかと、赤ん坊のどこかをつかんだのでした。

当時、水橋町の魚市場で働いていた岩田重太郎さん（七四）は、同じ三日の夜、こんな騒ぎを目撃しました。高松店から荷車で隣町の滑川へ米を運んでいるのを発見した群衆が、荷車を押えておし問答していました。

先頭の荷車のカジ棒を押えた男たちが「滑川へいくな」と大声をあげていると、群衆の中に私服刑事がいて、おもだった人間の背なかに白墨で印をつけていました。やがてサーベルを下げた警官隊がかけつけ、白墨の印をつけられたもの何人かを本署に連行していきました。

そのころ、角川回漕問屋の番頭だった高井文助さん（七六）はまだ二六歳。

高井さんがはしけに米を積んでいると、二人のおばあさんがきて「水橋から米を出されては困る」と抗議されました。しかし、汽船が入港してしまっているので荷積みをつづけていたところ、またたく間に五〇人、八〇人、百人と抗議の人数がふくれあがりました。驚いた高井さんは「とにかく積んだ米だけは出させてくれ」と頼みこんで積み出すことができたと語っています（詳細は次の証言5を参照）。

「こんなに米があがるのはただごとじゃない。また軍部が戦争をたくらんでいるんだろう」

能登通いの船の船員をしていて、後に食糧営団水橋支所長、町会議員もやった村井政次郎さん（七九）は、そう考えたといいます。村井さんの予想通り、政府は八月一二日、ソビエトへの干渉戦争のためシベリアへ出兵させたのでした。

たちまち近隣の町へ広がる

「米騒動」は、野火のように近隣の町へ燃え移っていきました。

五日には水橋駅で貨車から米を引きずり下ろす事件もおこりました（証言7参照）。

滑川町では、漁師の主婦たち約三百人が八月六日の午前零時を期して集合、町の資産家斎藤仁左衛門方をはじめ米問屋の前で、「米を安く売れ」と要求しました。同日午後二時には米問屋金川宗左衛門方へ一千人の男女が押しかけました。船で北海道へ米の積み出しをしようとしているのを目撃した主婦たちは、実力でそれをやめさせせました。

町当局は、七日、緊急町会を開き、戸数割二分以下の貧困家庭には一日平均三合の割で時価の五銭安で米を販売するという救済策をきめました。しかし、こんな焼け石に水の救済策ではどうにもなりません。同夜八時半ころから男女約七百人がまたまた金川宅へおしかけ、小石を投げたりしました。翌八日には、金川などが汽船で米を積み出そうとしているのを発見、それを不可能にしてしまいました。

　滑川署では七日夜、金川店での騒動の責任者として若もの二〇人を召喚しました。このことがいっそう町民の怒りをあおりました。八日の夜は、竹ヤリ武装の風説も流され、滑川署は富山市その他から応援の警官隊をあつめ、厳重な警戒をしました。それでも約二千人の男女がおしかけ、生活難を訴えつづけたといわれます。

　魚津町（下新川郡・現在は魚津市）では、漁師の主婦たちが「汽船に米を積むのを中止させよう」と話し合い、七月二三日の朝、約六〇人が集まったところ、警察に解散させられています。さらに八月五日から七日にかけ、こどもを連れた主婦の一団が、米問屋をまわって他県への米積み出し中止を要求しました。八月二五日には約六〇人の町民の抗議で、汽車で大阪方面へ送り出そうとされていた米を「一時中止」させています。

　米騒動は間もなく全国に波及、いたるところで焼き打ち事件や軍隊による流血の弾圧事件へと発展したですが、富山県内でも水橋、滑川、魚津のたたかいはたちまち全県的にひろがりましたが、八月六日、西砺波郡の瓦職工が賃上げ要求の争議をおこしたのが注目されています。

　富山県下のうちで水橋、滑川、魚津など中新川、下新川両郡で騒動が多発したのは、この地域に北海道方面への出かせぎ漁師が多いという事情がありました。この年はひどい不漁つづきで家へ送金するどころか、逆に帰郷の旅費を送ってくれるよう訴えてくる者もあったほどで、留守をまもっていた主婦たちの生活は極度に苦しくなっていたのでした。

　付記＝米騒動発端の地について魚津町や滑川町、または西水橋町とする説もありますが、ハツさんたちは、あの年の七月初旬から組織的な行動をしており、口火を切ったのは自分たち東水橋町西浜町の女仲仕だと強調しています。

（『赤旗日曜版』一九六八年七月二八日より）

証言5　高井文助さん・村井政次郎さん
「女たちが東水橋港で、汽船積み阻止」

松井テープF（一九七一年八月録）・G（同四月録）

松井　米騒動の時の（東水橋の）回船問屋は角川与三左衛門（証言1参照）、高井さんは親がそこの船に乗っとったから、自分も高等小学校出てそこの番頭になられた―。日本流に数えて七七になられた？

高井文助　そいが、数えで七七。満年齢やと七五、喜寿の祝いやちゃ。大正五年に兵隊検査で数え年二一だった（米騒動は大正七年）。松村のばあちゃん若かったれど、笠間の婆さんなんかも仕事に。弥助さの婆あ（証言2、4、34参照）とか、水上伊右衛門（証言2、4、33）の婆あだとかの荷扱いの「仲せ」に。

松井　松村の婆あちゃんども（いま米騒動から五〇年たって八〇幾つだから、まだ三〇くらいの「姐はん」だった、若かった。

高井　そいが。わしとこ（角川与三左衛門の店へね、この浜へね、汽船や二杯（通って）来とったが沖へ、港の中は入れ得んが。その時分な三千石か四千石（約四百五〇トンか六百トン）の船やちゃねえ。そういう船ゃ二艘来とったが。そういう船の取扱いいうがわねえ、滑川の丸えつ回漕店いうが、そう、〇に越だちゃ。藤田いう家だちゃ。むかし滑川の町長しとった藤田栄一、だれどその頃は町長しとらんだろ。その回漕店の番頭あここへ来とったがやねけ、氷見ちゅう人や。それが店へ来て米積ましとったがやねけ。

そったら女ども、担ぐがやら（陸「仲せ」など）五、六人来とったがやれど、前の晩。米（倉から）出いとったもんだから、「あれエ、米出いてくれんな」言うとったがやちゃ。だれどまさか、こいがに（こういうことに）なると思っとらんもんやけね。「べらぼうめエ、おらとこあもう売ってあるもんだ。そいが（そういうこと）出来ん」言うてかって、ほしてあした（明日）出いたがやねけ。艀まいて（綱を巻いて岸壁によせて）、艀に一杯も（一艘も）積んでったかねぇ。二杯目ぐらいになったら、まあー！婆あどもや。「米ゃ出る出る。皆出てって、おらっちゃなも死なんにゃならんぞい。米や高なって高なって」言うてかって、みんな呼ぼんにかかったわけやちゃ。そしたら、ぼつぼつ出てきたあー。出てこんにゃ「あこなちゃ（あそこのうちは）銭あるもんだけねっ」て、嫌み言うもんだ。はッーはッー。そったら皆出てくる、あっで五、六〇人ねっ。ずーっと並んだ、倉庫からずーっと並んだねけ。さ、何もせんねど、何も取らんねど、並んだねけッ。

松井 弥助さの婆はんと同じ年頃だった高島の嫁さが言うとった。高井さんは、弥助さの婆あに「おまさ（お前）あっだけ言うといたがに、何のこっちゃ」て頭からやられた。角川の店へ帰りゃおやじさん（主人与三左衛門）に怒られるし、「おらもうモタモタになってね、行ったり来たりウロウロしとった」て。倉の蔭で時間つぶすようなことしとったらしいけど、そうもいかんから戻って来たら、こんど何とも大勢になって女どもワーワー言うとる。

高井 そしたら藤田の氷見て番頭あね、「なん、こっでちゃ出されんまい（積み出すわけにゆくまい）が」てっ。倉の鍵持っとるがだから、少し艀に積んどったがも倉庫ん中へ戻いしもて、「さぁ婆あども！　こっで出さんぞッ。おらとこ、こっで出さんぞ！　こっで出さんぞッ」て。氷見君ぁね角川のうちから、滑川の藤田の回漕店へ電話したもんだ（註）。「なん、水橋の女どもあ米騒動おこいて、こっでちゃなん積まれません」とねッ。そしたらそいつあ滑川に響いたらしい、滑川もなも騒いでぇ。そしてそいつが相場師にねぇ（伝わった）！　でかいと（たくさん相場師が）居って、電話で東京から聞いてやっとる。富山の殿町（米の取引所があった所）

表２　（滑川町）藤田回漕店日誌抜粋（註）

大正７年７月17日	晴	（略）喜平ハ第２二上山丸、伊吹丸へ積荷打合セノ為め午后１時10分列車にて直江津にユキタリ
〃　７月18日	雨	（店主藤田栄一は午前７時20分列車で上市へ）喜平は午後11時40分列車にて直江津より帰宅
〃　７月19日	雨晴	（第２二上山丸午後５時20分伏木より入港、米79石６斗と叺等を積荷し碇泊。晩餐供応す）
〃　７月20日	晴天	（第２二上山丸は午前９時水橋へ。さらに午後５時30分小樽へ向け出港）
〃　７月21日	晴天	（汽船の入出港なし）
〃　７月22日	晴天	（伊吹丸は午後５時40分伏木より寄港、米694石８斗と雑貨を積荷し碇泊。晩餐供応す）
〃　７月23日	晴天	（船長、事務長は午前３時船に帰るのを見送る、伊吹丸まもなく出港）

でつるんでやっとるもんだぁ。

松井　電報うったか電話したか。相場師も居ったから、あんたの報告聞いて富山の新聞とび越えて（東京へ）、地元飛び越えてぇー。それは（郵便局で電報係をしていた）瀧川さんが認めておる（証言10）。郵便法に違反せんよう（戦後まで）言わんかったいうが。

高井　ところが（戦後の）新聞だとかそうゆうものによったとね、一番に起こったが滑川であるとか魚津であるとかねー。

（移出米商の）高松から荷車に積んで行くが、新橋の上から中出町の三つ角で滑川の方へ曲がって行くが捉まえて、すったもんだやったこともある。角まがったところに五台おったか七台

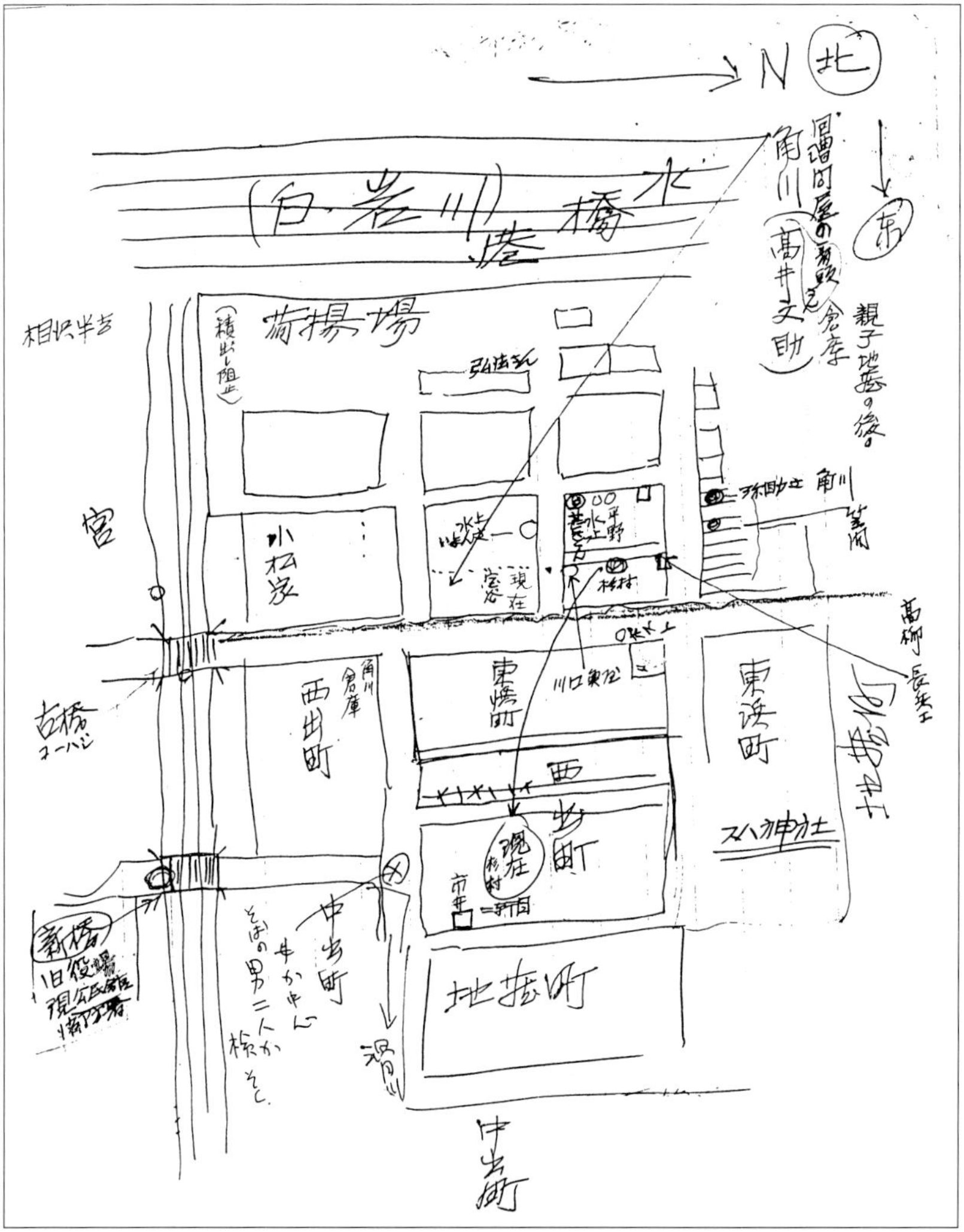

松井氏自筆の東水橋略図

古橋・新橋のかかる川は下条川という用水　図の左側（北）は海岸線になる。

註　この事件があったのは7月20日の第２二上山丸の水橋寄港の際だったことが表２の藤田回漕店日誌の抜粋から判る。この抜粋を掲載している紙谷信雄氏の自費出版『米騒動の理論的研究』の二四六頁には（巻末の文献目録にも）日誌原本の所在が記載されていないが、一九九九年ＫＮＢ（北日本放送）テレビの「鍋割月の女たち―八〇年目の米騒動」が放映された際、筆者とは別の回に登場した紙谷氏がその原本を画面に見せておられたのが、ビデオテープにも残っている。表２の7月18日部分は同日の伊吹丸魚津寄港（『高岡新報』八月九日記事）を無視して来た氏の立場の正否に関わるものであり、滑川市史編纂室にあった藤田家資料が不足していると云われていることもあるので、早急に原本を公開することが氏の立場を良くすると思われる。

おったか。めろ（女）どもで喧嘩もなんもせんがだけれど、男どもあ見物しとったが。なんも無いちゃ、女ども車につながっとるだけだ。それを男どもあ、五人おったか七人おったか見とっただけでぇ。ほしたら巡査どもあ張本人のめろ（女）ども捕まえんと、男ども何もしとらんが捕まえたが——。そしたら「お前なに言うたらく、おら何かしとりゃせず」て、男ども腹たてて喧嘩した。ほしたら「本官を侮辱したとやら、職務妨害したとやら」で引っぱってったがじゃ。何も喧嘩もせんがじゃ、あの米騒動で。喧嘩とかなんとかいうが、なん無いがじゃ。

あの高松（移出米商人へ）行って小さい石ぐらい投げたかも知れんねど、ガラス一枚か二枚壊したかも知れんねど——。その外に喧嘩も何もないがじゃ。なん、女ども主体だ。高松へ行ったって前へ出てわーわー言っとんが皆な女だ。ぞろぞろ見物したらくがは居らしゃっても、男は眺めとるだけだ。

わしとこ（働いていた角川回漕店）が米出いとった倉庫いうもんな、今でも在りますわ。青もん問屋のあこに小松武衛門いう家ある。あこの向かい（西出町七九〇）に三間に五間の倉庫あるがやちゃ。あこが角川の倉庫だった。今ありゃ青もん問屋の——、改良しとろわいね。あこに米入れとった、五百石ほど入る倉庫でねエ。あこはみんな梶井の地面やねけ。小松の後ろ西側のは小松の倉庫だちゃ。小松は高持ちでねエ、玄米ゃ入って来てね。

松井　当時船おった家は？（このあと到着の村井政次郎さんを中心に、船主の名がひとしきり並べられたが略す。）

村井　おら四〇年ほど前か（米騒動後）、仲せの親方しとった。（その前は）佐藤幸吉「幸吉ま」いう女郎屋しとったもんが、まあ（東）水橋の仲せの親方やちゃ。小泉（証言39参照）はその下に使われとった。網元の本当の土台は、東水橋の今でもある尾島伝次。親父は庄太郎、大学の外国語の先生しとった（付録II「水橋の人と歴史」中の「文化人その他」を参照）。この家に網の元は全部あった。その時分浜で網引いたと、秋あじあ千本も入った。さ、ずっと前のことだぞ、二〇代から経つ家だけね。それを金持ちのところへ売り、またしては売りして、その時に一番でかいと買うたもんな酒田善造いうて、東水橋のもんで今でも家の跡はある。網所（あど）でかいと持っとるもんはねえ、西水橋で持っとるもんは、まぁ、藤木だけや。買うたがおそいです。売薬（業者）も少ないがで、みな北海道ゆかんにゃならん樺太働きに行かんにゃならんで、歳送っとったんだちゃ。西水橋のものはあらゆる処へ行ったもんです、漁師ゃ何百人と留萌へ行った。留萌ゃ少し開けて来ると樺太行くようになった。

高井　（東水橋には）北海道通い（の帆船）は五百石から千石積みが、三六杯（艘）おった。二キロか一キロ半に浅瀬があんがやちゃ、沖に、諏訪神社の後ろの方にね。そこにずーっと三〇何杯かかっとった（沖懸りしていた）もんじゃ、ずうーっとね。河は（河口に砂が溜まって）入られん時分になっとった。波でもひくと（浅くて）入れんが。ほして石金長四郎の船や一番でかかったが、千石ほどやいうて。その船や沖に懸かっとたらでかい台風なって、波に乗ってこうち上げた、ほして壊いた。ほいから、わしら子供の時に四〇トンくらいの汽船が、やっぱり沖にかかっとたが、錨引っぱって打ち上げてしもた、横になっとった。

米騒動の時分でも帆船ゃまだ大分おった。角川だてあの頃は、船体が二本（柱）立ての西洋型の船でね、「大ほう丸」いうが居ってねぇ。天神丸・仁せい丸・せい徳丸・金毘羅丸・かしく丸それから住吉丸。北海道通いは七つ居ったろ。それに能登通い（船）がおった。

証言6　岩田重太郎さんの談
「七月二〇日過ぎ、女たちが仲せ親方へ押しかける」

松井テープG（一九七一年四月録）

岩田　夏休みで今の立山町の塚越村の小学生どもが、水浴びに来たがやちゃ六、七人連れで。そしたところが利田村だちゃ、あのバンドリ騒動の忠次郎の出身地の村だちゃ。私の得意先の子供らで、夏の長い日、夕方まで居ったがやちゃ。ところが夕方になっても来んもんだから、その村の先生が迎えにこられた。ほして「ここの町ゃ、でかいと（たくさん）なも、お嬶《か》っあんらっちゃ（達が）寄ってワーワー言うとらっしゃる」、「おと（そ）ろしい処だ、何あったがけ」て訊かれた。そんで飛んで出てったところが、《仲せ》の親方のところで、「明日から米出いてくれるな」てかけ合うとるがや、うん。この親方ちゃ市江平次郎いう。そしたら《仲せ》の親方あ言うた、「何かおら出すがでなし、米屋（移出米商）から出いてくれて言うて来るがでエ、出さんにゃなんがだ。向こうがおらっちゃに出すな言うて、向こうが出さんにゃおらっちゃも出さんがだ。米屋行っててぇ、高松の米屋（へ）行ってこっちゃ（行ってこいよ）」。お嬶っあんらちワーワー三〇分ほど言うとったが、「そいがなら高松行かんかい（行こうじゃないか）」「なら、おらっちゃ」て、ごーいと高松向いてったが。

そして行く間にみんな、さ（そりゃ）でかい声で、ああだこうだて言うてくもんだから、行く間に「あんたらち（達）もみんな、あんたらちもみな付いてこられ」て具合で、みーんな行ったがや。そしてやじ馬やら何やらで、高松行ったがだ。そしたら男も少し入っとるし、どんな話合いしたがか判らんねど、結局あその晩に聞いたがだれど、「高松のあのお嬶っあんは、あの黒んぼあ、食えんにゃ死ね言うた」て。高松のお嬶っあんは色の黒い人だったいね。「おらとこあ商売にやっとるがだて、あの黒んぼ言うた」て、騒ぎに油注いだがですちゃ。

松井　夏の休みが始まって間も無い時分と思とんがやれど、町と村とでちょっと違ったれど、町は七月二〇日頃、農村は遅れるし一寸短い。田植え時や秋の刈入れ時に子守りや何やらで休むが（の代り）だちゃ。一週間も一〇日かもの違いでなかろかね。おら小学校は本郷、倉垣の隣りで、高等小学校に四方へ行って初めて（違い）解った。大体七月二〇日過ぎでなかろうかね。市江へ会いに行ったのは杉村（の婆ちゃん）も知っとる。

岩田　白岩川が西水橋の方へぐっと曲がって行っとったもんだ。西水橋の（今の）船だまりは池みたい廃川で、いま家が建っとるとこは廃川でどぶみたいだった。

松井　河口は海の中へ出ていっとる。西（岸）は葦で寄りつけず（当時は）岸壁も何もなし。

岩田　おらっちゃ覚えとる時は、主に能登通い一五、六杯、七尾の甘口の酒買うて来て、内緒で売っとった。東西橋までぐるっと廻らんならんで、あんまり交通が不便ながで、おらっちゃどもでも、西のことぁ少しも判らんがや。親戚だけ知っとって、西の人のこたぁ名聞いても顔わからず、顔わかっても名知らんもんの、家ゃあたりゃ判らんもん。

証言7　金山秀吉さん「女たち二、三百人が夜、水橋駅へ」

松井テープH（一九六九年一〇月録）

金山秀吉　去年放送局の人に会いました。なんせ明治百年で、富山百年のテレビとか。

松井　たまたま"米騒動"五〇周年でもあったんですね。放送ですから、極めて短い時間のもんですが、録音は頂いてあります。当時駅に勤められていた中で生存しとられるのは、金山さん一人じゃないかと聞いておりますのでね。水橋駅で米の発送を止めたとなっていると、かなりの文書に載ってんです。

金山　まず米騒動が起きた当時、私は一六歳か一七歳のことでありましたもんだから、はっきりしたことは申すことは出来ませんが――。そこで駅の方としては、発送止めをしたことは、まず無かったと思うとります。ま、当時勤めとっ

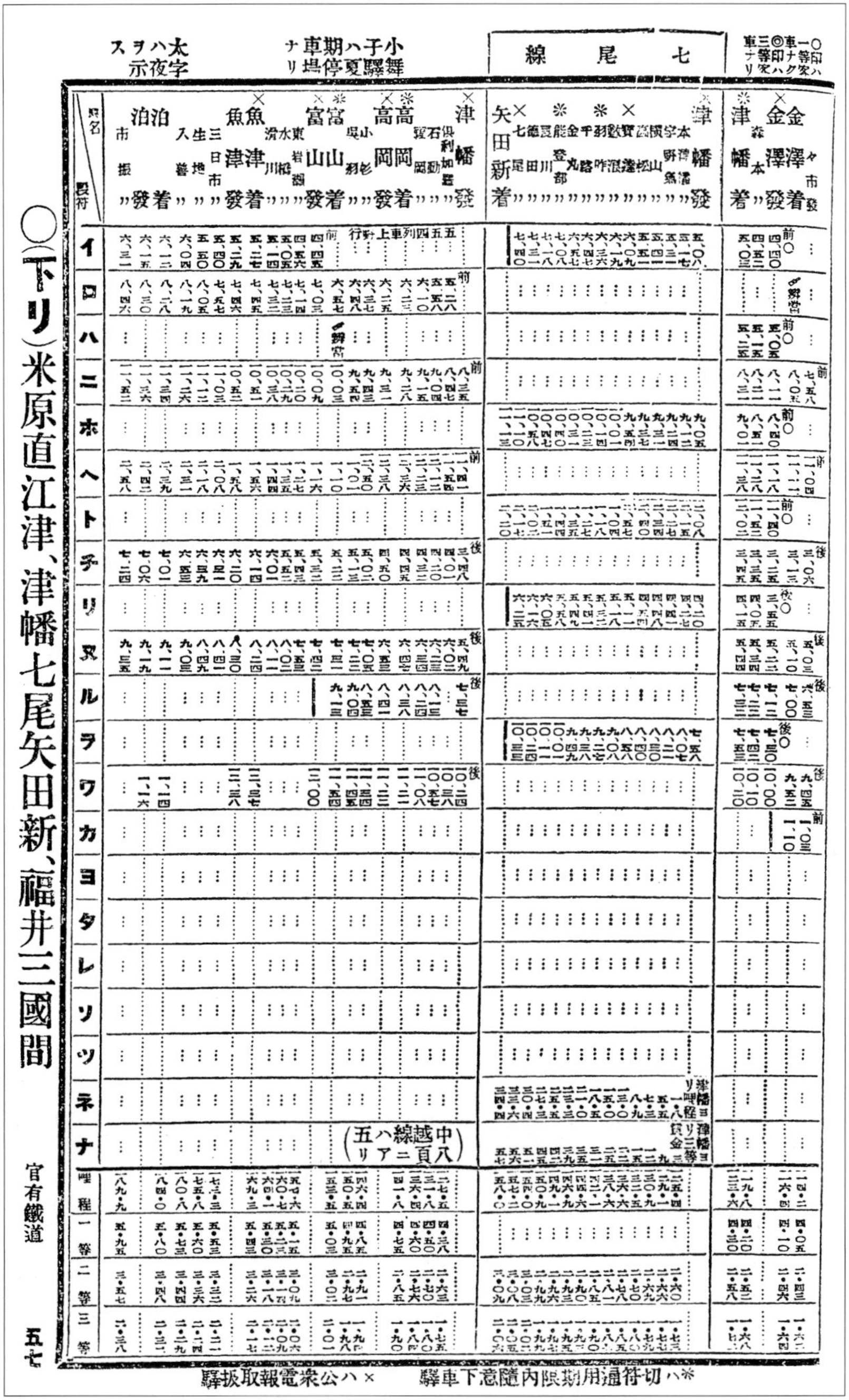

『大正４年・公認汽車汽船旅行案内』（『明治大正時刻表』新人物往来社・1998年刊）より

たいま生存者は、私一人かもしれません。発送の行き先は、（その頃は）東京は秋葉原それから汐留、少し隅田川へも行きましたね。それから関西の方面は大阪の梅田駅、それから京都は梅小路駅。神戸の方へも、少し行ったように思っとります。それから名古屋方面は、あまり行きませんでしたね。ずっと後日になってから、笹島いうて名古屋の方面へ少しは行きましたかね。

えーその、米騒動の起きたいうのを聞いてから一日も二日もたってでしたかねっ、駅の方へ（来たのは）。昔の終列車は、旅客列車として八時五九分に水橋を発車する、上野ゆきが終列車ということになっていたんです。その列車が発車すると、駅の方では着札日報といって、当日降りた人の切符の集計をして、そして鉄道局の方へ報告をさしとったわけです。ちょうどそれを私が書いとった時でした。こー、なんだか駅前が騒がしいもんだから一寸ふり向いて見ると、駅前に沢山の女のぅ、年のいった人たちから若い人たちから。まぁ、あれで二、三百人も居ったですかねぇ—。

そのうちの少しの人が（入って来て）、駅の荷物の窓の戸をあけて…。「どうか旅へ（よそへ）米送らんとおいてくれ」と、まあ。地方の方言でいいますと、「たびへ送らんといてくれ、

「水橋停車場。富山・魚津間にある東岩瀬、滑川、魚津停車場は本景と略相同じ」（『富山線写真帖』明治41年より）

町の米ゃ無いよんなるとおらっちゃ食われん」と。「米の値ゃどんどん上がるもんだから、どーかその、たびへ米送らんといてくれ」と。こういうことをただまあ、今でいゃー、さ、どう言おうかね、まあお願いに来たわけです―。

　そこで、私もこの時分はまだ小僧っ子ですから、まあ、「駅長さんとか助役さんにそういうことをお願いしてあげる」とこう言うたところが、素直に、その晩は帰って行ったがです。えゝ、その後は駅の方へは、あんまり来なかったようです。

松井　何人ぐらいやったけ、いや大体、あんたこう、見られたところ？

金山　さあーですね、二百人以上は居ったでしょうね。えゝ、あって（あれで）待合い所へ二、三〇人も入って来ましたかね。

松井　あんたが受けられた形になって、駅長やその他の人でなくて？

金山　そう、そいがです。私が窓口で受けたような形になりました。

松井　今ならばねッ、やれ、駅長出せとかそういうことになるが、そうでなくて？

金山　えゝ、そっだけまでのことを言わなかったいうことです。私だけに「どうか旅やらんとくれ、町に米ゃなくなると、米の値だんがどんどん上がると、おらっちゃ食われん」と―。そして私もそういう具合に、静かに話しましたらね、素直に帰って行ったです。まッ、中に野次馬もおったでしょうし、若いのも年よりもおりましたが。えゝ、着札日報は毎日つくって鉄道局の調査課の方へ提出するわけで、大体九時すんでからですねっ。

松井　そうすっとまッ、一回だけで。荷物は平常どうり仕向け地へ送られたわけですか。

金山　そうですね。

松井　さっと来てさっと行ったとは言え、少し気びゃ（気味が）悪かったでしょ。

金山　悪かったです。やっぱり沢山で来られるとこわいです。えへゝゝ。

松井　これは、しかしなかなか……。これは、ここで止めたという（ふうに新聞が書いた）ことで、ここの伝統なり全国の新聞に、大きくとり上げられたようですね。当時の言葉では群集となっていて、全国へ大きく伝わって行くわけですねっ。当時の駅長さんの名前、覚えとられる？

金山　駅長はたしか山田金雄さんだと思います、豊橋かどこかの生まれと聞いとります。助役さんは金沢の人で、越村弥朔いうてね―。水橋の駅に徹夜いうたら三人しか居なかったもんです。駅長あるいは助役、それから転轍手一人、ポイントのね。それから位置部手が一人。毎晩交替で三人だから、水橋の定員は八名か九名でした。

松井　その晩は金山さんと、駅長さんか助役さん、それと転轍手一人。その名前覚えとられますか。

金山　たしか助役の、越村さんでなかったかと思うとります。転轍手はだれやったか、覚えとらんですわ。

　その頃は日本に鉄道局は五つあったがで、北陸は中部鉄道管理局に入っとりました。私が入った時分は、水橋の駅前ゃ電気来とった（電灯が灯っていた）れど、駅ん中はまだ全部無灯でした。えゝランプです。受付けの前むらい、事務室は一帯に五分の芯の綿の入っとるやつ。それから待合所とか乗降場は八分芯でちょっと上ります、はッはッ。私らも停車場へ出た（勤めに出たばかりの）新米の時分ですから、朝ゆくと先ず、ランプを四〇ほど掃除せんにゃならん。えゝ、一仕事でした。一年ほどたってから電灯が入りました。入った時は、あのタングステンのね、ぐっと丸かっとる線のねッ。あのガス入りという球（たま）どもは熱いがね、ずっと後ですわ。

　駅の方へ米つけて（荷車につけて）持って来た、仲せ（陸《おか》仲仕）の人どももおった。今はゴム輪の大八車あれど昔は鉄輪で、あれは米九俵しか積めなかったもんです。ゴム輪になってから一四俵まで積めるようになったが。昔、水橋に運送店は二軒あったがです。一つは丸水運送店、もう一つは丸通です。駅におった時、「いま入江孫兵衛が橋の上で《仲せ》の車とめて、警察へ連れてかれた」と、こういうこと聞いたことあったです。現在の東西橋ですねっ。すぐそこです。孫兵衛も、丸水（運送店）の《仲せ》しとったがでね―。そうだねェあの時分はもう四〇越えとったでしょうねぇ。

　その後、一日か二日かたってから、駅の方へ（前述の女たちの）群集が来たわけですね。

松井　後でどこか、高松（移出米商）かどこかへ行ったということは、ありませんかね。

金山　それは―、後で「米騒動」に行ったかどうかは、私は知りませんがね。

松井　（住宅地図を見ながらか）東浜に？　この入江ですか。

金山　えゝ、それですわ。なかなか、しゃべることも上手にしゃべった人でね。

　去年テレビ放送のとき放送局がここへ来て、女の（別の）岡本さんという人（多分、岡本タキ。証言24、25参照）の録音をしてゆきました。西水橋地区には沢山ある名前です。放送局へ行ったがは私と瀧川さんと二人だけです。当時、国鉄へ出たときは日給三六銭です。三六銭一日もらって、そして（一升）五〇銭の米でちゃやってけんもんね。私らも国鉄に三〇年勤めてきましたが、やっぱりよそから転勤して来た人たちがね、ここは「米騒動」の発祥地やいうが聞いたと、何だか肩身せまい気持ちしたことありましたよ。えへゝゝ、今じゃこういう世のなかで…。

松井　そう、人間国宝だちゃ。改めて聞き合わせて見ると、こりゃあ《仲せ》の女たちが始めた――。（東水橋にある港にいる）《仲せ》は西水橋からは来ておらず、（東水橋の）西浜町・西出町・地蔵町・中出町辺りから来とった。「米騒動」のそもそもの始まりというのは、西水橋でなく、東水橋の西浜、港で起きたんだということが見当がつく。

金山　わたしらもそう思いますね。西は漁師が多かったです、男も女も。浜の宮、諏訪神社で太鼓を打つことになっとったらしいですわ。西は西でおらとこ先だ言う人おりますが、事実はどうも東が先のようですね。その辺の事情、瀧川さんがよう知っとられますわ。瀧川さんは年三つほど上です。

井伊弥四郎さん（付録Ⅱ「水橋の人と略史」の「文化人その他」を参照）も国鉄ですが、私らの遠縁です。あの人の従姉妹の姉さんが、私の家内の兄貴のところへ縁付いとるのです、現在北海道におるがですけど。弥一郎という人は私らとおない（同じ）年ですわ。

（松井氏が一緒に写真をと言うので）写真とるがなら、押すがに誰か頼みましょう。

証言8　松井夫人フミ子さん・長男征幸さんによる回想

富山市豊丘町二八－六の松井呉服店で　一九九一年五月八日・六月十三日録

滋次郎氏の生立ち

征幸さん　おらとこの親父は射水郡本江、今でいう新湊の本江の生まれなんですけど。

フミ子夫人　あこの、本江の最初の長老です。あこ全部、松井のうちから出んもんない（分家でない者はない）言うぐらいだったからねェ。

征幸さん　七ヶ村まとめとったがだ。

フミ子夫人　（むかし）新潟の方から来て、土着する者と寺するもんと居って。一人寺して本江のね、光覚寺って寺だ。村拓いた家、今そこにおらんけどねェ。「道番」と地図なんかに残っとっちゃ。牛ヶ首用水のあっちァ富山藩、こっちは加賀藩。あこなちは加賀藩。参勤交代の時、あこなちでいつも休んがだちゃね。きちんとした御坊はんでね。入ってったらすぐに床の間があって、か（これは）、一寸ちごた様式だなと思う。（家の）前はまた駕籠が休むように広いが。道番いう役で、石高どれだけもろとったか知らんねど。次の村までその駕籠を送るがに、時にゃ一休みするがに、家でも道に沿うて戸・障子ザーッと全部開けるようになっとった。今その家なけれど、絵見ると浮田家（県重要文化財）でもみんな、ああいう風になっとるね。ザーッと戸あけて、草鞋ばきのままで一服できるようになっとる。

そういう家だったから、うちのお父さんの親も、加賀藩の学問の指南役しとった家から婿に来とった。虎尾ちゅう家から来とったがで、なかなかのねェ。柔道だとかそういうがもねェ、昔の警察ども行って指南しとられた。とにかく田んぼ測るがでも、何するがでも親父しか知らなんだいうて、うちの主人言うとった。

征幸さん　小学校の尋常科から高等科へ行きたかったがだけど、ちょうど家が左前になってしもてッ。それを建て直すがに親父の兄貴はそこでふんばって居たんですが、（親父は）京都のおばさんを頼って行った。ほして何ていう家やったかの、佛さんの畫かく家だったらしいが、親父はそいがあんまり馴染まんかったがらしいでね、もう一つほかの家へ小僧に入った。そこのおやじさんが本願寺の昔で言えば寺侍で、そん時に水平社の大会をそこで見たらしいんです。後から知った話なんですけど、士・農・工・商・えた非人いうあの階律（身分差別）あって、死んだ後の墓の石にまで（そういう差別が）刻んであった云う。どうも水平社の人はそれを抗議しとったらしい。親父もやっぱり疑問

をもったらしい。
　それがきっかけだったのかどうかは判らないです。寺侍の家の書庫に入ったと、クロポトキンとかゲーテやとかそういう本が一杯あった言う。親父はそこで、こうやってただ小僧しとっては駄目だと、夜学へ行き出した。ほって京都の立命館の夜学へ行ってたと聞いてます。それから銀行へ、大阪第三か第四銀行かへも行っとった（務めとった）らしいんです。どうしてそこへ行ったやら（聞いたか）覚えやないんですが、お袋は皆よう知っとると思います。そこ辞める時にソロバンもろて来た、二つ。そのソロバン、そこにまだありますよー。

フミ子夫人　（子供のころ）田圃忙しいとき滋次郎どこへ行った言うとったら、「アマ」へ上がって、昔からこういう所に紙はったるがへ上って、いつも本読んどったて。だからやっぱり家の兄弟どもはねェ、「偉なってくれると思うたら」、「ええ月給取りになってくれとりゃぁ」て口説いとる時もあったらしいちゃ。なん、最初は銀行務めたがだ、一番初めは。

戦前・戦時

征幸さん　（運動で）一番最初にとり組んだがは、石川県での活動らしいですわ。しょっちゅう石川県の人尋ねて来られたです。何んでそんなにてね―。梅田□兵衛さんて能登島の、まだ生きとられる人だとかね。えーと、和田さん二人おられたと思う。今弁護士しとられる梨木さん、よー来られたですよ。
　戦前は獄中におったこともあるです。富山警察署の中に入って拷問受けてね。死ぬ直前やったんですけど、親父ぁ肺炎おこいて、そいで（僕が）胸に手当てたんです。そうすっとね、肋骨が三本、完全に曲がってんですょ。僕は整骨をやっているもんですから、一発でわかったです。あらーッと思って、これ三本やられとるわと。左一本、右二本、完全にここの骨と厚さがちがうんです。こッくんとこう引っ込んでんですよ。親父は体見せなかったから僕はわからなかった。触った時点でわかったですもん。胸へ手を当てたとたんにわかった。あれ、親父もね話しとった（ことある）。肋骨が折れて苦しくてならんで立ったままで眠ったて。壁によりかかって手を挙げて。手を降ろいたら苦しくてならん、手をこうやって挙げたままねエ。挙げたまま眠ったて。ああ、鼓膜も破られて、右からどっだけ呼んでも聞こえん（人やった）。

フミ子夫人　ひどい拷問の頃はまだ結婚しとらんかったがだれど、特高の連中やいつも付いたらいた。「あっ誰か来とる」って、気配ですぐわかる言うたもんね。戦争前はまだ私ら結婚しとらんですよ、牢屋出たり入ったり。私ら結婚した時は（滋次郎さんの写真を見ながら）執行猶予中だったかねェ。でもねェ、松井のうちはそういうがに対してみじんも恐縮したようなとこ無かったたね。そして主人の弟、刑務所へボタ餅持って来たり。まだ未決の時だちゃ。

征幸さん 最後まで爺はん、頑張っとったからねェ。

フミ子夫人 そういう家に生まれとるから、戦時中でも卑下することなんか全然なかったよ、うん。跡たてた兄でも父親でもひとに、「なん間違ったことしとらん。ちっとも心配しとらん」言うとられた。次男に生まれで、姉妹でも姉一人おられたれど。

征幸さん 京都におった時に、爺はん一ぺん訪ねて来て、黄ばく山万福寺へ連れてったて言うとった。

フミ子夫人 刑務所入っている時に父親死なれたが。富山の刑務所におったが、パアッと眼さめて父親の面かげ立った。「ほんとにこういう事あるもんかね」言うとった。そしたら父親死んだ言われて、「今出ることぁ出来んがだ」言うとったて—。

マアマア、そいがで一生送った。戦時中ね警察は、「宣撫班（に）行け宣撫班いけ」って、「大陸へ渡って、中国へ行け」ってね。「今この船出るから」とか何とか言うてぇ。徴兵にはとられんちゃ、牢屋入っとったもん。出て来てから、代わりに大陸へ行け、宣撫班行け言うて来るがやちゃ。だれど徹底して拒否した、誰もあの真似できんな。「今、腹いたなったとか、今なんとか」言って拒否したわ。それから、ルーズベルトとかチャーチルとかが踏み絵になっとったが絶対踏まなんだ。（富山）駅前のねえ、丸通のあこから駅へ行く道に（書かれとったが）ね、絶対踏まんだね。だから宣撫班にともかく行けいうて来るが。大陸へ送ってやっぱり先遣隊に出すが、行ってあんた殺されりャー、あんた！ それから大政翼賛会とか何とか、負けて入ったが沢山居るがいねェ、あんた。翼賛会入ったが沢山おるがよ。みんなそうだったがよぉ—。

戦時中、昭和十七～八年かね。徴用はうちのお父さんちゃ来んけどねェ。務めとった戦時中、佐藤工業につとめたんです、岩瀬のあこに萩浦工場あった、土建屋ねェ。執行中だったれど。何処でも行く時は、一寸言うて（警察に届けして）かんにゃならん言うとった。そのあと終戦なったし、治安維持法はないようになったれど。おそく結婚した、（滋次郎さんが）三〇幾つの時。その時分は実家がずっと射水郡の方にあったからね。うちの母親も絶対ヒケとらなんだね。まして我々に勇気づけてくれたほどやったちゃ。

戦後

フミ子夫人　（うちのお父さん）佐藤組へ出とった時分、お金は持ったわけなんだ。治安維持法解除になったら党を再建するがに、二万持っとった、私たちが親らちへ預けられて貧乏しとんがに。銀行に預けて、自分の姉のうちに（通帳を）預けてあって、その子が（戦後）滋次郎の所へ二度にわけて持って来た。そりゃ後からわかったことで、私「親子貧乏させて何の気になっとんがい、ちょっこり坐ってエ」（て怒った）。終戦になったら治安維持法解除されたがで、すぐそこ（佐藤組）やめて富山県の（日本共産党）県委員会ちゅうもん、自分な設立したもんだ。富山県委員会の創立者だちゃ、戦後の。名古屋の方へ行っとったがは党の方針で、えーと（昭和）二五、六年か二七年かねェ。

征幸さん　そってその時（親父は）まず働こうと思うても働けんし、就職もむずかしいし。ほってお袋は岐阜県の角川ってとこありますよ、神岡からもう一つあっちへ行ったところ、そこの飯場へねェ、雑貨を持ってゆく商いをしとったんですわ。いや戦後、昭和二六、七年頃です。親父は名古屋に潜っていた。動けなかったん。これもネ、親父の高の兄さんこられた時に初めてわかったが、二番目のあんちゃんの名古屋のその家の二階におられた。

親父が配れなくなって、赤旗七部だったと思いますが、僕が配って歩いて―。僕も警察につけられたが覚えとるんです。僕、三つか四つの時です。なんでこんな付いて来られるがか不思議でならなかった。ここへ来たのは僕が三つの時だからね、その時に組織しられた人が今だに党員として残っておられるからねェ。この呉服の商売は、そんな風にお父さんがおられん時にお母さんがやり出した。昔、亡くなられたけど大坪義一って議員おられたね。あこのお母さんに声かけられて、ほして始めた。それが初めらしいです。

フミ子夫人　ほって私にお金送っておくれ言うて来て、わしも貧乏しとった時やれど五百円やら千円やら少し言うて来たより余計送ってやったが。そうしたら何故余計に送ったいうて送り返して来た。間にスパイでも入っとるといかんとでも思うたもんだねぇ。最後にひどなったと、敵やら同志やら同志でないやら分からんようなるて、そういうもんだちゃ。スパイであるかスパイやないか誰一人わからんぐらいだもん。だから自叙伝でも書かれりゃいいと思うけどさ。

「今のこういう世の中来ると思わんだ」て言われたもん—。

沢山死んでねえ。農民の中からでも死んでって、家を困らせてェ、名もない人が沢山おるが。その人達を書いてかんにゃならん言うて、一生懸命に書いとった。誰と誰と接触してぇ、何しとった、その経路を書かんにゃならん。わしのことなんてどうでもええ、言うとられたが。婦中町の大沢野の中で死んだもんでも、子が親をうらんどるもの沢山いますよ。そういう人達のためにも書かんにゃらんて、そう言うとったよ。国鉄の人だれど、奥さんはおやじ恨んどるもんね。「まっで貧乏させられていつも増山さんやら矢後さんな迎えに来て、ほってそのために跳んだらかれて。そのために私らちをこういうウゾい（惨めな）めに合わせられる」って。だからそうなると死んだもんも浮かばれまい。自分の嬶も説得できなんだかと言われりゃそれまでだけどねェ。なかなかどうして、そういったことを書くがで大分厚みがちがうと私思ったや—。

征幸さん　そういう人達を説得した時はまた強いと思うがだれどねェ。だからそこらの心の眼ひらいて上げるがが……。

フミ子夫人　そうねェ。オヤジが（亭主が）社会的に何したらいいたか解とらんがだもん。（私

の）母親はねぇ、滋次郎が監獄から出て来たらね、何すんがだとキチンとしとられたわ。母親も豪気ね兄弟もねぇ、あの人ぁ悪いことしたらくと思とられんからね。そういう点ではね、あのっさんな恵まれとると思うわ。浮かばれると思うがだぜぇ。そんな家だから一つも卑下しとらんだよ。その点はあの人、そういう家族にかこまれて、そういう点はあの人幸福だったと思うがだちゃ。そうでない家族が気の毒だと私言うが。親の真価知らんと、「ありゃ何しとんがい」言うて恨んどる者どれだけ居るかわからんよ。社会的にね、何しとるかわからんからやちゃ。

”米騒動“調査の動機

フミ子夫人　明治三九年生まれやったけぇ。うちのお父さんなねェ、自分が本書く（つもりだった）がにねェ、書くことなんやして（書くことが無かったので）テープに沢山（遺って）あるがですけどね—。うちの親せきの者ぁねェ、町会議員しとって今亡くなった（者だ）けど、「今さらながら米騒動なんて恥じや恥じや、何ほじくり出す」言うとったけどね—。とに角この米騒動ちゃ、どこか西水橋から端を発したことに云うとるが、西じゃないがですよね、本当

いうたと東水橋から。小さな港だれど新川郷から積み出す米を、平野をひかえとっさかいねェー。そって西水橋の方は全然そういう事ちゃないが。だから米騒動だ何だ云えど、あの時分な西水橋ちゃ、なん、港ちゃないがだもん。全然、船の着く塩梅にちゃ一つもなっとらんもん。東水橋だけ今でも残っとってでしょ、この倉がずうっと。そこだけが積み荷したもんだちゃ。

でもねェ、こういうことあるがやちゃねェ。その時分、米騒動なるものは世間を騒がすからいいことでないと考えとったと見られま。だから私とこの従兄弟なんか、そういう米騒動なんか、要らざる事を何んで書くって怒ったもんに、自民党の議員しとったがだけど。騒動起こすとか何とかいうことは町の恥だ、とか何とか思うとるんが沢山おるもんだね。だから自分とこの東水橋から出てでも西にしとけ、東水橋の名にしてもらえん（もらいたくない）ていうが（人が）居るかしれん。

征幸さん　東京日々新聞へ誰が打電したが？

フミ子夫人　瀧川さん（当時水橋郵便局に勤務）は電信打っただけやて。あの人が電信の受付けして、誰が持って来たかちゅうことだちゃ（証言10）。私たち瀧川さんと同じ郵便局で（電話）交換手しとったが（証言34参照）。その時分、電話局と一緒だったからね。瀧川さんちゃあっ

東水橋の古橋の上で。米騒動50周年の参加者・目撃者たち
左から岩田重太郎さん、高井文助さん、尾島ヒサさん、笠間ヨリさん、杉村ハツさん、村井政次郎さん。

で、かたい人（真面目な人）でね。戦後は組合しとられたけど、あの人は職制だったがで、私らに苛められた（突き上げられた）もんだちゃ。（移出米商の）高松の前はあこなち（あの人の家、瀧川さん）の前通ってかんにゃならんから、（高松のことは）あの人は知っとる（証言10）。だれど浜端のこたァあの人ァ全然知らん（証言11と比較必要）。騒動の起きた発端の条件やとか、そういう光景だとかはあの人ァ、知らんなね。

　魚津からとか云えど、魚津は後のことでなかろかと思うがですよ。その事実が違うもんだからうちの主人な、いいがに（はっきりさせ）せんにゃならんいうてぇ。この人たち（証言4『赤旗日曜版』一九六八年七月二八日の座談会に出席の米騒動参加者・目撃者たち）を集めて聞かれたわけだ。

征幸さん　その時は赤旗の記者カメラマンもいた。杉村さんの家には、僕と親父だけで行って、後から何かで角川の方で集まった。祭りの度に爺ちゃん（岩田重太郎さん）呼んで、話聞いとったからねェ。

フミ子夫人　何ん度も寄っとったからね。岩田さんな、「そんなもんは、後が西水橋や魚津だったから」って、そう言っとられた。（写真をさして）この杉村のばあちゃんとこの家ちゃ、やっぱり（東水橋の）西浜にあったが―。あの（出版社）角川文庫の一番先の（創始者の）角川（源義）があこで生まれたがだ、あの杉村の家のあったとこで（証言5の図参照）。

写真の〝米騒動〟参加者・目撃者たち

フミ子夫人　わしみんな知っとっちゃ。か（こりゃ）、近所のばあちゃんだ。か、村井（政次郎）さん。村井さんちゃ《仲せ》の差配みたいなことしとられたがやなしけ、人夫回しいうかね。（この）笠間のお婆ちゃんの連れ合いちゃ漁師しとってね。やっぱり浜端だったから、（仲せの）仕事あれば一生懸命やっとられた。仲間だちゃみんなねェ、《仲せ》のねぇ。尾島のお婆ちゃんこのっさんな（この人は）、《仲せ》ども出て働かれたかねェ、どうかねェ一寸わからんな。尾島のほかにも一つ名前もっとられたかも知れんな。

　女の《仲せ》は、木綿の太い（角帯みたい）帯で腰しめて、足に脚半するが。その頃は小松武右衛門の家と下条川の間にも、金毘羅はんと下条川沿いにも道ゃなかった。みんな、尾嶋庄太郎の家も（川ぶちは）端取りはしてなく、水がぴしゃぴしゃしとった。（東水橋の）西浜の（米を積出した船持ちの）角川の前は、（《仲せ》は）みんな前を運んだことあると言うとる。親子地蔵から下条川口までの間は荷が積んであった。

征幸さん　杉村の婆はんナ、前に二俵、後に二俵担いだいう。その上にまだもう一俵まだ、こうやってさし上げんがだいう。おっとろしいこと、五俵や五俵！

フミ子夫人　さ（そりゃ）、歩かれっかねェ。うちの婆ちゃんそっだけ担いだかどうか。

征幸さん　だから、うちのばあちゃん死んだ時、骨がねェいが（歪）んでた。杉村の婆ちゃん、そう云うとられた。

フミ子夫人　昔やねェ、《仲せ》に出る時ゃそっだけの力もっとらんと。伏木の女の《仲せ》どもでも、そっだけ担がんと仕事にならんがだも。

征幸さん　やっぱり（仲間に）入れてもらえんがか。

フミ子夫人　だから米ならまだ小っちゃけれど、ニシンの俵ちゃ、でっかぁい俵だよ。こんなでっかいでっかい、あの肥し入っとんが――。

征幸さん　米一俵六〇キロ、それをね前からさし上げて後へやる。立ち上がる時は横から支えてもらう。立ってしまやぁ、もうそっで歩けるちゅうこっちゃ。

　高井（文助）さんちゃ、何しとられたがだろ。後は魚問屋の書記しとられたが、うん魚市場。岩田さんも魚市場の事務とっとられたちゃ、うん。この杉村の婆さんな、高松行って来んまいけって呼びに来られたが、うちの姉共みんな知っとったわ。この岩田のおとっあんもー、滑川（署）へひっぱられたが、背中に（私服刑事が目印に付けた）輪（丸）書いてあった。なんなん（いやいや）チョークで。あとから連れて行かれた。

晩年

フミ子夫人　うちの主人は、戦後あの強権発動やらで、県庁のあこで演説しとる、半袖着て。GHQぁ来てね、筵旗たててね小作騒ぎ、社会党の連中と一緒で。毎日。舟橋の野村長衛門だったとかね、それから山林地主。入会権のそういう問題ででも野村長衛門の時ぁ二つに別れてね。田んぼへ稲植えに入るもんと、抜けえて言うのと。小作騒ぎ、ひどかったからねェ。そしていい加減年とってから、「矢後君、いい加減に年貢納めっかよ」言うたら、矢後さんな「何いうたらく、おら最後まで年貢おさめんぞ」言うて。そして二人とも死んでったれど。増山直太郎だとか、あの連中の花やかなりし頃やちゃ。みな社会党と共産党に分かれてさ、んー。「共産党に来るとおらアンタたちみたいに勉強できず、おら社会党に残る」とか言うてさ。ほって矢後かづおさんと増山直太郎の苦情、うちのお父さんはまって聞き役だった。

征幸さん　親父は、昭和四二、三年から石川県と行ったり来たりして、資料とり始めた、戦前の資料。その頃はもう、僕は知らなかったんですが、ガンになってた。その治療しながらの事だったて、いう。昭和五一年の六月七日に亡くなったがで—。

フミ子夫人　死ぬ一寸ぐらいになるとね、昔運動した連中で石川にいた連中からでも、現在の党のことなんかについてやっぱりいろいろ不満があるでしょ。いろいろ来るがだ。絶対のらんだね、うちのお父さん、友達だけどね。どいがかというとね「我々が今手をあげると沢山の人が付いて来る」ちゅうがだちゃね。そうすると反党だちゃね、つつしまなきゃならん、やっぱり党の方針に従わなきゃならんて。ああいう点わねェ、一生貫くいうことぁねェ。どたん場のね、そこに立った時が分かれ道ながね。一歩しくじると、ずうっととめどもなくしくぢるがやちゃ。ああ、やっぱり偉いなアと私思うたわ。そういう連中が来ても絶対行かなんだわ。何でだいうたら、戦後のピカピカの連中ださかい、自分らの上げる手で、みんな沢山の者がついて来んがだから。それは危ないから、危い行動は起こさん。起こされんて。石川県の方でそいことされたっさん（された人）居ったいね。死んでから奥さんから手紙もろて見たが。誰やったかなあ、党から離れて。家へ何べんも来とられたね。さ、戦時中監獄へ入っとった連中にして見ればね、あれもいかん、これもいかんと思うがいね。どうするがかと逸《はや》りに逸って—。

征幸さん　うちの親父ちゃ、やっぱり自然観察みたいが好きだったねェ。蟻の穴ずうっと掘ってって、蟻の穴見とったりねェ。それから大潮の時にね、沢蟹が牛ヶ首用水から上って来るがぢっと見とったりねェ。冬なんかね雪の玉、一寸こうして落とすとクルクルとロール状になるがねぇ。「どうして、何あったらそいがになるか計ってみようと思うが」言うとられた。よう知っとられた、土壌学でも何でも。なんでこんなに、よう知っとがだと思うた。

フミ子夫人　だれど、こう言うたら何だれど、人間ちゃ自分の信念一生通すちゃ大変なことですね、本当にそう思う。わしとこのお父さんどもナ、自分のこたぁ一つも書かんが。病気なってからまって（全部）テープに吹き込んで—。何せ目立たんたちで、じっくりと、蔭に百年おってでも我慢する人やったいね。

征幸さん　本当にガマン強い、我慢強いが通り越してねぇ。この人ぁ何時になったら立つがだろうか、立つことあるがだろうかと思うてねェ。そってねェ、居ったかと思うとファーッと富山へ行かれるしねェ。

フミ子夫人　本当にねェ。だからいい友達ども持っとられたれど、本当に大きい声も出されん人だったれどね。何やら農民闘争の時でも黙ぁって、氷見の農民闘争のときでも黙ぁって、何やら小ちゃい声でふにゃふにゃ言うとるかと思うたら、どうやらしたと突然でっかい声出して、駄目だっちゅうて起きる。だから昔、非合法のそういう会議どもあって、自分一人で駄目だ駄目だ言うて頑張って、国泰寺なんかに行った時でもね、何やら中央から来とっ時でも「党の決定だ」言うと、「いや、そいがなら初めからそういうてくれりゃ、決定なら初めからいうてくれりゃ、従わんにゃどうなる」言うた。次の回やら「決定が間違うとった言うて来た」言うとったね。あんまり物言わん人やれど、ただフッリフッリと言うたことが全部私の頭の中のメモにねぇ、「はーん、ああいうことあったか」とこう思うけどねぇ。うちのお父さん（昭和）五一年に死んだが—。

証言9　角川幸子さんによる松井・岩田両氏の回想（一九九一年五月八日録）

水橋西出町八三七、一九三〇年生

角川弥助さ、私とこながです。主人の親は幸次郎やった、先祖が弥助だったがかねぇ、今だに弥助サ、弥助さ言われとるけど—。千石積みの船頭。ええ、そいがしとられたがだって、船乗り。お父さんね、北海道から能登かねぇ。私（嫁に）来た時もう死んで居られんかったがです。この幸次郎さんの二番目の娘さんが松井（滋次郎）さんの奥さん—。

松井さんの活動、戦時中から聞いとる。あのォ、投獄ども（なんか）になってぇー。だから耳、鼓膜破れて聞けんがやと言っておられましたけど、いいさん（いい人）やったがやけどねぇ。普段はおっとなしいねェ、大きい声も出さん、静かぁなねェ。何か頼んでも直ぐしてくたはれっしねぇ。そういうさん（人）ちゃ、なおさら静かで芯なしっかりしとられんがだと思うぁねェ。なあん（いいえ）、小さい小柄な人ながです。眼鏡かけとられた、私の連れ合いの

(義理の) 兄弟やからー。

　この写真は私とこ(に) もあったと思う。ああ、あの時松井の義姉さんも来とられた。さ(そりゃ)、写真映される方(『赤旗』のカメラマン) も一緒に居られた。岩倉(政治)さんと三人やったか四人やったか、その人数がねぇ。(写真を見て) 岩田重太郎は八九歳で亡くなられたがで、今で七年ぐらいたったか。米寿祝いしてあげた翌年死なれた(証言3「座り込む富山の女たち」に一九六八年に七四歳とある)。岩田は私の父ながです。若い時はねェ、この家のとこ魚市場だったがです。その後ほかの人入ったり、そして私ら入った。私ら来ん時、まだ広い市場の跡あったの、私とこが壊したんです。岩田の父は若い時、一とき魚市場の帳簿付けいやいいか―。家が魚の行商しとったもんやさからい、在の方へ行商しましたけど―。親の代ついでねェ、そちらの方が本業です。

　米騒動の話はしとりましたけどねェ。「ワー」いうて、野次馬根性で見たらいた(見てあるいた) がかねぇ、そいがよう言うとりましたけど(証言6参照)。やじ馬根性でねェ、自分も飛んだらいて、見たらいたがは聞いとんがやけど―。米屋さん(移出米商)へ皆、石投げに行ったり、何せひどかったでねェー。魚津が"米騒動"の始まりやどこや言えど、わしとこの父の言うとること聞くと、水橋一番先やったがやないかて。記憶にあるがやと一番先みたい、一番先やったとー。こっち(東水橋)から始まって滑川の方へ行ったがやって。西部(西水橋)の方の婆はんらちも、(西水橋の騒動は) その後やった言うがやけどぅ。昔のさんらち(人たち)そや言われんがだちゃねェ。うん、やっぱりこの浜の婆はんらちはなかなかの人達だやって、ここから始まったがだ言われんがだちゃねェ。

　なんやらねぇ、梅雨時みたい聞いとんがやちゃ。ああ、やっぱり書いたっけェ。だからここが一番始めやったと思うがやけどー。一番早いはずながに外の新聞どもに何やらねェー。さ(そりゃ)、語られっとこは今みたいに情報化が発達しとらんから。今みたいにテレビやら新聞てこんなに情報化の時代でなかったから。松井(滋次郎) さんこいこと(こういうこと)丁寧に熱心に聞いとられたがやけど―。詳しく調べとられたはずだわ。もしかとテープにも残っとっかもしれんと思う。熱心に、研究て言やいいか力入れとられたから。何かテープとっとられたようにあるけど―。松井さんがとっとられたがか、『赤旗』(の記者)がとっとられたがか、そこのへんな判りませんけどぅ。

　(写真の女性たちを指して) このっさん達、"仲せ" しとられたがです、浜のねェ。そのっさん達が生活苦しなるがか、米（の値）上がって。米積むとか積まんとかが騒動の始めになったがだろうかねェ。〝仲せ〟しとられたもんやさかいねェ。私とこの、このうちの大婆はん（弥助さのお婆わイトさん、証言2・34参照）もそいがしとられたがみたけれど。やっぱしこの辺一帯ねェ、このっさんらち（人たち）もみんな西浜町のさんらちやから。あこ、そばに船付くとこやし（魚肥）つんで、今じゃ（今なら）内職みたいなもんやから—。

（写真を指して）笠間よりさん、息子さんは東部団地の手前かね、私よう知らんけど。婆ちゃんは気柄のいい人やった。やっぱり昔〝仲せ〟しとられたことあって、頑張り屋の。ええ、しゃんとしとられた。ええ、死なれるまでしゃんとしとられたがでなかろうか…。そこらへんにおられた女のさん達は、皆やっぱり〝仲せ〟か何かに、その当時やっと出とられたがやと思うがやちゃ、笠間さんは市江さんと入江さんの間に家あったがです。皆、しゃんとしとられしゃった。やっぱりあんたねェ、こいがして仕事に出られることあるさかいに。杉村ハツさん、きついさん？　えゝ、この人そうやわァ。みんな、一目（いちもく）やったわ。私とこの斜め後ぐらいに居られたがだわねぇ。いま米田さんいう（家のある）とこにおられたがや。尾島さんちゃ、私思うたと〝仲せ〟に出るよな、そういうようでない、華奢な体しとられたようにあったけど。年とっとても奇麗なお婆ちゃんやった。きゃしゃ言うより、きれいなお婆ちゃんやったから。〝仲せ〟しとられたがかねェ？　皆出とられっさかい、出とられたがか、どいがか知らんけど…。

水上伊与んさの婆はん（証言2・33参照）ちゃ、やっぱり聞いとっちゃねェ。やっぱりしゃんとしとられた、私らち覚えとっ時はまだ荷車引いとられたかもしれんね。私来た時はまだしとられたかもしれん。水上甚吉・甚きど、そのお婆ちゃんも何年前に死なれた—。このお婆ちゃんでなしにその嫁さんは、昭和町の方へ出とられた。やっぱり担いどった。ええ、んな（みんな）しゃんとしとられたわいね、どのっさん見ても。若い時苦労された程のことあってェ。

か（こりゃ）、村井（政次郎）さんだねェ。このっさんも米屋しとられたがだわ。諏訪神社の向かいの方いやいいか。食糧営団になる前、この人の代で米屋やめられたのでなかろうか。私ら子供の時から米屋しとられた。能登通いしとられたならその前だ。その時は私ら知らんがです。高井文助さんも魚市場の帳場付け、長いこと。高島佐一、知っとります。〝仲せ〟しとられたかしれんなね。荷車のことぁ、曳いて歩かれた。ほって私、覚えあるがわねェ、何かこの（東水橋の）西浜の冷蔵庫みたいものあったとこに勤めとられたがで。〝仲せ〟しとられたか云ゃ、やっぱり西浜におられたからねェ。冷蔵庫は今、跡かたちもないわね。あの船着き場の近くの、この倉庫近く（西浜二六四、今の相山甚司のところ）に、私らち子供の頃そういうが（あった）。お堂はどっか角んとこやったと思うけど—。

解説

以上九本の証言のうち、証言1～7は松井氏自身が採録したものであるが、証言8・9は編者が氏の親族のお話を録音したものである。松井滋次郎氏の人物紹介と、米騒動の証言を採録した動機については、この証言8・9によって詳細が知られる。

氏が行った採録（証言1～7）は、二つの時期一九六八年六月～六九年一〇月と一九七一年四～八月に別れている。氏は七六年六月七日に亡くなるが、証言8の「六、晩年」で夫人やご子息が話して居られるように、かなり早くからガンに気付き、自分のことはさし措き戦前の運動の犠牲者や仲間の事績を、「まって（全部）テープに吹き込んで」居られたという。米騒動の証言採録も七一年四～八月の分は、氏のその最後の五年間の仕事の一部として行われたものではないかと思われる。

東水橋での米積出し反対は、〝仲せ〟女二、三〇名が七月の梅雨中からの移出米商日参で始まるが、再三警官によって身体検査される一方で、店主夫妻の方は会おうとしないので、その親戚や仲仕親方の方にも訴えを広げて行き、その過程で参加者も大衆化した。男たちによる街道での米車阻止や、女たちによる汽船積み阻止も行われるようになり、滑川からも青年たちが見にくるまでになっていたことが、語られている。

松井氏の遺品中には六八年五月二五日付の、新日本出版社『労働農民運動』編集部の藤本正利氏からの寄稿依頼の手紙と、六月二一日付でその稿を受け取ったとの手紙がある。証言1の中で、それに応ずるための採録であることが語られている。証言2の主体であるテープCは月日は不明であるが、証言3との内容的な一致から、同じ六八年六月の上・中旬に採録されたものであることが推論される。それ故、証言3は証言1・2と内容のダブりが多く、一部を転載するに止めた。そのなかで注目すべきことは、移出米商高松への批判行動が続くなかで滑川へ運ぶ米車の阻止が始まり、その最初は男たちだけで行われ、二回目は女が主体で行われていることである。但しこの証言3では、後の証言に見るような日付けの規定は、どの件についても未だされていない。また表題の「座り込む」という言葉は、戦後の労働運動で広がっていた「座り込み」という抗議形態そのものに解することは、戦前の、殊に漁業地帯でのこの事件では無理がある。また問題の移出米商の店と道との間には用水があって、店の前に集団が「座り込む」ほどのスペースはなかった。店に入る代表者以外の者の殆どは用水越しに、街路に立って声を張り上げていたであろう。したがってこの語は、現場や地方事情を知らない『労働農民運動』誌の編集部が、表現の簡潔さ故につけた見出しではないかと思われる。そしてこれを読んでいたと思われる、証言4『赤旗日曜版』同年七月二八日号に掲載記事のなかにもこの「座り込み」という言葉が現れるのは、その記者が証言3を読んでいたか、同じ理由によっていると思われる。

証言4関係の松井氏の遺品中には、『赤旗日曜版』編集部の田村清氏からの七月二一日付の礼状があって、仲介者が民主文学同盟富山支部の作家岩倉政治氏であることと共に、その七月二八日号掲載の騒動参加者たちの座談会も、松井氏のお膳立てによって開かれたものであることが判る。また遺品中にある後述の氏の（六八年七月一五日に始めた）メモ帳を見ると、この「米騒動の生存者懇談会」が同「一八日午後一時から弥助さ宅で」行われたことが判る。弥助さとは松井夫人のさと家、角川格一氏宅のことで、角川幸子さん（格一氏夫人）による証言9も、この懇談会のことに触れている。

この証言4には日付や数字の点で、新しい重要な情報が含まれている。証言1〜3では証言者3人が一堂に会することが無かったが、この証言4では高井文助その他、三人の新しい参加者・目撃者が加わって、倍の六人が一堂に会しているため、回想がより深まったからであろう。”仲せ“女たちの米商高松への日参は、証言2でも七月の梅雨中から二、三〇回とは言っていたが、この証言4では「七月初めから」と明言されている。また汽船積みを中断させに集まった女たちの人数も、「またたく間に五〇人、八〇人、百人と」ふくれ上がったと具体的に述べている。

但しこの紙面では、女たちが「沖仲仕」と書かれていたので沖を消しておいた。〝仲せ〟という方言を標準語の仲仕に翻訳すると、「沖仲仕」と思ってしまうのであろうが、彼女たちは陸仲仕で、絶対に海上にでることはない。この座談会の記録テープは松井氏の遺品にはないので、『赤旗日曜版』編集部が録音し、土地柄に通じた人の居ない東京へ持ち帰って編集したための誤りと思われる。

証言5「女たちが東水橋港で、汽船積み阻止」の事件は、証言2〜4でも触れられながら、ここまで詳述されなかったのは、証言1の「一、調査の動機」の末尾にあるように、高井文助さんの血圧などの健康上による。この証言5によって、次の重要な諸点が明らかとなった。第一点は、東水橋港で積み込みを中止させられたその汽船もまた、滑川の藤田回漕店の手配によって寄港した船で、したがって表2にあげた『藤田回漕店日誌抜粋』により、その日付が一九一八年七月二〇日であることが明らかになる。第二点は、「前の晩」「米出いてくれんな」と頼みに来たときは「担ぐがやら(陸〝仲せ〟など)五、六人」だったのが、当日は初めの段階でもすでに「五、六〇人」、後に「何とも大勢になって」、「女どもワーワーいうとる」とあって、証言4で「またたく間に五〇人、八〇人、百人と」ふくれ上がったとあるのに一致している。東水橋にいた女〝仲せ〟二十数人の何倍もの一般女性が加わっていたことが判る。第三点は、この積み出し中止を滑川の藤田回漕店に報告せざるを得なかったので、そこや富山市殿町の取引所に出入りし、電話で東京と連絡している沢山の仲買・相場師にも伝わって、中央紙の記者の耳に入ったらしいことである。証言10にあるように、『東京日日新聞』・『大阪毎日新聞』の記者が東水橋に乗り込んできて、郵便局で電信係りをしていた瀧川さんに、騒動記事を打たせたのはこの反応だったのであろう。第四は、街頭で女性たちだけの米車阻止も行われたことで、これは証言3の岩田重太郎さんの指摘とも、後出の証言20の水野勇一さん談とも一致する。この際高井さんは、警官たちが見物していただけの男性たちを検束していったことを証言している。

証言6の「女たちが〝仲せ〟親方へ押しかけ」たという内容は、簡単には証言1でも語られていたが、ここではその時期が討論で「七月二〇日過ぎ」と結論されている。証言5の汽船積み阻止が行われたのが、上述のように七月二〇日だったのと近く、中央紙の記者が現れた時点とも相前後している。また前述のように、すでに街道での男たちによる米車阻止も始まっていたのだから、東水橋の〝米騒動〟は七月二〇日頃、すでに大衆的に広がった段階にあったことが判る。

証言7の金山秀吉さんは、当時一六、七歳で、上野行きの終列車が出たあとの九時過ぎに、駅前に現れた二、三百人もの女たちと、対峙することとなった。「やっぱり沢山で来られると気びゃ（気味が）悪かったです」。荷物の窓の戸をあけて、「まだ小僧っ子の私に、米の値ゃどんどん上がるもんだから、どーか、たび（よそ）へ米送らんといてくれ」と頼み、「駅長さんとか助役さんにそういうことをお願いしてあげる」と言うと、素直に帰って行ったという。二、三百人という多人数であっても、「私だけにそう言い、そして私もそういう具合に、静かに話しました」という、その静かさ・素直ゆえに、彼女らの必死の思いがヒシヒシと伝わって来て、悲しくさえある。「荷物は平常どうり仕向け地へ送られたわけです」が、「止めたというへ」（ふうに新聞に）大きくとり上げられて、全国へ影響を及ぼして行く。金山さんはまた、東西橋の上での別の米車阻止を証言しているが、斉藤弥一郎『米騒動』14頁にある滑川署の刑事の談と場所からして異なる。いずれもが証言2・3・5で証言された二件とも異なるから、東水橋の街道上での米車阻止は、少なくとも四回は発生していたことになる。

最後に松井氏が、こうして「改めて聞き合わせて見ると、こりゃあ（富山県の「米騒動」は）〝仲せ〟の女たちが始めた――。〝仲せ〟は西水橋からは来ておらず」、「東水橋の西浜、港で起きたんだということが見当がつく」と、結論をしている。西水橋の金山さんも、「わたしらもそう思いますね。西は漁師が多かったです、男も女も」。「事実はどうも東が先のようですね。その辺の事情、瀧川さん（証言参照）がよう知っとられますわ」と賛成している。

松井メモ　遺品中には氏のメモ帳があり、富山市の清明堂と云う書店のブック・カヴァーを利用した表紙には、「富山県における米騒動について。特に東水橋西浜町の発端に関する覚書……米騒動五十周年を迎えるに当たって……」とある。最初が七月一五日記とあるので、証言1〜2の主体になっているテープABCの採録を済ませ、証言3の稿を『労働農民運動』編集部に送った後、『赤旗日曜版』向けの座談会に出席してもらうためを兼ねて、古老たちの所を回る時点で始めたものであることが判る。そして実際、続いて「高井文助さんの訪問のためのメモ」で始まっている。したがって内容を見ると、例えば一頁目は過去に聞いたことで疑問に思っており、これから行く訪問先出で聴こうと思っていること、二頁目はその際の参考に手持ちのテキスト稲岡進『日本農民運動史』青木文庫の米騒動部分（91〜93頁）の書き抜きで、内容的には旧説である。その一方で、証言者の前に座ると、質問を発して会話するのに熱心な上に、証言者の答えはテープレコーダーが逐一記録しているから、メモ帳の手は休みがちである。したがってテープを聞いてからメモ帳を見ると、証言者の語った内容は時々しか書かれておらず、大部分が面接前に学習した旧説の書き抜きと、それから発する質問のメモに留まるものであることがわかる。

したがって本編では、必要に応じて引用するに止める。

第二章　瀧川弥左衛門さんの証言

瀧川弥左衛門さんの証言

（明治三三年生、水橋新大町五四八）

録音テープ等の目録

瀧川テープⅠ　一九八三年春聞取り（テープNo.4のB面）
瀧川テープⅡ　同夏聞取り（テープ９の１面、２面）
瀧川テープⅢ　同秋聞取り（テープNo.10面の１面）
瀧川テープⅣ　一九八五年七月七日「米騒動を考える会」テープ
瀧川テープⅤ　同年八月二五日聞取り（テープNo.11のA面末尾及びB面）
瀧川講演（一九八六年九月二八日）資料
瀧川談ノート（一九八七年一月二九日）

他に氏の講演「米騒動はこうして起こった」一九八四年七月二八日『夏の勤労教大学学習記録』と、随筆「大正七年の米騒動と水橋の俳人たち」『海士ヶ瀬』一九九三年一二月四二一号がありますが、上記テープと内容が殆ど重複している上に短縮抽象化されているので、必要部分だけの引用に止めます。話題が多岐にわたる上に重複しているので、話題別に以下のように整理し、文中の各箇所がどのテープにあるものかを明記します。

証言10.「七月上旬、『毎日』記者が東水橋騒動を打電。「ごとむけ」事件」
証言11.「西水橋でも始まった頃、東水橋は（群衆で）真っ黒だった」
証言12.「廣瀬南洋が『高岡新報』へ電話、異説を立てる人たち」
証言13.「高松キミさんと大谷晃一氏」
解説・考察「高松キミさんの作文とジャーナリズム・教育界」
証言27.「岡本救出に篠田七二郎が滑川署へ」は第五章に、証言49.「米騒動記念碑と隠蔽意見」は、第一二章に入れてあります。

瀧川弥左衛門さん

証言10　七月下旬、『毎日』記者が東水橋騒動を打電、「ごとむけ」事件

質問者　お勤めだった郵便局はどこにあったのですか。

—すぐそこの、いま佐伯写真館というてね、角にあります（富山市水橋中大町五八三）、あすこに郵便局あったんです（明治三三年創設）。米騒動の時の郵便局だったんです。私はその時に勤めておったんです。（瀧川テープⅠより）

電信係をしとりまして。あのときは三等局といいまして、電信は夜昼時間かまわずにやっとりました。それから、郵便もその当時は夜中でも受け渡しする便があったんですよね。だからそういう仕事をする人は、翌日は休みなんですね。私が宿明けの日に家《うち》で休んでおると、夕方、がやがやとこの（家の）前を女の人がわめきながら通ったちゅもんだねぇ。その後へ男の子が五、六人、履物ぁ下駄なもんだからガタガタさせながら通って行ったんです。

質問者　日は覚えておられますか。

―覚えていないんです、覚えておればいいんだけれども―。僕は何事だと思って外へ出たんですよね。筋向いに（移出米商高松庄太郎の）家があって、そこの前に小川がありまして、橋の上に四、五人の女の人が立って、一人が高松の女将《おかみ》さんと交渉しとるんです。それがまたあゝいう浜の人たち、女の（陸《おか》）仲仕ですね。高松の米を、移出米をですね車に積んで水橋の港まで運んだりしとる、ところが、自分たちが浜から米を北海道とか大阪とかへ運んでしまうもんだから、無いようになると米ぁどんどん高くなるから、これはどうしても止めてもらわんにゃならん。どうしても止めてもらわんことには、おらっちゃ食っていかれんとぉ。子供もおるし、親父どもはみんな北海道だとか樺太へ漁に出とりますねェ。

その高松の家は、今行って見ればわかるけれど、細い小川に沿うて家が建っとるんです。そして、小川と家の間に二人並んで入られんほどの細い空き地があります。夏の暑いときの夕方だから、窓を開けとるわけで、六人おったか七人おったか知らんけれど、その代表の人が（川と家との間の）細いとこ行って、窓のとこへ張り付いてですねー。丁度そこに、おかみさんが帳場におるもんだから。私はその（おかみが何を）言うたがは知らないんですよ、あの人たち（女仲仕たち）はぶっきら棒だからね。私の想像では、毎日毎日米を外へ出す（移出する）というと、米ぁないようになって値段が上がって、おらっちゃ食われんようになる、死んでしまわんにゃならんって言うた。ところがおかみさんはね、その（仲仕の）分際でぶっきら棒に言うのにカッとしたんでしょうね。食われんって言うたから、「食われんにゃゴトむけ」って、こう出たんでしょ。それ聞いた人（窓に張り付いていた者）が。「エエッー！　わあらっちゃ（お前たち）食われんにゃゴトむけ（死ね）、て言うたがい！」って。私はそれを聞いたんです。

そこまで行きませんよ、こっちの方で聞いとったんです。「エエッ、青しんべゃ（青びょうたんが）、お前らっちゃ食われんにゃゴトむけて言うたがい」。「エエッ？　青しんべゃゴトむけってェ？」。こう言うて五、六人のもんが一斉に声を上げたんですよ、木魂《こだま》したみたいもんだった。私は初めの言葉は聞かんけれど、そのこだまを聞いたわけだ、こだまは真実なんですよ。

（瀧川テープII、第1面より）

私は近所の者だから、立って聞いとるの間が

水橋郵便局（『水橋郷土史　弐』昭和29年刊より）

悪いもんで、すぐ家へ入ったんです。それで後はどうなったか知らないんですが、後の様子から想像すると、ごとむけ言われて、そのまま済ますようなおっかちゃん達でないんですよ。やっぱり息《い》きり立ってきた。生活苦から真剣な叫びをぶつけたんですから、簡単に腹の虫がおさまる筈がないんですね。（瀧川テープⅣより）

質問者　あそこ（高松商店）は川のそばで店だけやって、倉はないんですか。

―あるんです。作業場、米の精米しておったとこは昔の織物工場の跡で、だから古いんです。何十人もの女工さんがあそこで機織しとったからね、そこを改造した。倉はありますね。

質問者　それから、話は違いますけれども（住宅地図で示して）渡辺さんという家（水橋新大町五五七、五五八）の前に細い道がありますね。あそこを通って昔は（小学校の位置にあった藩倉から川の艀へ）裸足で運んだという話を聞いたんですけれども、高松も移出米を運んだ道ですか。

―なーん。あれは運ぶ道でない、あんな細い道はね。（米）騒動のときは、（物見高い連中が）あれを（通って）押し掛けてきたんですよ。（警官が新大町へ入る）交通を遮断したもんだから、渡辺の前の道を通って裏へ出て、そしてここへ（高松商店の前へ）出てきたわけです。

（瀧川テープⅤより）

その（「ごとむけ」口論の）後で郵便局へ行ったところが、初めて、新聞社から新聞電報を持ってきたんです（瀧川テープⅡ）。私は電報（係）やっとったもんでー、その局にですね、『大阪毎日新聞』と『東京日々新聞』（今日の毎日新聞）の新聞電報を打ちに来た新聞記者がおるんですよ。事件があると直ぐそこへ飛ばんにゃならんので、記者が金持たんことあるがです。それで新聞後納発信券いうもの持っとりましてね、その発信券を電報の頼信紙に貼り付けるというと、どんな長くても料金払わんでもいい。（後で）逓信省の方でまとめて新聞社から受けとる、特別のことになっとるがでー。それを私が受けた、ところがその内容はね、今まではね、通信の秘密になっとったんです。内容を言うてはいかん、その宛先も言うてはいかんと、電信法できめられとるんです。それが昭和二六年かに廃止になりまして、それで今初めて言うんですがね、浜の宮へ百名集まって今晩襲撃すると

一、普通新聞電報料金は
イ、内地相互間
ロ、朝鮮、滿洲、支那、芝罘、青島相互間
} 五十字以内毎に　金　二　十　錢
外に名宛料として一名宛毎に五錢附課
ハ、内地、臺灣、樺太、朝鮮相互間
ニ、内地、臺灣、樺太各地と滿洲又は芝罘、青島各地相互間
} 五十字以内毎に　金　三　十　錢
外に名宛料として一名宛毎に五錢附課

『電信』逓信厳書・大正10年刊より

いう内容だったんです。新聞記者というもんは、えらい誇張して書くもんだなぁと思って（註1）、内心いきどりを感じながら打っとったんです。その電報がその時に―、その内容のものが直ぐ新聞に載っとらんようですね―。新聞社の方で落いてしもたもんですかねぇ、あんまり価値がないと思たもんですかね、初めてのことだったんで。

（瀧川テープⅣより）

新聞電報ちゅうもんは、あんた御存じないでしょうけれども、一般の電報と違ってねェ、特殊の新聞電報規則いうものがありまして、後納発信券いうものを新聞記者が持って歩いて、切手の代わりにするんです。どれだけ長い文を書いても、その後納発信券張ってもってけば、料金払わずにどこの郵便局でも受けるんです。その当時は頼信紙といいましたが電報の原稿を、郵便局がその後納発信券と一緒に金沢の逓信局へ送るんです。そうすると検査しとる人が、どれだけの料金ちゅうことを集計して、その新聞社の方からお金をもらうと、こういう仕組みになっとるんですね。その後納発信券を使う新聞記者が、窓口へ電報を持ってきたんですよ！そういう新聞電報を扱うちゅうことは、今までなかった、（水橋）郵便局始まって以来いう―。

普通はみんな自分で切手を張って―、「一五字までは三〇銭」だったからねェ。その時分の電信回線は、水橋のつながっとる回線は、岩瀬・富山とだったんです。ほかは又その所々で、受信の数量に応じた配線があるわけで、富山水橋線ちゅうのはそういうことだったんですね。その前年まではモールス信号だったんです、大正五年は確かにモールス信号やったんですがねェ。だれど大正七年ぐらいから…、大正六年でしょうね音響機に変わったがは。音響機に変わって音だけで送受するんですね。

僕は五〇（周）年に（NHKの）全国放送に出たとき、放送局の人に（その）原稿の内容や宛先は言えんと、電信法では通信の秘密になっとるんだから言われんがだと、いうことで言わなんだ。（今）初めて言うがだれど、堀越？さん言うたね（記者の名か）。最初の（女仲仕が）五、六人来たとき、それが七月の下旬だったと思うんです。電報を打ったのは、その後ですね。魚津のがも七月下旬になっとりましたね。

（瀧川テープⅡ）

1．証言8で松井夫人が指摘しているように、瀧川さんは家が近所だった高松商店で起こった「ごとむけ」事件などには詳しくても、遠く離れた浜で起こっていたことは知らなかったので、この新聞記者が書いていたことは誇張でなかった可能性があります。同じ頃（七月二〇日）に艀場で起こっていた汽船積み阻止に集まった女たちも百人レベルだったことは、証言5で見たとおりですから、そのあと浜の宮（諏訪神社）での集会も提起された可能性があるからです。

証言11「西水橋でも始まった頃、東水橋は（群衆で）真っ黒だった」

そこで（「ごとむけ」と言われて）お嬶《つか》らち（たち）が浜に帰ってきたら、みんな仲間を呼んで―。そういう人達だからねぇ、今度ぁ皆んなしていかんまいか、押しかけていかんまいかって。こういうことになったんだねぇ。そして、あのとき首謀者がおったのは西浜ですね。

質問者　西浜って、（白岩）川の東水橋側の岸、東水橋の中の西浜ですね（証言1の図2を参照）。

―ええ、川尻の海岸の。それ（西浜）に連なっておるのが東浜です。西浜・東浜の一帯の人たちがすぐ心一つになりますね。その次は西出町、中出町、東出町というところの人たちが出たわけです。東出町に、島村芳雄いう人が今でもおります。角川源義（角川書店の創始者、本編末尾「水橋の人と略史」を参照）の句碑を（水橋郷土）史料館前に建てるがに集まったときに、島村君がそのときの様子を聞かしてくれました。隣の飯野のお爺ちゃんが「一軒に一人ずつ出んにゃならんから、お前出れ」って言われた。「おら子供だから」って言うたら、「子供でもいい、一人出にゃならんがだ」て言われて出た、言っとりました。それから、今は弁護士しておりますが、裁判所の管理をしとった西川力一という人がおりました。その人もそんとき、おばあちゃんに連れられて照蓮寺の横の小路に出た（集まった）、言っとりました。恐らく町長さんの家へ「米を安くしてくれ」て、願いに行ったときでなかろうかと思うとったんです。西川力一さんという方は、今愛知県の方で弁護士をしとります。力一さんの住所はわかります。そういう人たちがまだ居るわけです。（瀧川テープⅡの第1面より。瀧川テープⅣにもあるが、「一八才でした」、「マスコミが言っている八月四日以前にあったのです」の語句がある他は、同内容）。

まず最初に東水橋で米騒動が始って、それが広まったということは、「米騒動」五〇（周）年にNHKから全国放送した時には、誰も疑わなかったんです。そのことからいっても、八月四日に始まったというのは間違いなんです。

（瀧川テープⅣ）

（八月）四日ぐらいだと、此処はなも、真っ黒に（群衆が）押し掛けてきとるがだから。最初の五、六人来たとき、それが七月の下旬だったと思うんです。電報を打ったのは、その後ですね。私は当事者でもあるし、その後のこともそれを通じて私はよく知っとる。当時のことは結構わかるんです。そのときは西水橋やなんかちゅうことは、この隣町のことはそんなに記憶ないんです。後になってから「やあ、あれは東水橋より、西水橋が先だった」と、こういうことまで出てくるんです。

（瀧川テープII、第２面）

昨年藤の木小学校桑原隆先生と藤木益三さん（本編付録「水橋の人と歴史」参照）を訪ねたとき、寿子夫人が同席して、東水橋が最初の発祥地だと明言されていたが、この八月お亡くなりになった（瀧川汀草「大正七年の米騒動と水橋の俳人たち」『海士ヶ瀬』一九九三年一二月四二一号、汀草は弥左衛門氏の俳号）。

杉村政義《まさよし》君（註１）が亡くなられましたが、あれが警察におったんです、（騒動当時は）小使いとして。そこで、その時（米騒動のとき）の警察日記がないかと（訊いたが）。そのときそういうものを書かなかったと言うんです。そういうことが在るというと、厄介になるんです。どうなったとかいろいろ報告せんにゃならんもんだから、それでそういうことを隠したというんですね。だから、水橋のことは一言も警察日記には書いてないと、こういうことなんです。それはお役所はそういう処が有り勝ちなんです、隠すんですよね。後の始末が悪いんです。それから、やっぱり上の方から問われるんですね、いろいろとね。総じて警察の話は、何というか、哀願とかなんとか、おとなしいのにしてありますね。だから、さっき程度のは大抵出とりませんでしょう、恐らく。

（瀧川テープII、第２面）

証言12 「廣瀬南洋が『高岡新報』へ電話、異説を立てる人たち」

i）異説を立てる人たち

「米騒動」の五〇年（一九六八年）にＮＨＫがね、全国放送したんです。その時に私が出てお話したんです。その時分まではね、「米騒動」におうた人ども沢山おったもんだから、異説が無かったんです。ところがその後、異説がね、

1．東水橋町出身、勉励して資格をとって警察官、後に町長となる。

たくさん出てきましてね。そして私の町にしてもね、「米騒動」は町の不名誉だと、イメージダウンだと、こういう考え方が一般的になりましてね。そうして、私が話をするというと、それを否定しましてね。方々から尋ねて来ても、なるべく私に合わせんようにするんですね。商工文化会館だとかね、そこらの方へ尋ねていきますというと、私の方へよこさないんですね。それから、異説を立てる人は、異説をたくさん集めるんですね。そうしてそれを根拠にして、異説の宣伝するわけです。異説を立てる人は、いわゆる町の有力者いいますか、老人会会長だとかね、それから文化、…公民館長だとかね、商工会の関係の人とかね、そういう町のいわゆる有力者が、町のイメージダウンになるということで―。水橋の史料館に碑が立った時、反対しましてね。私が建てたっていうようなこと、言って非難しましてね。わたし俳句しとるもんだから、岡本（公甫）君も俳句しとっし。いつだったかその当時、風呂行ったら俳句の仲間が三人おって、裸でだね、私が入ってくというと、いきなりね、「米騒動」のあゝいうこと言うてって、食ってかかったもんじゃねぇ。そういうような空気なんでねぇ―。

質問者　俳句の仲間がですか。

ええ、仲間がねぇ。私は何も言わなんだれどねぇ―。そしたら面しい（面白い）んだねぇ。その一人が風呂屋の主人なんで、そのお婆さんは今九〇ぐらいで、まだ風呂屋の番台に座っとるんだよね。その風呂屋の主人が、その後でどう言うたかいうと…。「いやァ、私のおばあちゃんが、あん時はひどかった、莚《むしろ》ばた立てて、でかいと（たくさん）のもんが押しかけて。いやァひどい事じゃったって言われた。やっぱり年寄りども知っとるがだなァ。若いもんが、イメージダウンに成るとか言う人の説に惑わされてしもうて」って言うた。真実を言うことをね、何か恥のように思うとるがでないかと、そういうことを思いましたね。　（瀧川テープⅠ）

水橋の公民館長は、私が話すと他の話をもってきてとりかえてしまいます。またソ連から水橋に調査がきたときには、騒動はなかったといって帰してしまった。（瀧川氏講演「米騒動はこうして起こった」一九八四年七月二八日『夏の勤労教大学学習記録』）

ⅱ）池田太吉は、廣瀬南洋が電話で『高岡新報』へ記事を送るのを目撃

水橋の歴史会は、林建設の社長が会長をしてますが、池田太吉君も私も理事をしてるんです。初め池田君は、私が外来者に（「米騒動」の）説明するとき随《つ》いて歩いていたんだが、それは実は反対するための内情さぐりだったと、後で

判りました。池田君は「米騒動」を事実無根だ、単なる陳情で、今まで言われて来たのはデマだという。「そんならわしの言っているのは、嘘だというのか」と、訊くと嘘だというんです。池田はハンケチ屋と言われていたレースものも売っとった、大きな反物屋です。そこへ養子に来たんで、小学校の時は下男の背中におんぶして通っていた坊ちゃんです。廣瀬南洋が池田の店へ電話借りに来て、『高岡新報』へ電話で記事送っとるが聞いとったいう。池田君とは同級生なので喧嘩しないことにしています。俳句の仲間に尾島次作という人がおるんですが、彼は岡本（公甫）君から実状を聞いているんで、尾島氏に聴けと池田君等に言っているんです。

（瀧川氏談の聞き取りノートより）

それから千石喜久（本篇末尾「水橋の人と略史」参照）という人が「米騒動」の詩をつくっとりますね、ドラマを書いた。あれも私と同級生なんです。あれもね、池田君が嘘だと言う中に入っとるがだと思うがだけどね、詩とか小説というものは、やっぱり事実をそのまま書いたら詩にならないんですね。そういうことがあの人（池田氏）にはわからないんだ、「あんなことは嘘だ」言うんです。ああいうところはねェ、頑固なんだね―。

質問者　池田さんは商売は何をしておられた方ですか。

―呉服反物屋でね、あれは養子に池田へ来たんで（註．池田清兵衛は絹・米・肥料と手広く取引。証言39小泉米次郎さん談の中に登場）、初めは松井いう家の次男坊だったがだねェ。そんとき池田（清兵衛）はハンカチ屋いうとりました。「浪子は武男とハンカチを…」って（徳富蘆花が明治三二～三三年の『国民新聞』に連載した新聞小説『不如帰《ほととぎす》』の一節）、ハンカチいうものが初めて流行《はや》ってきた時分で、初めてハンカチ屋やって斬新だったがでね。そこへ松井いう反物屋から養子に行ったんです。子供の頃に貰われてったんですよ。そしたら大事がられて、学校へも下男におんぶされて来とったもんです。それで僕はいつも、ありゃ幸せな坊ちゃんだな、思っておったんですが。それが中学を、さっき言った水上徳重と一緒に受けたんだろうけれども駄目で、一年遅れて入っていったんです。その頃は中学五年制だったれど、池田君は五年おったがかどうか？　薬専に入った。家で本当に苦労せずにお坊っちゃんで育てられた男だから、世間のことは全然知らないんです。そこへたまたま、廣瀬南洋（第五章の証言28および調査を参照）が行って（「米騒動」記事の）電話をかけた。その内容を池田君が聞いたという程度に過ぎないんで。そういうことなんですねェ。

（瀧川テープⅢ）

ⅲ）歴史古文書会で

水橋に歴史古文書会いうもんか、何かそういう会があって、林建設の社長の林実さんが会長になっとるんです。古文書に詳しいのは、今年の春まで水橋の史料館長しとった西永いずみ（俳号か、実名は仁義）いう人が、古文書に詳しいんです。その人は会長を補佐しとるわけですね。その人のところへ池田太吉君が行ってですね、自分に「米騒動の話をさせれ。研究会の人らちに、みんな知らせてから。そして録音を取ってくれ、後日のために」と。こういうことで録音を取らせたんですよ。それをね、西永君が確かに持っとると思うんですね。西永君と私とはやっぱり俳句の友達なんで、西永君がそのとき私に「あんた、池田君が頼んだもんだから録音を取った。この次はあんたの録音を取る。しばらく待っとってくれ」と、こういうことだったんですね。

ところがその後、泊の小川温泉で富山県の体育の会合がありまして、録音をしたとき池田君の話を聞いた尾島善知鳥《うとう》（俳号？）さんいう人が、「池田君が米騒動のことについて話しとったが」言うたから、「どんなこと言うたかい」って聞いたら、「もう四年くらい経つか、大分前だから記憶なけれど、〈ありゃ「米騒動」ではなかったがだ、騒動ではない、浜の仲仕の人達が…、米の値上がってきたもんだから、移出するから上がる、移出せんようにしてくれて頼んだらいた（で歩いた）がだ〉言う。そいがなら押しかけたが何人ほどかて訊いたら、〈二～三〇人〉言うた。〈今まで出版されとる本な、ありゃみんな間違うとるがだ、ウソ書いとるがだ〉言うた、というんです。泊の駅で帰りの汽車時間を待っとる間の三〇分かそこらの間に、そういうこと言うたんですね。私はちょっと馬鹿々しかったからね、岡本（公甫）君な居《お》るから岡本君に聞け言うて、この話を岡本君の方へ移いた。そって岡本君が返事したんですね。

岡本君は、あんたも知っておられるように、お父さんが「米騒動」の煽動者としてだね、そして警察の方へ引っ張られて―。そして…、ここ水橋は滑川の系統の派出所で、本署は滑川にあるもんじゃから、それで滑川の本署へ護送されてったんです。滑川署へ向かう集団のなかにいた篠田七二郎氏から聞いたんで、そん時の様子をよく知っとるし、それに関連して大将（岡本君）はまた、西水橋の方の情勢よう知っとるんだから…。岡本君は私より三つか四つぐらい、若いんじゃないか思うんです。西水橋と東水橋は行政区が違ぅとりましたからね、当局の対処の仕方も違ぅとったわけです。私はまた、岡本君の知っとることで知らんことがあるわけです。そういうことで私の言いたいことは、本当に知っとる人がまだね、何人もおるもんだから、そういう人達を集めてですね、そして、真実を聞かれるようなそういう機会を持たれたらいいんじゃなかろうか、と思いますね。だんだんと、そういう人は死んでいきますからね。

（瀧川テープⅠより）

郷土史料館の前々館長だった西永氏は、池田君にいわれて彼の談話を録音したんで、私のも録音しろと言ったんだが、しなかったんですね。今年一月になってやっと私の話をきく会が実現したが、その席上で西永氏は、藩政時代にも米騒動は珍しいものでなかったと、『富山県の歴史散歩』（七四年、山川出版）の本に書いてあるが、瀧川はなぜこんなことを言ってあるくのか。一体、いいことと思っているのか悪いことと思っているのか、と言うんですね。おかしな事を言うと思ったが喧嘩はしないで、「私は事実かどうかということを問題にしているのだ」と言っておきました。郷土史料館の理事には市田（一郎）・池田・渡辺（達二）と一緒に私も入ってますが、理事長は石金さんで、私は石金さんと「自然を守る会」も一緒にやっております。次は県史に書かれとることの批判もしなければと思っています。去年、水彩画展で会ったとき八尾さんにも「米騒動」のことを聞かれました。

（瀧川氏談の聞き取りノートより）

ⅳ）横山藤吉さんのこと

すでに発表されておらん事実はね、そこに小学校がありますね、そばに横山藤吉っていう家《うち》あります。横山藤吉さんて方はね、あん時の富山の連隊に入営しとりまして、「米騒動」の鎮圧にね、軍隊が出動することになっとったんですね。彼は何中隊だったかな。水橋へその中隊が、それからもう一つの何中隊か滑川へ、それからもう一中隊は魚津へ行くことになっとんです（中略、本章中「横山藤吉さんの話」を参照）。こういう軍隊が出るちゅうそういう事実もね、今まで何も語られてないですね―。

（瀧川テープⅠより）

証言13　高松キミさんと大谷晃一氏

私が五〇（周）年のとき、全国放送したときに、こっちから行ったのは金山…。水橋の駅員だった人です（証言7の金山秀吉さん）。私は郵便局におったしで、金山君と私とが出たんです、二人。その日は五千円ずつかね、謝礼もろうたが、あまり愉快なことでないことに、後で高松さんから電話がかかってきたがです。「あのね、アンタとんでもないことを放送したッ、私の母親は一遍もそんなこと言わん。それで、あんたとこへ行きたい」言われたからね、「何時でも来られ。しかし私は火曜日と金曜日は居りませんよ」と。その時は小唄やっとったもんだから、「それ以外なら何時でもおいでなさい」と言うたんですが、とうとう来なかったんです。来たらね、私はその人に話をしてあげようと思っとったんです。

それが三、四年前に来たわけでね。ああ入られと。それからそういう話だ。私も、真実は真実として言うていかんにゃならんもんだからね、たとえ気の毒でも、私は気の毒だと思うとるんです。近所だから、お母さんでもお父さんでもいい人だちゅうことは知っとるんです。お父さんは本当に仏様みたいな人でね。やっぱりそういう人には気性の強いおかみさん必要なんですよね。それでうまく行っとったんだと思うんですが。

これについて、高松商店の娘さんが叫び続けておるのは、こういう事なんですよ。「八月四日に今晩押しかけて来ると警察から電話があった。それでお母さんのそばに付いて、しじゅう様子を見とった。ところが押しかけて来た中から一人が「ごとむけ」と言うたんだ。お母さんは言わなんだ」。

（瀧川テープⅣより）

それで私はね、「お母さんはなぜその時に、後ででも、〈ごとむけ〉て私は言わんちゅう事を、どして言わんかったがか。あれは向うから言うて来たがだと、どうして主張せんかったがか」と。こう言うと、「お母さんは何でも言わしとけって言われた」、とこうなんです。「八月四日、たくさん押し掛けてきたときに私はお母さんの側におった」というんだから、日が違うんです。そこですね。

（瀧川テープⅡ、第1面）

そしたら高松キミさんは、発端は八月四日だと言い張るんですよね。だから、私は高松さんに言うんですね。それはね、初めて来たときはこうこうこうでね、数人しかいなかったんだと。それが一日々々と群衆が増えて、どんどん増えて、そして八月四日の規模になったんだとー。

（瀧川テープⅡ、第2面）

尾島粂次郎いう方がおられましてね、私の先生です。県の視学しとられた、校長を経て中新川の郡視学になられたと思うんだが、その方のところへも高松キミさんから手紙が来てるんです。私のお母さんはそういうことができない人間だという、長い長い手紙がきておったんです。そこで、すぐそばだから、私の先生だもんだからね、ちょっと来いって。そして行ったら、高松キミさんから長い手紙が来とって、「私のお母さんが言うたがになっとるけど、ありゃ押し掛けて来た民衆が言うたがだ、て書いてある」言われたから、先生それは違う、こうこうこうだったんだ言うたら、「あのお母さんは私もよく知っとるがで、そういうこと言うような人だ」て。

というのは、キミさんのお母さんはね…。照蓮寺いうお寺があります、水橋の有名なお寺ですが。その向いに、今は移転しておりませんけど荒物屋ですかね、金物だとか鍬だとかを修理しとった、そういう家があったんです。尾島半助いう家があったんでよ。その尾島半助の娘が二人おった。姉が高松庄太郎へ嫁に来て（それがキミさんの母親）、妹は同じ町で履き物（下駄屋）へ来ておるんですね。ところが、性格が実にそういう人なんですね、姉の方は非常に活発でハキハキとして、男まさりの人でした。妹の方はこれはまたなも、やさしいって言わゃいいか、横向いとれって言えば何しても横向いておるような、そういうような性格だったんですねェ。そして尾島粂次郎さんが高松庄太郎さんの弟の清次郎と同級生で、家が尾島粂次郎さんの筋向かいにあったんですね—。それでそこへ、始終行っとったんです。その清次郎さんの兄さんの嫁さんだからね、庄太郎さんのおかみさんの性格をよく知っとるわけです、「あのおっかちゃんなら、そい（そういう）こと言いかねん人だ」、こう言うて—。私は生徒だからね、そして真実を見とるもんだから—。

キミさんとすれば、そこへさえ言えば、県視学もしておった人だから援護してくれると、思うとったんでしょう。なれど粂次郎さんも、滑川の「米騒動」はよく知っておられるんです、亡くなりましたが。

そういう関係で、高松キミさんはずっと以前からそう言い続けて来られたれど、相手にされなかったんです、その時はまだ（「米騒動」から）五〇年の時分だからね。当時の人が沢山おるからね。

（瀧川テープII、第1面）

質問者　高松さんへ（群衆は）何日ぐらい来たんですか。

—幾日間かあったんですね。それはねェ想像するより仕方がないんですがね、少なくとも1週間はあると思うんですね。ここらが黒山になっていた時期は、やっぱり一〇日ぐらいはあったんじゃないかと思います。だから、一〇日ぐらい逆上らなければならないと思うんです、高松キミさんが言う四日という時からねェ。一〇日ぐらいは逆上らんにゃならんがで、そこをキミさんは知らないんです。私は皆たくさん押し寄せてきたがも見とるが、そん中で言われたがは、言い返しなんですよ、お母さんの（言ったことの）。

質問者　このキミさんという方は、性質は。

—ええ、それがね。お母さんに娘さんが2人おってね、姉さんは気のやさしい人やったれど、やっぱりそのキミさんは勝気なんですよ。あれはね優等生でね、富山の師範を出たんじゃないかと思うんですが。（その頃は）大抵滑川の実科女学校へ行ったんですけど、この人は富山の女学校へ行ったんじゃないかな？　出来たんですよ、なかなか気性の強い人ですねェ。例えばね、その時分子供が夕方になるというと手つないで、私の家の前の方で遊戯してるんです。その文句は「かーごめ、かごめ、かーごの中の鳥は、いつ出て遊ぶ、夜ー明け頃に暁かけて何をか告ぐる、だーれが後ろって？」って言うと、誰が後ろになるか当てて、それを明かいて、誰だったって言うた娘がまた鬼になって輪の中へ入る。そしたときキミさんがね、それを聞いとってね、家からでも飛んで来るんです。そしてねェ、その文句を直させるんですよ。「かーごめかごめ、かーごの中の鳥はいつ出て遊ぶ」、まで歌っとって、「夜ー明け頃に暁かけて」というとこをね、「赤い提灯とーぼいて、白い提灯とーぼいて、だーれ誰が後ろ」と、こう言わせんにゃ家へ帰らないんです。ほして、皆にそういうことを言わせてェ、そして家へ帰るんですねえ。

そうしたとね、今までの歌調が違うて来るんですねェ。私はね、昔から言うるそういうがは、「夜ー明け頃に暁かけて何をか告ぐる」というところに、非常に文学的な情緒があると思うんですねェ。それを「赤い提灯とーぼいて、白い提灯とーぼいて、誰が後ろ」と言わせていく、そういうがにしてしもたんです。そういう性格なんですよね。だからねェその執念ちゅもんはねー。その執念によって、私は人間的な性格を見るんですね。だから、それを一念に続けていって、大谷さん（註1）に訴えたり世間に訴えたりしながら、やってきとるがねェ。個人的な性格ちゅもんが…、ええ。そしてあのー、キミさんの夫もありゃ校長先生だったね。

質問者　私の見た（キミさんの）長い手紙（註2）の後ろの方にも、警察の偉いさんになっている人が親戚におられるとか、書いてありました。

—だからそれが清次郎（キミさんの夫の校長）

1．大谷晃一「新風土記二二六」『朝日新聞』一九七四年八月一九日夕刊。

2．県立図書館蔵：高松キミ「水橋町の米騒動について」一九五九年八月。

の、子供ですよ。東大を出《だ》いて、そして出世しとるわけですよ。本当にねェおとなしい坊っちゃんだったれどねェ。私は子供のときをよく知っとるので―。

（瀧川テープⅢ）

その当時は高松キミさんがどれだけそういうことを世間へ言うても、世間が相手にせなかったんですよね。みんなが知っとるから。そして、見たり聞いたりしとる人がたくさんおったからね、相手にせなんだ。ところが（その人たちが）五〇年もたって亡くなってしもうた時に、初めての大谷晃一さんがそんなことを耳にしたときに、「いや、これは大変なことだ、掘り出し物した」ちゅうわけだね、晃一さんとすれば。そこで鬼の首とったような具合で、「事実をたがえとる」と、こう書いたがでないかと思います。

（瀧川テープV、B面）

そこで予断ちゅもんかね、そういう考え方を持って（大谷さんが）私の方へ来られたわけです。そして、私の言うがも一応は聞いて行ったがだれど、高松さんの方が主になっておるもんだから、私の方は参考につけ足しぐらいな気持ちで、書かれたわけだちゃ。そしたら、朝日新聞の「天声人語」（一九七四年八月二〇日朝刊）がそれを取り上げた。そこで私はそれを見たもんだから、それは間違ごうとると、記事が違うとるじゃないかと。そしたら晃一さんは、いやあんたに言われたことを私はメモしてちゃんと手帳に持っとるがだと、こう言われたが、電話で。そこで、私は今までたくさんの人たちに事実を話しておるが、あんたの言われるような話をしたことはないと。どれだけ電話で応答しとっても、これはただやりとりしとるだけで埒があかんから、手紙でやりとりしようと、こういうことで内容証明に切り替えたわけです。そこで、結局は本（大谷晃一『新風土記　三』一〇六頁、朝日新聞社一九七五年三月）を出すときにはこれでいいですかという向こうの方の念を押してきたもんだから、このような内容にしられるがなら差し支えないと。そして出版されたわけです。

（瀧川テープV、B面）

私は、「大正七年七月、米騒動発端に関する朝日新聞の報道について」というまとめを書いて、記事に何回も抗議しました。本になるとき訂正するということで決着がつきましたが、「天声人語」の方はいまだに直さないのです。

（前掲、瀧川講演「米騒動はこうして起こった」）

質問者　『新風土記』（本の一〇二頁に「五十七年目の記事訂正」と題して書かれている）は前の新聞の記事と照し合わせるとどれだけ直っているかわかるんでしょうけれども、新聞を見なかった人がこれを読むとまだ中途半端で、まだ半分引っ掛かりますね。

—ああ、それねぇ。どうも直したがらないんですよねぇー。　（瀧川テープV、B面）

昨年の三月三一日に発行された『富山県史』（通史編 VI 近代の下巻三八六頁）には、高松の娘さんの言われることが、正当ということになっとるんです。「実際、群衆はこの〝死んでしまへ〟（ごとむけ）の暴言を聞いて投石や悪罵の限りを尽したらしいが、暴言の主は高松家の妻ではなく、群衆の中の一人が、高松家の人に向って言ったのを、聞き違えたというのが真相らしい（前掲『証言 米騒動』）」。私の言いたいことは、沢山おしかけて来た、その中から言ったということがあったとしても、それはさきにお母さんが仲仕たちに「ごとむけ」と言うた、言い返しだった事というです。そういう具合にいつの時代にでも、歴史というものは引っくり返るのですね。こりゃー皆さんとともに、非常に気をつけんにゃならん点でないか。これは、このままにして置いていいか、という点が一つ有りますね—。　（瀧川テープIV）

解説

移出米商の店のなかの女将から罵られたらしい女（陸）仲仕たちが、憤慨しているのを見た瀧川さんは、その「ゴトむけ」が浜全体に伝わったのが、東水橋「米騒動」の始まりと思っていたようですが、第一章の証言2～5で見たように、彼女らは七月初旬から積み出し反対に通っていたのです。瀧川さんと同じ郵便局で働いていた松井夫人が、「だれど浜端《はまば》のこたァあの人ァ全然知らん。騒動の起きた発端の条件やとか、そういう光景だとかはあの人ァ、知らんなね」（証言8）と評しているのは正しいでしょう。しかしその郵便局で電信係だった瀧川さんが、『大阪毎日新聞』『東京日々新聞』（今日の『毎日新聞』へ統合）の記者に、東水橋の「米騒動」の電報を打たされその内容や記者の名まで上げていることは重要です。「その内容のものが直ぐ新聞に載っとらんようですね—。」「あんまり価値がないと思たもんですかねッ、初めてのことだったんで—」。まだ報道の機運が熟していなかったようですが七月二〇日の艀場での汽船積み阻止が、回漕店・取引所に出入りする仲買を通じて中央紙の記者たちに伝わったという、高井文助さん・松井さんの指摘（証言5）と時間的に符合しています。

証言11で瀧川さんは、西水橋で始まり（八月初め）が期を画すものかのように言う誤りを批判し、西水橋で押しかけられた藤木家（末尾の付録II「水橋の人と略史」を参照）の益三夫妻も、「東水橋が最初の発祥地だと明言されていた」と伝えます。これは同じ西水橋の人だった金山さんの結論（証言7）とも一致します。そして八月「四日ぐらいだと、此処（東水橋の高松商店の在った現新大町）はなも、真っ黒に（群衆が）押し掛けてきとる」、浜の方では「一軒に一人ずつ出んにゃならんから」と言われる状況だったと言います。

証言12は冒頭で、西水橋にも始まって、無実の名望家岡本公夫が滑川警察署に召喚されたことに抗議して、滑川署へ向かう集団のなかにいた篠田七二郎氏の話しと、廣瀬南洋が『高岡新報』社に電話したことが触れられていますが、それらについては第四・第五章で再登場する際に詳述されます。瀧川さんは一八歳からの逓信労働者で、証言39で松井夫人が言っているように「かたい人（真面目人）でね。戦後は組合しとられた」人です。瀧川さんは〝米騒動〟五〇周年（一九六八年）のNHK全国放送にも出演していましたが、松井調査が『証言　米騒動』によって無視され二〇年隠蔽されるなかで、「米騒動」を町の恥のように言う人もあらわれました。それが、水橋郷土史料館前に「米騒動」記念碑を建てる際の論争にも現われるのが、第一二章で見られます。

考察「高松キミさんの作文とジャーナリズム・教育界」

移出米商の女夫人の娘高松キミさんの「訴え」の内容は、証言10・13、14～17、25・39が一致して語るところと矛盾します。群衆が何日間も移出米商高松へ押し掛けていたと一致して言い、キミさんの言うように八月四日一晩ではなかったからです。また平素から女夫人の人を見下した気の強さや、当時の鼻息は誰もが知っていたので、「ごとむけ」一件についても「そういうこと言いそうな人だ」で済んでしまい、本当に言ったかどうかについては、あまり興味を示しません。ですから、当時それを書きたてて売ったのも新聞なら、五〇年後にもう一度、今度は逆方向の記事をつくって、歴史の真実が明らかになったなどと称したのも新聞です。『証言・米騒動』や大谷晃一氏の記事のことです。

i）高松キミさんの作文

この女性が書いた「水橋町の米騒動について」（富山県立図書館蔵）なる「訴え」を見ましょう。要約すると〈八月四日、前日に西水橋の米屋へ押しかけたおかみさんたちが、今夜は東の高松に行くと言っていると警察から連絡があったので、当時11歳（小学校四年生）だった「私」は、怖くて終始「母」の傍を離れずにいたところ、米を安くしてくれと言ってきた上《かみ》さん達について来ていた男の子が、突然「ゴトむけ」と叫んだのを目撃した。それを群衆が「高松のおっかァだ、ほらあこに座っておんねかい」と誤解した。あっけにとられた母はなにも言えなかった。「ゴトむけ」は、浜の人たちが高松家に向かって言った言葉である〉。この日父親は旅に出て留守だったとまで書き、母に寄り添う少女の頼りなさを書き込んで、同情を引くように書いてあるので、平素を知らない地元外の多くの人は信じるかもしれません。しかしこの文書は、次の諸点で極めて特徴的なものです。

イ）この文章が、事細かに非常に写実的に書かれているのに感心します。殊に「ゴトむけ」が叫ばれ、「私もお母さんもハッとした」瞬間から、誤解を受ける瞬間への場面転換が、心理や雰囲気まで書きこまれています。編者は「米騒動」・北前船関係で六、七〇人の聞書きをしましたが、四〇年以上も前の出来事なので、日付けを覚えている人は一人もいませんでした。ところが一一歳の子供だったこの人だけが、日付だけでなくこんなに細かに、一瞬の雰囲気転換まで覚えていると言うのです。ロ）店の絵も描き、また男の子が言ったとすることで女の子の記憶らしくしてあります。しかし、子供にしても「ごとむけ」などと叫ぶには、理由があるはずです。その必然性が何も与えられていない上に、「男の子がかん高い声」をだしたのが、どうして四〇がらみの女将の声と間違われるのかも解りません。ハ）咄嗟の場合だったから母親が説明できなかったと書いていますが、「そんなら、なぜお母さんは後ででも、〈ごとむけ〉て私は言わんかったて、言わんかったがか」と瀧川さんに訊かれると、「お母さんは何でも言わしとけって言われた」としか答えられません。ニ）女たちが安くしてくれと言って来たと書いていますが、事実と異なります。移出地帯での、殊に移出商に対する際の要求は積み出し停止で、「安くしてくれとは言わない」と言います（証言2など）。「一寸の虫にも五分の魂」が、貧しい主婦たちにも誇りが在るのです。ホ）浜の女たちは七月初めから日参していると証言し、群衆が集まるような騒ぎになってからだけでも一週間か10日は続いたと、上記のすべての証言者たち（証言13、15～17、25・39）が言っているのに、キミさんは八月四日だけといいます。男の子が叫ぶのを「私」が聞けることなど一日しか在り得ないからです。

イ）～ニ）は大部分が、子供時代の記憶などではなく、大人の素人小説としてしか説明できないものです。ホ）は、彼女がそれを書いた一九五九年八月という時点が、「米騒動」参加者・目撃者たちが、東水橋では七月初めから始まっていたことの証言（証言2～4）が発表される一九六八年以前だったからでしょう。母親のことで、騒動当時学校でくやしい思いをしたことだけは本当で、クラスの男の子に言われた可能性もあるので、同世代の男の子が犯人にしたてられているのも、その仕返しかも知れません。

子供時代の「かーごめかごめ」の遊びについての逸話（証言13）以外でも、後々のキミさんの生活まで知っている人の話し（証言17）には、文字にしかねるものもあります。水橋の町では、この母娘のことをよく言う人には会うことが出来ませんでした。

ⅱ）その権威主義と「教育界」利用

キミさんの用いた権威主義的方法は、その「水橋町の米騒動について」の文章書自身にも、出ています。必要もない所に、かの移出米商の女夫人の孫すなわち自分の子が、東大を出て警察上層コースを斯く斯く然々に昇ったことが記され、夫も校長先生であったと、書かれています。この文書も水橋中学校長あてに書かれ、二人の教育関係者を経て富山県立図書館に収まることが出来たものです。郡視学をしていた尾島粂次郎から、証言者の瀧川氏に圧力をかけるように手を回した（証言13）のも、同様に教育畑のルートです。また高木正一とかいう人が、「ごとむけ」は「群衆についてきた男の子の言葉がおかみに言った言葉だという確かな証拠が別にある」（『北日本新聞』一九八五年七月二〇日）と書いていますが、その「別に」は、キミさん自身の書いたこの作文を、それと言わずに写しているに過ぎません。この高木氏も、「イデオロギーも何もない」米騒動を「すぐに偏向思想とむすびつけたりする向き」が気になる、（上市町とかの）小中学校教育者のようです。

ⅲ）大谷晃一・『朝日』「天声人語」の誤り

『証言 米騒動』がキミさんの作文の肩を持っ

ているのを読んで来て書いたらしいのが大谷晃一「新風土記　226」（『朝日新聞』一九七四年八月一九日夕刊）です。探訪記事の特派員として富山を訪れ、ネタをさがしていたところへ、「今でも叫びたい思いに駆られる」と悲劇的に書かれたキミさんの作文に出会ったのです。「彼女は一念を貫く。……私は驚嘆した。キミさんは静にこう話し終える。わたしが死ぬと歴史が誤りのまま決まります。……これで親への報恩の一部が達せられ」ます、とあって大谷氏は、大ロマンの宣伝を手伝わされることになりました。「米騒動」の他の史料も地元での評判も知らない、その場限りの特派員というものの職業的限界を示すものです。

『証言 米騒動』の記者、前述の教員の高木氏、そして特派員大谷が同じ間違いをした理由、共通の落とし穴は、平素からどんなふうに評価されているかの地元町民の評価を、調べてかかる基礎調査なしに、特ダネとばかり飛びついたことです。そんな杜撰な「特派記事」を、翌八月二〇日『朝日』の天声人語が「全国をゆるがせた大正の米騒動の発端になった言葉が「歴史のウソ」だったらしい。……権威ある信夫清三郎の『大正政治史』にも…」と上げつらいます。この頃の「米騒動」研究は信夫の本を「権威」などにしていないし、「ごとむけ」を「発端」などとと書いてもいません。このように誇張して置いてから、今度は「歴史のウソ」だったとつき落すとは、見え透いた記事作りです。『朝日』と言えば「米騒動」当時、『高岡新報社』からの電話を記事にして全国報道に手柄をたてさせてもらっていたので、大谷は当時の『朝日』の「米騒動」記事が誇張されていたのは、『高岡新報』のせいだと、「五十七年目の」責任逃れまで書いて社への忠節を示します。

大谷は、前述のような瀧川氏の一貫した主張である「ごとむけと言ったのを聞いたのは、八月四日夜でない。七月下旬だった」の、「七月下旬だった」を落としています。これではキミさんの主張を認めたことになるので、瀧川氏は黙っておれず、内容証明付きの郵便で批判してので、本になった『新風土記　三』（朝日新聞社一九七五年）一〇六頁では、「八月四日夜……」を「八月四日夜のことはしらない。しかし七月下旬には女仲仕連が高松の奥さんからごとむけと言われて激昂していたことを目撃している」となっています。但しキミさんの言った「女たちが押し寄せたのは八月四日だけだ」を載せたままです。全証言者が、一週間・一〇日と続いたといい、仲仕女たちは七月初め以来通い続けたといっているのと矛盾しています。このように大谷氏や「天声人語」は「歴史のウソ」

でないものをウソといった誤りを訂正しきらずにいるのです。大谷はまた末尾にある結論部分で、中央で大儲けをしているものだけが悪いとして、高松商店も被害者だと書いています。高松もまた大儲けになっていたからこそ、米移出を続けようとしたのです。移出地帯の米騒動について基本的なことが弁えられていません。

ⅳ）『県史 近代編』も乗せられる

『富山県史 通史編 Ⅵ 近代 下』（一九八四年）の米騒動記述は、松井調査の成果（証言３・４）が一九六八年に発表されていたもかかわらず、東水橋で七月初めから始まっていたことについて、全く触れていない点で『証言 米騒動』と同レベルです。米商が町民の移出停止要求を無視しつづけていたことこそ問題なのですから、「ごとむけ」と本当に言ったかどうかなど二次的な問題に、（独自に町民のなかで調査してもいない以上）県史ともあろうものが結論を下す必要などなかったと思われます。それが『証言 米騒動』だけを引用して、「群衆の一人が、高松家の人に向かって言った」のが「真相らしい」（三八六頁）と、自信のない言い方で、町民の一致した証言と矛盾する記述をしているのです。

第三章　東水橋での拡大期

証言14　桜井安太郎さん「"仲せ" 女と米騒動」（一九八五年九月一一日テープ）

明治三一年（一八九八）二月生
富山市水橋中出町九七三
一九八五年九月一一日聞き取り

荷が船で水橋に着くと、スルメでも肥料でも、何でもウインチで艀に降ろす。艀ぁ荷を浜で降ろいた。昔ゃ浜あったから、砂浜でもなけれど、石の浜。波のない時ゃ（入りやすいから）河へ入ってきて降ろいたれど。艀から降ろいて、ほって「なかせ」が居ってね、女のねぇ、陸へ上げる。男もおったれど、艀に乗るが男でねぇ、陸かづいたり荷車で運んだりするが女ばっかり。「なかせ」の溜まりちゃずーっと向こうの、ありゃ小松から浜の方へいったとこ。二〇貫からのたて筵、スルメならあんた二四貫（九〇キロ）、普通は肥料ならみんな二〇貫台やね。中に三〇貫（百一三キロ）のがから。そいがみんな、女ども引っ担いで歩いたもん、力あったもんじゃねえ。

肥料はまた仲買やおってねっ、農家の方に売る。むこう（樺太現地）はむこうで、こっちぁこっちで清算せんにゃならん。商売の途中に、

ウインチで荷揚げしている場面

銀行から二千円借った、三千円借ったいう、昔の手形どももまだあれど。仲買いとは別こに、「なかせ」にも清算せんにゃならん。「なかせ」の親方どももおって。お嬶らち（たち）、担ぐ人ぁ主として女どもだねけ。あんた、きっつかった（強かった）もんだぞいねっ。婆はんどももできっつて、でかいが荷車から引っ担いで土蔵へ入れてくがいね。ちゃーんとね。「なかせ」の親方ちゅうもんなおって、何俵、どこどこ、時間ねぇ。「なかせ」の運び賃ども覚えとらんねど、その時分な一俵運ぶ賃金安かったからねっ。米騒動も起きたわけやちゃね。

米騒動の覚えあっらいね。昔や米（一石）二〇円でさえやかましかったもんねぇ。移出米出すから、こうやって高なんがやねかて。「なかせ」のおっかはんらちゃ一番嫌なが米高ぁなんかで。今まで十何円しとったものが二〇円なった、三〇円なった、どんどん高するもんだけね、一升買いする。それで騒動、「なかせ」の女ども出てきて。親方もっとってねぇ、「（み）んな出てこいや」言うがでー。浜の方から、おっかちゃんらちゃ、でかいと出てこられた。おらも二〇歳前後の時で、付いて歩いたちゃ、つきあいで。高松（移出米商）へワーって行ってね、「米、船に積んでっけね高なるが」言うてねっ。「そいもん（移出）にやられん」て騒いだ。覚えあるちゃ。そいから滑川・魚津ぁ騒がしなったがで。

水橋の米商売は、高松の他は細かい仲買だちゃねぇ。角川いうがもやっぱりねぇ。今の角川の婆ちゃん、あの人の親ども米商売しとられた。池田の糸屋も米商売しとった。あちこちよう集めに歩かれた。また農家へ直接集めに行かれる人もおるし。わしらも奥に土蔵ありますれど、米二、三〇俵買うて出す（移出する）がに。あって移出米はまた、普通の俵の上にうっすい（薄い）筵かけて荷造りしてねっ。ウインチ巻いて一遍に三俵・五俵でない、一〇俵でもウインチで上がってった。

証言15　新木政次郎さん「移出商の米車曳き」
（一九八五年七月七日テープ）

一九〇一（明治三四）年生
水橋西天神町一一八三

水橋から出る米ァ白岩川下って来とった、なかに小杉からまで来るがあったれど。ほしてこ

1. 証言1参照。
2. いわゆる北前船に使った、数百石前後の和船。
3. バイ船業者は米の運送が明治一〇年代以来次第に汽船に奪われ、一方で魚肥の需要が増す中で、北海道・樺太の漁場で魚肥等を入れる莚袋など藁製品の積荷を増し、自らもカムチャッカ出漁者等に変貌して行った。その過程で、かってバイ船主達が買込んだ米を入れていた米倉は、米商達に投機買いの資金を貸す銀行が、移出して金を返すまでは担保でもある米を預って食敷料をとる、銀行の倉庫に変わって行った。証言42「銀行と移出米商」参照。

の天神町の白岩川沿いで、その米一番集めとったが明治の頃は早川（権次郎）（註1）だろ。バイ船持ちァ沢山おって――、倉庫がでかいとあった。今でも大ぶ残っとれど。新橋川（下条川）沿いのがバイ船（註2）持ちの倉で、春船が漁場に積んでく莚なんか入れとって、船ゃ北海道からもどって来たと積んで来た鰊入れとった。白岩川の河口の、西浜の米入っとった倉は、元はバイ船持ちのがだれど銀行の貸倉庫に変わって（註3）きとった。銀行の倉敷料は一俵に一銭五厘した――。

　おらは小学校出てすぐ、一三、四で相沢勘次郎さん（註4）の船に、飯炊き（註5）で乗った。あこは今、息子の大次郎の名札が出とるが、大次郎さんも死なれ、その奥さんだけになっとられる。あの時分相沢のバイ船はおらの乗っとった中央丸と、もう一つの船も百五〇トン、つまり千石船やった。ほかに高岡の「かねソ」からも百五〇トン級の帆前《ほまえ》（洋帆船）借りたりしとられたが。浦本いうもんの銅像が浜の街路わきに立っとるところ（註6）あろッ、相撲の関係だれど女郎屋のおやじもしとったもんじゃ。バイ船はあのあたりの沖に沖懸りして、艀で浜に荷降ろいた。修理のある時は船も砂浜へ引き上げたれど、ほかのバイ船は東岩瀬の神通河口へ行って冬越しさせる。

バイ船（『高岡新報』大正９年７月30日）

　二月の起舟の祝いァ、相沢の親方のとこでやって酒あ出たれど、親方自身は出られん――土肥（註7）いう船頭中心にやった。歌は「出雲ぶし」なんかも歌えど、「出雲で名高い……」の後に自分らの船の名なんか歌い込んだり、でたらめじゃった。起舟の日は二月一二日やった、

4．現・水橋西出町七九六。証言1の第二図参照。本文及び以下の註の地名はその地図に殆ど出ている。

5．当時乗組んだ若者が最初にさせられた最下位の仕事。

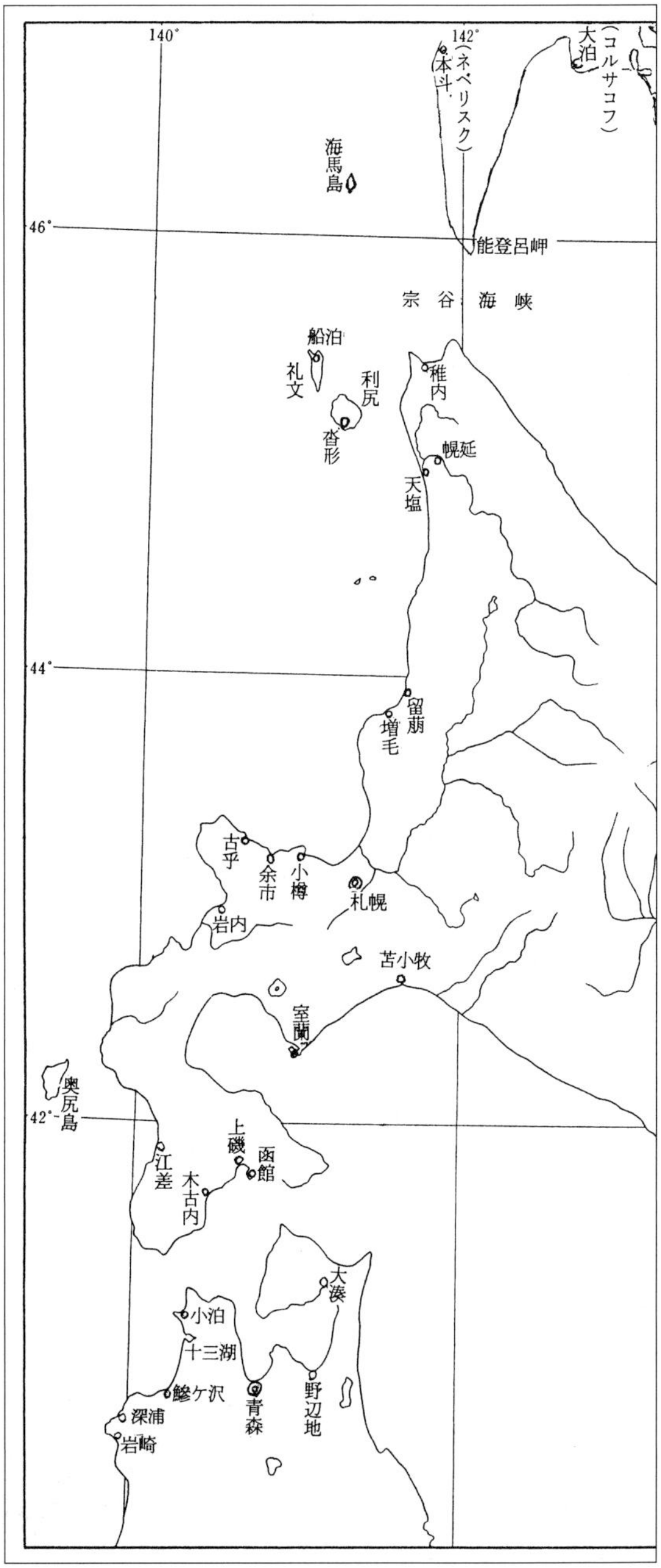

家々で少しずゝ日がちごた。船に乗る若いもんは泊から海老江や四方（註８）から、あちこちから来とった。起舟のあと帆縫い、網合わせなんか二〇日ほどしとると、東岩瀬の河口から廻されて来たバイ船あ沖に懸る。

三月初めの出帆で一度目は北海道へ行って鰊積む。例えば小樽の手前に多い漁場で鰊を買うとか、四月七、八日ごろ利尻島に着いて、貸しとった米の分を鰊や昆布で受け取りまた新しい米を置いてくるとか。一度目はこうやって北海道の鰊やこんぶ水橋へ運ぶ。だれども二度目は函館で漁場の働き手乗せる、秋田なんか東北のもん多かったちゃ、ほしてカムチャッカ行って秋あじ積んで帰る。カムチャッカ行かん時は例えば、六月二五日頃利尻へ着き八月三、四日に発って、九月に水橋にもどる、まっつり（祭）は一〇月だちゃ。こいがに大正五年から七年まで乗っとった。

大正七（一九一八）年は土管と、水橋で積んだ米二百俵と莚積んで利尻行った。土管は利尻の船泊りで、米は塩津で売る予定やった。利尻の忍路内（おしょろない）ついたら、人寄って来て「米売ってくれ、米売ってくれ」言うたれど売らんで、予定通り塩津行って売った。帰ってみたら米騒動起こっとって、船に乗る時（一升）二五銭した米が倍になっとった――。利尻

6．現・水橋朝日町の海岸沿い。

7．相沢家に近い現・水橋西出町八〇〇に当時存在。

8．泊は県東端の、四方・海老江は神通川以西のいずれも富山湾岸の町。

9．証言1の第一図右端、上市川河口右岸に㊫で示された現・水産高校の場所。

10．現・水橋中大町二番、証言10の地図でバス停「東大町」のそばにある地蔵。近世の凶作・米価騰貴の際に、藩士の扶持米をあずかる蔵宿の扉をあけて民衆に

で一番人家の多いとこやったから、忍路内で売った方が高こ売れたかもしれん。

この年船おりて、米の移出商の高松で働くよゥになった。米騒動の時、食わんでもいゝとか何んか言うたいう高松のおっかは、きッついい人やった。さらいつけられた（頭ごなしに言われた）男どもが働いとったがは、仕事もらわんにゃならんかったからだろ。

おら高松では米を大八車で、主に滑川へ運ぶ仕事やった。滑川の、滑川銀行の倉や水橋銀行の倉まで運んだ、たしか瀬場町の浜側やった。倉番に渡いて一俵一銭五厘もらう。大八車に九俵までしか付けられん、一〇俵運んで巡査に見つかると（罰金）一円とられるがで、高月の派出所の手前の水産講習所（註9）のところで一俵降ろいた。水橋では滑川銀行の支店は東西橋を東へ渡ったスーパーの横、伝蔵地蔵（註10）の後に岩瀬銀行・滑川銀行が並んどった。その東側四つ角の、今の金物屋の所は米肥会社があった。

（今のJRの）駅前にあった中田の米屋（註11）は米で失敗して（註12）、銀行の差し押え食うた。角川の倉庫が駅前に出来たのはその後だ。

仲仕のたまり？　西出町の角（註13）の、酒屋のつぶれた後にあった。たまりに居るのは男ばっかりで、中で寝とるもんもありゃ博打しとるもんも居る、荒くれたもんだ。夜の日も寝ずに働いとる奴もおるが――。女は仲仕いうてもそん時そん時に集められるだけで、たまり場に居るがでない。米騒動のとき中心になったがは、西浜の「伊よむさ」いう、水上のおかゝ（註14）あたりだいう。男まさりのもんじゃった――。

（「三人の回想」『富山史壇』114号一九九四年七月より）

与えたため刑に処せられた高田屋伝蔵の面影を伝える。巻末にある付録Ⅱ「水橋の人と歴史」参照。

11．一九一八年米騒動の八月三〜五日に押しかけられた西水橋の米屋。当時、現・水橋伊勢屋六七〇〜六七六の間あたりにあった。

12．第一次大戦中、シベリヤ出兵による米価騰貴の中で景気のよかった米穀関係者が、一九二〇年春に始まる暴落の中で損害を蒙るのは全国的に見られた現像である。一九一八年米騒動の際標的となった東水橋の高松、滑川の金川の両米商がそれぞれの町を去ったのも、この戦後恐慌期に大打撃を受けた結果という。

13．現・水橋西出町八五六、証言1の第二図で赤がね御殿のむかえ。

14．証言2〜4、33の「伊よんさ」のお婆わ。

証言16　土肥キクイ先生の話「新大町に連日の群衆」（一九八三年一月九日テープ）

一九〇一（明治三四）年生
滑川市田中新、山下節子さん方

その頃になると、こんどは東水橋の米穀商の高松の店へ、五、六百の群集が押しかけました。これは私の居った新大町の市川のうちの（南の）並びで（証言10の地図参照）、三、四軒むこう（北）には高松の住居（註1）もありましたので、ご主人が私のうちへ逃げて来とられました。高松は相当平素から儲けとったらしい。東水橋では一番大きな米屋で、色のくろいおっかはんナいゝ着物きとられた。そんな時は一寸入れてくれと背戸伝いに入って来られた――親しくしとったので二、三日居られたもんと思います。

押しかけて来とる者には男も女も居りましたね。殺気立っとるから外へ出るな言われ、私らはしとみ降ろいた中から窺っとりました。高松の店の前の騒ぎ直接聞いたがでないけれど、狭い長い道の両側に家が百軒ぐらい続いとる所なので、人が市川のうちの前まで拡がって、うちの前歩くもんどもの声聞こえました。ガラスが破れて暴力沙汰やった言います。四、五日続きましたが、盆前に終わって良かったと父が言っとったの覚えとります。

私は滑川の堺町（現・加島町二区）で米屋をやっていた土肥定次郎（註２）の息子さんところへ、嫁に行きました。土肥の家では、米騒動の時は倉の戸を開けわたして持ってかせた、と聞きました。

（以下では同席の節子さんの発言が混る。）土肥の家では、十数間もある廊下の天井まで米俵が一杯につまっていて、その間で隠れんぼして遊んだの覚えてます。平常から百俵以上も貯えられていたのでしょうか。泥棒も入りました。天井までつまっているのを上の窓をあけて、そこから持って行ったいゝます。

土肥にも「出袋はん」（註３）呼んどった米を上げ下げする男達が居りました、仲仕とちがいますが。腰に手鉤さいとって、これで俵ひっかけてひょいと腰に乗せます。農家から米運んで来るがはこの頃は馬が索くのでなく、車に鉄の輪入った荷車でしたね。農家へ買い付けに出かけますが、持って来た百姓にも「おらとこなら何ぼ何ぼで買う」と宣伝するんです。土肥でも仕入れの得な時は肥料も扱っとりました。私が（節子さんが）覚える頃は菜種粕だったと思います。米の方では、宮川の大永田に斉藤いう相場師が居りましたね。

農家から持って来た米はタンクで計って俵に詰め、精米所へ出してもう一度袋に詰め直します。米屋と言っても、樺太方面なんか遠くへ出す移出商と町内で小売りしている飯米屋と、二種類あります。滑川では移出商が一〇軒ほど、土肥・斉藤仁助・野島屋・湊川（註４）なんか在りました、湊川は大阪へ移りましたが。移出商では、銀行の持っとる倉へ米を移管しとるとこも多かったですネ。南町の（現・加島三区）の御倉町に四七銀行（後の北陸銀行）の倉があって、倉番居りましたね。飯米屋は一八軒ぐらい在ったと思います。あとで統合されて食糧営

1．現・水橋新大町五五九附近。証言10の図を参照

2．現・滑川市加島町八四一に当時在住。

3．出袋仕といひ、移出用など米を大量に扱う米穀商で遠距離用包装などを行う男達。

4．大正七年の米騒動当時一八才だった土肥先生が、それより後に稼がれたので、節子さんの記憶と一体化したこの部分の内容は昭和前期を中心とするものであろう。移出米商にも米騒動当時と違う顔ぶれの変化が見られる。

団いう名に変わりましたが、橋場から橋渡って大町入った所にありました。

（「三人の回想」『富山史壇』114号一九九四年七月より）

証言17　横山藤吉さん「移出米商での騒ぎ」
（一九八五年七月二七・八七年一月三一日テープ）

水橋新大町五三二
明治二六年生

移出米商での騒ぎ

わしら（連隊）満期前にも日曜なりゃ外出して、こっち（東水橋）まで来て親どもに聞いとった。（連隊）本部詰めで門監持っとったから、旧富山市内は自由やった。遠いとこ、ここまで来る時は外出願い、特務曹長に言うて出てくる。わし次の（証言29で述べられている出動中止の次の）日曜の日にも来て見た。親どもぁ、この町内の浜のおっかちゃんどもぁ行列つくって、「おい、あの高松の米屋の女将《おかみ》ぁキッツイ奴」って。こいつぁねぇ、瀧川（証言10）どもぁ兵隊でないから（町に居って）、知っとるはずなが。ありゃ昔の高等小学校でるなり（東水橋の）郵便局へ出とった。そのころ大将ぁ一七、八だちゃ。瀧川（の家）はあっち。二、三軒で高松の米屋（証言10の図を参照）。昔の言葉じゃけね、ほっで人たくさん使うとったもんやから、荒っぽい。「ええ、わいらっちゃ食べられんにゃ、ごとむけ（死んでしまえ）」言うたってッ。そいがで皆んな、なお怒ったがや。

質問者　高松さんの旦那さんはおとなしい人だったというんでしょう？

―割合おとなしいけど、妻君がキッツかったがい。高松のおっかはんな荒くれのやつでなも。浜の漁師のおかみさんどもを貶《けな》いたもんじゃけね、そいが（騒ぎ）になったら戸締めてしもとるが。騒動の女どもぁなお腹立てて石ども―。そいではや、警察で連隊へ要請したれど、連隊ぁ来んさきに治まったがや。

質問者　高松へは一晩ですか?、何日も行っておったもんですかね―。

―幾日《いつか》も来たらしい。初めはおとなしく話し合えど、どっだけ言うてもきかなんだけねぇ。高松に雇われとる奴ぁ大八車で（運ぶから）、「そいつ何で浜へ持っていく。おらっちゃに売れ」言うが―。取ってちゃいかなんだれど―。そういう騒ぎぐらいゃ方々であったがだろう。高松以外に水橋で、米屋は何軒もあったれど移出でない。それやっとるがその頃、高松しか。そういう時に、高ぅ売れるからて地元のもんに売らんで、たび（他所）へ持ってって売るくらいだから、一時は成金になっても、そういう財産は長続きしません。みんな（後で）破産してぇー。それに米屋という奴はどうかというと、相場通がやる。一石今日の相場だったと一三円ながに、「一五円で買うた」て言う。そっで現物ぁ来んがやねけ（差額だけ受渡しする「空相場」つまり博奕）、何百石買って売って、浮き沈み。富山じゃ今の桜木町のあこに、蓮沼て富山県一いう米商あった。　（一九八五年七月二七日聞き取り）

わしが連隊から休暇でここ（東水橋）帰って来とって見たがでも、高松の前は（人だかりが）そりゃ見事なものだった。六九連隊がそういうこと（「米騒動」鎮圧に出動命令が出ていたこと、証言29参照）になる前から始っとった。高松へは一週間ぐらいぶつづけ、少ない日もあろう多い日もあろうが、一日に一度も二度ずつも行ったらしい。親どもから聞いたれど、毎日この前や女どもは暴れていくがで、どもならなんだ。

その高松のおっかはんナ、こいつも元々、そんなしんしょいい（財産のある）うちから（嫁に）行ったがでない、貧ぼ人の娘だから。高松（主人）だって元は小僧だったがで―。おゝ、三郷から来て米屋に働いてとった。米の上がるときに、独立したがで儲けたが―。家内は浜の方から（嫁に）来とった、それで（浜のもんと）知ったもんの仲で（仲なのに）、米屋で巧くやっとるから、なおさら浜のもんナやかましく言うた。

高松は肥料はやらん、米ばっかり。しかし精白するから粉糠《こぬか》でるでしょ。高松は精白で出た粉糠も売っとった。そのころ干瓢《かんぴょう》の本場むらい（なんか）行くと、肥料は粉糠でないと駄目いうた。干瓢の産地いうと栃木県の宇都宮の近く、一番盛んなところはいま栃木市になってますがね、"みぶ"いう所。そいう干瓢の産地の方にはまた、粉糠の商《あきない》しとるもんナ居って―、そいうもんが買いに来る。「富山県の薬屋さんと同じ所へ、粉糠買いにいく」言うとった。そいう者んは、何処が粉糠がようでるか知っとった。それが（高松へ）買いに来とった。（干瓢栽培の）百姓が（直接）買いに歩くがでない。

高松を継いだがもきッツい娘で、いま（富山市の）稲荷町におる。娘いうたってもう八五だ。

婿とって、その婿とおら仲よかった。その頃は米の磨き粉売っとった。米屋しとった時も使うとったが、（大戦後の暴落で）潰れてからそれ売るが自身商売にしとった。長野の善光寺と山続きの白い山の粉で、浴場どもでも磨くがに使うとったもんだ。米屋破産したがで、町におっても人はよう言わんから、そいが売るがに遠くへ行っとった。破産してこちらの方おられず、（富山市の）奥田の方に移ってった。

質問者　その高松の娘さんが、（米騒動のとき）人が騒いで来たのは一晩だけで、そんとき自分は傍にいたと書いてますが――。

―なーん、幾日でも来とったわ。

質問者　その高松の娘さんは私のところにも電話かけて来て、瀧川さんが言っているのはデタラメだ、母はそんなこと言わんと。

―親のほう悪いて言うもん何処におる。瀧川は高松の米屋から何軒かしか離れとらん。

（一九八七年一月三一日聞き取り）

他の米屋と倉庫

村井政次郎が高松の米屋が潰れたあと、米屋をしとったが、これも空手形で損した。"仲せ"の親方で町議もしとった。戦後は老人会の会長なんかもしとった。水橋は汽船ぁいつも入っとった、（それに積む米運ぶのに）五百石辺りからこっちへ、わしとこの前むらい（なんか）毎日何十台、馬車通った。そのころ米運んだがは馬車か舟。白岩川はそのころ川舟が寺田の辺りまでいったもんだ。ほかの米屋は、高松のように

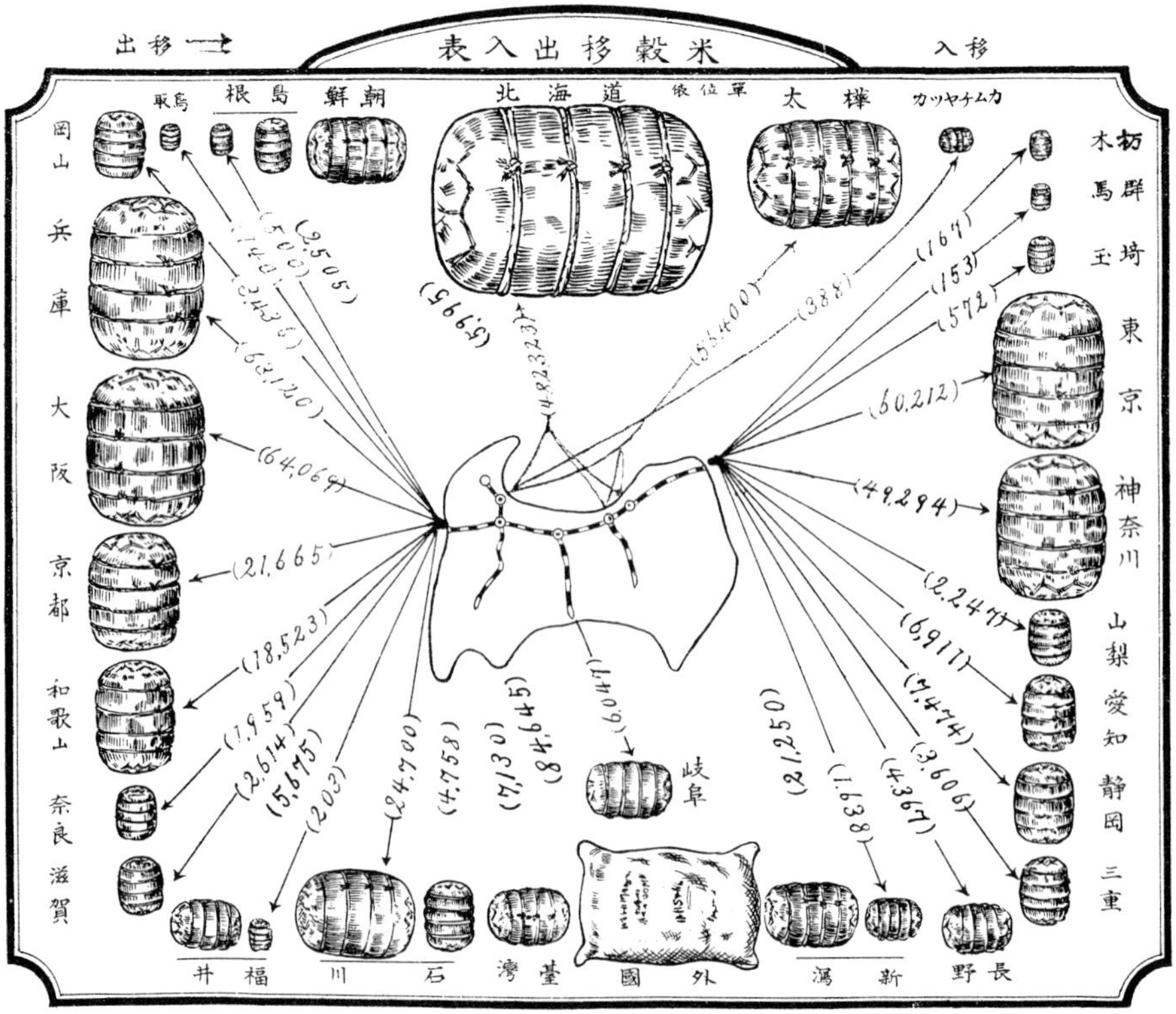

大正七年米穀検査成績報告（富山県穀物検査所発行・大正８年）

移出するほど米持たんから騒がれんかった。しかしその頃は地主が倉に米持っとったから、女どもはそいうとこも廻った。西水橋では、石金長四郎・藤木益三なんかへ陳情に廻って、浜田康太郎へも行った。あこは肥料を扱うとった、今は売薬で大正町の富山街道沿いにおる。

（一九八七年一月三一日）

質問者　水橋の駅のそばの倉庫ありましょう、あれは角川の倉庫だったいうがは？

—角川は後にできた米屋だ。「米騒動」の頃はあったろうけど小さかった。息子は今の東京の角川文庫だねけ。源義ちゅうのは東京の大学行っとって、そのころ東京で岩波文庫が盛んになってぇ、あそこの宣伝ビラのアルバイトやっとった。そって本の会社儲かるもんだ、いうが解ってやったがです。源義いうがは死んだ。今のは二代目だねけ。源義はなん米屋せんが、ありゃ次男坊じゃ。源義の親父は源三郎。親父ぁ年とって米屋できず、それでやめて、あの倉庫から地面から売った。なかなか米屋いう商売は、人夫でも体の丈夫な奴使わんにゃならず、それ以上に、人夫よか自分ナきっつい者でなけんにゃできん商売です。角川の土地・倉庫はわしが買うて持っとった。ところが悪い奴ぁ横に（土地）持っとって、わしとこの地面も勝手に使うたけね、「売ったる」いうて売ったが終戦後だ。

質問者　水橋の駅の前の中田いう米屋は倉は持たなかったものですか。

—持っとった、あの倉使うとるがフジ七海産、石黒七兵衛。だれど壊いてやり直いたろう。

その横で中田が精米所を「米騒動」前からやっとった。精米所は中田と高松、「米騒動」のあん時、角川はなかったから。中田も今は海産

水車による精米用搗臼

物の肥料などに替わって、大きくやっとる。その他に、あこに家は五、六軒しかなかったがじゃ。今じゃ宅地造成して家は建っとれど。

（一九八五年七月二七日聞き取り）

売薬業

わしとこは売薬は青森の果てまでいっとった。自分だけで行っとったんでない。外回りに二〇人使うとった、昭和一二年まで。若い衆を使うてやるがと、製造。この家で薬の製造もやってました。男三人と女工一〇～一五人で作らせてた、一〇年ほど前まで。

質問者　だからこう大きいんだ——

——ええ、工場として建てたもんです上階《うえ》・下階《した》とも。売薬はかたい（手堅い商売）。昔は富山県から一万二千人（行商に）出とった、今は五千人ほどしか出んが——。戦争中はみんな企業合同せい言われて。わしとこは第一薬品工業と合同して。ほして空いとるもんだから軍事工業やれってぇ——。

（以上、一九八七年一月三一日）

証言18　水上ヒサさん「滑川水橋の騒動と水上トキ」

（一九八三年三月三一日、八七年二月六日・四月四日テープ）

富山市水橋畠守町二の三
明治三四（一九〇一）年生

浜の生活

わしかいね、里は銭谷（註1）いう。東水橋の諏訪神社（註2）あろう、宮の入り口に相山いう家あって、並びに三軒ほどある。あこ、わしの里家。相山甚吉ちゃ町会議員しとったが。だから喋んが上手だ、もとは売薬。八八だれど元気だ。昔々の分家やら云うがで、わしのさとと兄弟みたいにしとった。わしの父親、若い時ぁ角川（註3）の天神丸乗っとって、松前いって鰊や昆布・鰈獲っとった。持ってかえった棒鱈や塩鰈が二階にゴロゴロしとった。

角川は今の室谷の所に、でっかい「赤がね御殿」いうが構えとった。息子ぁこんじょよし（お人よし）で親が「息子の使う金なら惜しない」言うとったもんで潰れしもた。早川（註4）

1．現・富山市水橋東浜町四四三。
2．同上四四〇。
3．現・水橋西浜町二三七、二三五にあった回漕問屋、証言1の第二図、証言5を参照。
4．東水橋町の米相場師。証言1参照。
5．網を巻いて船を揚げ降ろしすること。
6．水橋西出町八五六。証言41参照。
7．同上八四九。拙著『北前の記憶』一七六頁参照。
8．水橋西浜町二三五。
9．大河口の港である伏木や岩瀬には汽船・帆船が入れただけでなく問屋もあって、荷が売り易かった。
10．戦前富山市に属していなかった時代、東水橋町の中に西浜町と東浜町があったことに注意。証言1参照。

も肥やしもん（魚肥）から銀行の頭取までやっとったがァ、やっぱり北海道の鰊運んどったがだろ。西水橋の、大正町の浜田じへいも船まいとった（註5）（船持ちだった）。でっかい錨やロップがあって、町会議員もしとられた。能登通いもでかいと（沢山）居って、島田の米屋（註6）の隣の角川徳治（註7）もそうだれど、いま室谷の隣で石油・ガス売っとる相沢米四郎（註8）のうちもやっとった。水橋の船持ちぁ岩瀬や伏木で荷揚げて（註9）、（冬のあいだ）船そこに置くもんもおったれど、東水橋と滑川の間の砂浜に揚げとるもんもあった。そいが大正の末、昭和の初めで二、三隻もあったろか。

戦前は西水橋ぁ漁港も舟着き場もなかった。東水橋は太刀魚だけでも四〇隻の船ゃおったれど。西のもんナ、なかせ（仲仕）するがにも東水橋来とった。わし父親舟持って、四、五人乗せて鱈場出るよんなった。冬でも天気よけりゃ寒鱈いうがある、朝起きたと空ばっかり眺めとった——。東浜ぁ（註10）漁師しとるもん何軒もなかった、舟持たんにゃならんもん（舟を買う元手がいるの意）。東浜はまっで（みんな）

11．岩田重太郎家の通称、現・水橋東浜町四六五。証言1・6参照。

12．戦前は、現・水橋西出町八三七にあった。

13．当時、水橋西出町四二七に在住。証言4・5参照。

14．金毘羅社は西天神町の下条川沿い。証言1の第二図参照。

15．現・水橋中大町四一。証言12・19・28を参照。

（上は水橋港＝『富山日報』より）

諏訪神社（『東水橋町郷土小史』昭和3年刊より）

あきんどだった。魚売りに出かけんもん無かった。地蔵町との境の助けぶさ（註11）、爺はんの時ぁかたね棒（天びん棒）に草鞋はいてェ。「あれェ、ちびた（冷た）ないけッ」て訊いたもんじゃった。問屋いうとった魚市（註12）あって、高井文助（註13）いうが帳面つけとった。わしより四つ下の元気なもんじゃった。

　まっつり（祭り）け。春は表の宮から山（山車）ぁ出て裏の宮はいる、秋は逆。表の宮ちゃ水橋神社、裏ちゃ諏訪神社のこと。だれど船乗りぁみんな金毘羅（註14）はんじゃった、諏訪神社にはお金あげんと——。頼んどいたら命拾いしたやら云うて——。

　わし小学校、四年生ぐらい八歳から一一歳までしか行っとらん。それから池田太吉っあんの家でやっとる工場（註15）いっとった。さなだ紐を白糸で作って、それで中折れ帽つくっる。表のハンカチ工場の後ろの方にあった。太吉っあんナ今は八八か九〇になっとれど、あん時ぁまだ学生やった。松井の反もん屋から貰われて来たさん（人）でー。

　わし一六から滑川へ奉公にいった。

滑川の米屋に奉公

滑川に金川て米屋（註1）あったねけ、いま

1．滑川の米騒動で騒ぎの中心になった移出米商。第二図の中野眼科医の所に店があり、向かえの二〇四番地（現・松島産業）、二番地（現・釣り具店）の建物が金川の倉庫であった。

2．晒屋川。両岸が商店街に囲まれた広場のような特異な空間を構成しているので、この区域を晒屋と俗称。行政的には下小泉町と寺家町にまたがる。

3．第二図でカメラ屋（カラー現像所）になっている所（寺家町一二）。但し家屋の建ち方が米屋だった当時は、左手前えの川沿いの部分までは建っておらず、道だったのではないかと思われる。

4．現在の富山地方電鉄の前身。第二図を斜めに走る。

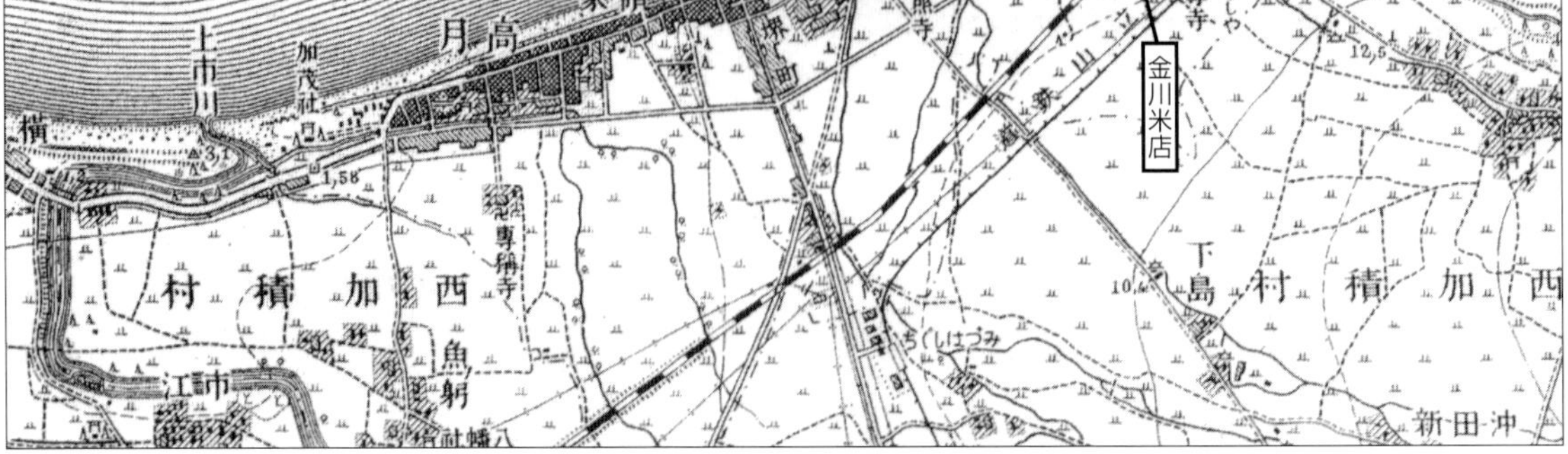

第一図　2.5万分1「滑川」昭和2年発行（原寸の122%）

中野いう目医者なっとるとこ、晒屋に。その前に川（註２）あんねけ（現在ば蓋をして車おき場になっている）、それ狭んだ斜め向かえに北山いう米屋（註３）あった（以上は第二図参照）。北山の死なれた婆ちゃんちゃ水橋から（嫁に）行かれたさんで（人で）わしとこ一寸親戚やった。そこにわし、一六、一七、一八と奉公しとったの。晒屋の川ぁ、鉄橋の方から来て北山の家の瀬戸流れとった。きれいな透き通った水で、旦那はんな頭のたか（枕もと）において飲んどられた。ダブダブに太った旦那はんだった、おつかちゃん（お上さん）は痩せとられたれど。川ぁ春んなると（雪解けで）水ぁ溢れた。よぅ水ぁついたれど、あって晒屋に便利な所だった。軽便（鉄道）（註４）や近かったし。

北山の奉公ちゃ十何人のご飯せんにゃならんがだぜェ。家族の外におっさん（番頭）と若いもん三人、かちま・こうま・さいま。それに出《しゅっ》袋《たい》しに来られるおとと達もおられるしねェ、べいや（女中）はおら一人で。あんた、歳十幾つで一日に米七升から炊かんにゃならんがだぜ——。出袋いうたとね、米四斗俵作るがなら一斗で四杯入れてから、減りかん見て一升ほど加える。暖かい搗きたての米入れるがで冷めると減るから。その上に二重の袋で巻いて検査受けるが。二重に筵袋で巻くがは、北海道まで行くが途中こぼれんよぅに。昔は検査所にちゃんと検査員おったもんだねけ。幾つかに一つ開けてみろ言われっから、検査員の前で開けて量って見せんにゃならん。そんとき足らなんだと、皆そうだと思われて全部に足し米せんにゃならん。通ったと三等なら三等、二等なら二等のハンコ

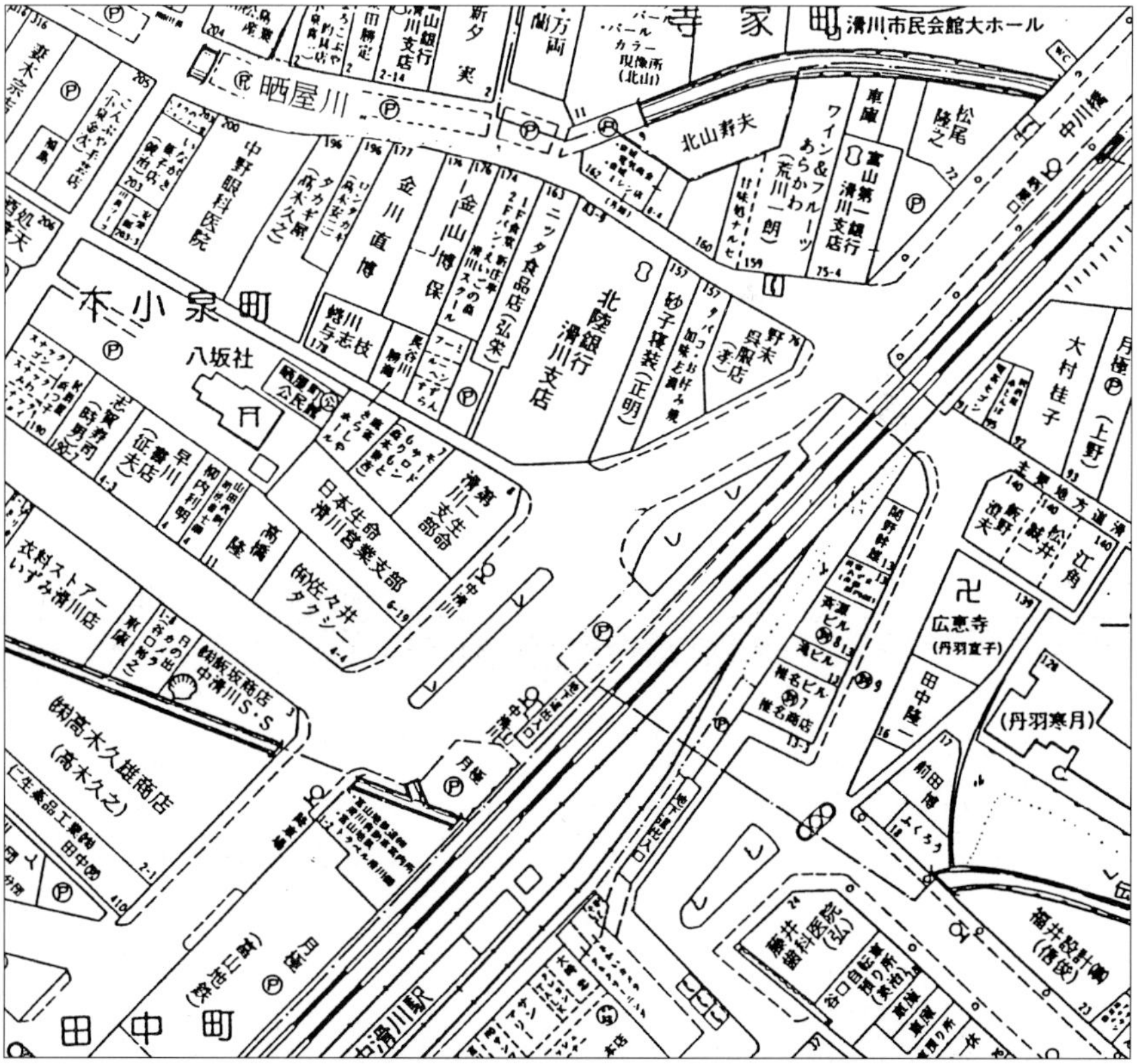

第二図　聞き書き当時の滑川市下小泉町晒屋川付近

5. 当時（旧制）中学に通うには、魚津か富山市に出なければならなかった。

6. 現在のＪＲ滑川駅

押すがやねけ、大抵ふつう三等だねェ。ほして三等なら紫、二等なら赤い縄かけるがでちゃんと判る。そっで値段も違ごてくるがだれど、おらあきんど（商人）でないさかいに解らんちゃ。

朝は四時から起っきんならんが、中学校（註5）いくあんちゃんらち（むすこさん達）おっとったがで。中学校ちゃ今でこそ自転車でいけどあんた、あの時分な皆んな歩ゆんで駅（註6）まで行ったねけ、カバン提げてェ。ほったとあんた、主人ども皆んな寝とれどわし奉公人ださかい、四時から起きてご飯炊いて、あんちゃんらちの弁当つくって、ほして朝ご飯食べさして出いてやらんにゃならんまい。それからあんた、もう一度うちのさん（人）たちのご飯作りだろォ。こういう長いごぜん（ちゃぶ台）に、一〇人も何人もずらぁッと並んで座っとられる――。午前中ナまた、在ご（農村部）からでかいと玄米もってくんが。ほして来とる男から女から昼頃なったとね、「おおわ（年下の娘や次女を呼ぶ言葉）や、おつゆ作ってくれよッ」言うが。弁と（う）に白ご飯だけ持って来とるがで、おつゆ作って進んぜんにゃならんが。

朝の四時ちゃ背戸の外まだ真っ暗でねェ、その時分ナながしはランプとぼい（灯し）とるがだろぅ。裏ぁ竹薮で、ほって川の水ぁじゃわじゃわいうとんがだろぅ。ランプとぼいて米といどったと、なも、なんやらもゥ、背戸からだっやら（誰か）入って来るような気ぃしたちゃー。ご飯炊けばまま（飯）こわや（かたい）、やこや（軟らかい）て叱られる、おつけぁ（味噌汁が）しょむないとか塩からいとか。このお多福、何んこさえんがかて叱られてェ――奉公しとった時はつらかったいね、うい目におうてェ。後で紡績工場行くよんなったら体らくでらくでェ――。

米騒動の前後

滑川の米の仲買もでかいと居った。晒屋から中滑川の駅いくとこに大きい青もんや（八百屋）（註1）あろがいね。荒川いう（第二図）。あこは昔、北山の隣で仲買しとった。電話待っとってね。おらっちゃよう相場（米の時価）ききに行かされた。じいはんもおっかはんも派手な人やった、そのとっしょり（年寄り）亡くなられたれど。仲買だいうたとね、米ぁ買うもん居るがやちゃね。ほってかわふと（樺太）のどこそこ行くがに百石欲しいとか、二百石積めとか言う。ほったと仲買ゃいまの相場なら百石こっだけとか、どっだけとか値つける。ほして北山なら北山、金川なら金川行って、こっだけこっだけ売らんか言うて中へ入んがやちゃ。金川ぁそ

1．第二図で「ワイン・フルーツあらかわ」となっている一五九番地

2．期日を決めた先物取引。現物を直ちに受け渡しする正米（現米）と対比して期米ともいう。現物の授受を欲しない者はそれ以前に転売・買い戻しで清算でき、米価を投機の対象としてだけ利用することになるので、価格不安定を増幅するものとして、米価高騰時にはしばしば批判の対象となって取引所閉鎖要求を惹起し、また米騒動の原因の一つと云われた。

3．移出米商に資金を貸す銀行が、移出して金を返すまでは担保でもある米を預かり倉敷料もとる、米移出港湾地帯に多い銀行の営業策の一つ。証言41参照。

4．前節の註2で述べた如く、晒屋地区は川を軸にした長い広場のようで、それが米騒動時に金川商店の前に人が集まり易かった（最高時には二千人と云われる）が、その南端の北山商店の前は狭かった。

っだけの値ならこっだけ間ある(儲けがとれる)て考えて、なら(そんなら)おらとこ五〇石出すとか、百石だすとか言う。はや(もう)米持っとらんでも、こっだけ値ならこっだけこっだけ儲けあっさかい思て予約すんがだから、米屋ぁ在ご行って買うて来てなさんにゃならん。在ごから買うてくるが米屋、米屋のまとめたが売るが仲買だろげ北海道へでもどこへでも。北海道との間、電話ででも話すがか、またそっちから買うてくれ言うてくるもんも居ろぅし――。ほってジョーキャ来て積むが。売ろと買おぅとどっだけでも、荒川いきゃ扱こてくれる、定期米も(註2)。か(これは)今の株ちゅもんだ(株式売買と同じものだ)。

相場ちゃ天気で決まんがい。米商売しとっと、てんとはん(太陽)見とって米ゃ高なるか判るよぅになんがやとい。この三日月見てここが上っとったと米ゃ高なるとか、ここが下がったとどうなるとか。そいか判るじいま(爺さん)居って、高かなる思たと山からでっかい草履はいて夜の目も寝ずに出て来っしゃる。ほして「米買え、高なる」言わしゃる。そうなっとねェ、北山のおやっさんナ、「おおわよ、山から婆さま来られたとい、さぁさぁ何んか酒一杯飲ませてェ」言われる。

「米ゃ高なる」て、こいが決まったとあんた、夜の目も寝んと上市の日中へ米買いに行かっしゃんが。日中ちゃ上市在の(現・立山町に属す)村の名、わし一っぺん行って来た。(米の)検査員もおったちゃ。ほったとあんたねェ、朝その時分な荷車でねェ、脚絆巻いたもんどもぁ米一〇俵ほどずつ積んだが、次から次ぎ来るがだ

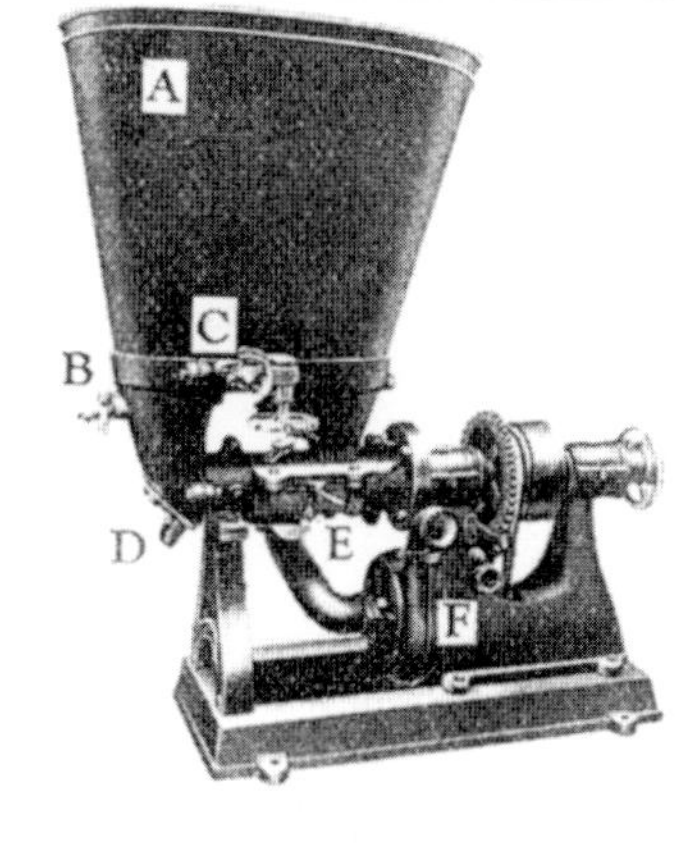

横型對流式精米機

A 米槽　D 排出口
B 凸起抵抗器　E 除糠網
C 加壓抵抗器　F 旋風機

(原　圖)水車搗臼

上は水車による搗臼、上左は初期の電動式精米機
(『精米と精穀』昭和16年刊より)

5. 米騒動時には、市町村が寄付金(天皇恩賜金の配分を含む)により外米を買い、それを米屋に託して廉売することが全国的に行われた。滑川のそれは晒屋での騒ぎが終わった翌々日の十日から実施された。

6. 米価奔騰の大戦景気の後に反動恐慌が来て、それによる米価暴落の中で多くの米商が没落する。証言15の註12を参照。

ろげ。ほって持って来た米、夜昼かって（搗いて）あんた―。あの時分、北山さんとこちゃ水車で米かっとった。後ろの川ぁ水ぁでかいとあって、杵でコットンコットンと。杵ぁ七、八つもあったろか、それで夜昼米かっとったもんだちゃ。ほしてみんな北海道へ出いとった、でかいとねェ、その時分なねェ。そっでも北山の出いとんがは金川の半分にもならんかった。金川は中新川一やった、金川は全部電気で搗っとった。瀬場町の米肥会社も米扱うとる、神家の方にも二、三軒あった。みんな小売りでない、みんな在ごから米買うて来て、銀行の倉（註３）入れといて北海道や東京へ運ぶがだねけ。おらほんとに思たちゃ、こんなでかいとの米、北海道にやらんにゃならんもんかて。

　米騒動起こったが、おらが北山へ奉公した年か次ぎの年か。そんな時はおら、金川が押しかけられっが見とった。滑川の浜のもんども、でかいと金川へ来とったいね。金川のおやっさん（主人）な足引きずっとったが、中風だったがか何だったか。ねえちゃん（長女）に婿とって、「さく」はんだ「まさ」はんだ、若いもん七〇人も使ことった。騒ぎが始まったが若いもん帰ってからだった。わぁわぁいうとったが、しとみ降ろいて電気消して静かにしとるようだった。北山のおやっさんな、「おおわや、おらとこもまた来っやら知れんたい。そこ鍵かけて電気けして、そっとしとけや」言われた。金川とは川はさんどろぅ、こっち岸、いま写真屋やら何やらになっとる前や狭て、人間なら二〇人ほどしか入られん（註４）。ほったら狭かったからか、来なんだ。ええ、北山のほうには来なんだちゃ。あとの廉売（註５）には北山へも来たわいね、五〇人か七〇人も来たろかね。

　わし辞めたあと大正の後半に、北山もでっかい損して（註６）人使われんようになられた――。

水上トキ

　わし一九の年の一月一五日に、滑川の北山の奉公やめて水橋帰ってきた。ほしてその春四月に、大阪の東洋紡績の工場へいった。まる三年働いて女工の中の責任持ちになっとった――ほれこの写真、銘仙の着物きて色日傘さいてシャンとしとろげ。百二〇円積み立てて水橋かえって来たちゃ。ほして二二で西浜へ嫁にいった。水上甚太郎（註１）いうて、わしの父親の船に乗っとったもん、そん時二五やった。きッつい（体力のある）人だったわいね、すも（相撲）取りの。米ねェ、荷車に二〇俵から二一俵付けられた（積んで牽いたの意、普通の男子は一〇俵前後）。また家ゃなかせ（仲仕）でね、親も

1．当時、現・水橋西浜町三二六に住む。
2．当時、現・水橋西浜町二四三に住む。証言１の第二図、証言２・４・33を参照。
3．当時、現・水橋西浜町三二四に住む。
4．註２の「伊よんさ」のおわわ（お婆）ノブと共に、東水橋の米騒動をリードした女仲仕の三人の中心人物に数えられている。証言２・４を参照。
5．仁逸とも書く。小学校五、六年から家業の仲仕を手伝う。そのご売薬業。
6．前節でも書かれていたように、移出米が銀行の倉庫に預けられていた。

子も働いとられた家だったから自分もそうなられて。

ここなち（このうち）のこと、昔から「甚キド」よぶが。甚太郎だから言うがでない、（甚太郎の）父親ぁ安次郎だし、だいか（誰か）先祖に甚吉いうがでも居ったがだろげ、甚キチャいうことだろ。だれど、甚キドのドちゃ何け。おらと同級生の水上伊右衛門（註２）のうちでも、「伊よんさ」て「さ」付けよぅ――だから、おらとこのおとと（お父さん。ここでは家を継いでいる甚一さんを指す）言うがやねけ、「婆ぁわよ、昔のもんでェ、ドちゃ一番わるい（低い）もんョ」て。はっはぁは――。（ドはドンで一番高い呼称との説もある）。

わし嫁に来たとき、姑のトキはんナ四五だった。相川にしごん（註３）から（嫁に）来られたさんで（人で）、この婆はんナなも米騒動のとき張本人だったが（註４）。

（現れた甚一さん（註５）の発言）うちの婆さま（トキさんのこと）ナ高松の米屋も行ったけど、蓆旗たてて役場や銀行（註６）まで行かれたいう。堤灯もって倉庫の鍵開けたらいた（て歩いた）と。米ぁこういうでかいと在んねかい言うて。ほんなら一番の張本人だろがて、おら言うが。堤灯ちゃあの「御用、御用」て高張り堤灯ぃね。倉に電気なかったから中まっ暗

昭和17、8年頃の水上ヒサさん（左端）。並んで横は姑のトキさん、甚一さんは右端前列の少年

で、おらっちゃでも提灯ばっかり持ったらいいた。倉の中の米俵に提灯さいといて、その明かりで米積んだちゃ。倉ぁ戸なんか重てね。

（立ち寄ったトキさんの娘の高木カネさん（註7）が発言）米騒動にねェ母親、私をぼんぼ（おんぶ）して出とられたこと聞いとるが。おじども（トキさんの兄弟）私にこう言われた。「甚キドのおわわ（トキさんのこと）おまさ（お前）を赤いねんねこでくッつけて（背中にしばり付けて）毎日出とんがで、おら言うたちゃ。あんねや（姉さんよ）、騒動ちゃおまさ、そういぅ目立たしいねんねこ着て出るもんかよ。もう一寸目立たん色のがないかよ。そう何度も言うたちゃ」て――。私の母親けェ、別にきっつちゃ（きびしく）なかった。ええ、なかせ（仲仕）しとられたけどねェ。その時分でっかいジョーキ（汽船）たくさん来たねけ、そっで米から肥やしもん（北海道魚肥）から運んで――わたしら子供六人生まれたがに、父親早ぅ亡くなられたねけ。そいがでねェ、いっしょ懸命車ひいて歩かれたが。あの時分、馬車でなしに車（大八車）ばっかりだった。

私ら母親の親うち、相川にしごんの家よう行った。西浜のお大師さん（弘法大師のお堂）（註8）行く手前の川口竹松のまえ通ってたと、みつけ（正面）のうちですちゃ。いま倉庫みたいになって誰もおられん、あこ（あそこ）にしごんの家だった。にしごんのお父っつぁんの夢うつつにお大師さん来られて、それからコレラ流行らんよぅん成ったいうが（註9）、私ら母から聞きました。ばあちゃん（母親トキさんのこと）八〇幾つでなくなられた。転んでねェ、ほして腰やられてェ、一週間ほど寝られただけで亡くなられた――

（再び発言者がヒサさんにもどる）六〇ぐらいまで働いとられた、そのころは主に炭（俵）担いどられたれど（註10）。六〇歳で隠居しられたから赤い帽子かぶっとられて、八〇過ぎまで居られた――。

（「移出米商と浜の生活」『富山史壇』115号一九九四年一一月より』）

7．水上トキさんの末娘、一九一五（大正四）年生。水橋川原町四〇在住。

8．白岩川口の東岸にたつ。水橋西浜町三七四。

9．明治・大正期には全国的にコレラ禍が多く、富山県では米騒動の前年、前前年（大正五、六年）にも流行し、同九年の流行を以て終わっている。魚漁・魚商を以て生計を立てる者も多い海岸部では、その流行によって魚が売れなく成るので米価騰貴と共に恐れられ、その恐怖の記憶は時として米騒動のそれと混在する。

10．米俵より軽いので年配の仲仕に適した。

証言19　高柳アイ「誘われて高持ち歴訪」

（一九八九年九月テープ）

明治三一（一八九八）年生
富山市水橋館町三六三

おら明治三一年一二月三日生れ。なかなか覚えとらんもんだそうナ。しっかりとられる？――なん、しっかりもしとらんけどねェ。私ゃ浜田アイですちゃ、水橋の明治町の生れ、家ゃ仲づかい（註1）しとった。

日露戦争？　ありゃ明治三〇――どっだけほどだったかねッ。三七、八年？　そんなもんだろうわい。学校へもう行っとりましたわいね、尋常科へ。学校あったってあんた、貧乏すりゃ上らん（通学しない）しね、しんしょ良けりゃ（財産があれば）上るがであって、貧乏人どもの仲間入りしとるがだもん、おァっちゃどもは学校半分ぢゃぢゃだったちゃ。休んだとねゝ（赤ん坊）担いて遊んだらくが、そい事ァむかし多かったもんですちゃ。おら家の姉（長女）に生れとったからね、何んでも「あんね、あんね」で。

学校出てから池田太吉ッあん（註2）の工場行って働いとった。えゝ、あこ（現・水橋中大町四一）に太吉ッあんのハンカチ工場建っとりました。あこは親戚であるもんだから、なおさらあこ行って――。おらの親厳して遠い所ちゃやらん、ほかの人はん、皆ンーな紡績でも何処でも行かれた。ほしておらに「アイちゃんよ、あんた一人ィね、こぅいう水橋に居んもんナ。皆ンーな働きに出て親どもぁ（手紙の）返事くれとんがにッ。あんたの親、厳しい親、後家さか」て。なん、後家さでもなんでもなけれど、姉に生れとったからやっぱり姉がとんだらいたら（とんで歩いたら）妹またいならんちゅこと―、ほって出いてくれっしゃらなんだ。

太吉ッぁんの工場ちゃ、ハンカチ屋だったから、ハンカチの台出とってそれに刺しゅうやるが。一台の機械に四ったり（四人）ほどつながって（とり付いて）、下から引っ張って上から手やって。ほしてこうして一日のシグラス――どいだけ給金もろとったか。朝八時に行って五時にしもて来る、弁当持ってゝ働いて、それで僅か僅かッ。端した金いうたら僅かッ！　働きに出るもん、わしら貧乏人だから――。

大分勤めとったろわいね――嫁に出るまで。二〇ぐらいで嫁に行った、浜へ、西浜町。西浜ちゃ弘法はん（註3）の在っとこ、弘法はんが建っとんが、二七日なったと弘法はんのまっつり（祭）だわいね。弘法はんのぢィき近所やった。つれ合いゃ樺太行きだわいね、こゝから汽船乗って樺太まで行くが。ほしてどっだけ？　そいが、一月でも三月でも働いてらっしゃるが、その銭でまゝ食べとったが。近所のおっかはん

1．仲づかい（遣い）。依頼されて他へ届け物や買い物に、リヤカーや荷車を索いて出かけた駄賃稼ぎ。戦後営業用小型三輪やマイカーの普及と共に消滅。

2．証言12・28・32参照。

3．現・水橋西浜町三七四の西側のお堂。証言1の第二図参照。

らち（達）寄ってェ、「あんたとこのおやっさん働きに行かれたかいね、あんたとこも行かれたかいね」ぐらいもんで、男ども皆な行かれる。

私、誰も舅おらんとこ行った、ほしてしばらく子供できなんだが。ほしたら遊び宿みたいになって人ァでかいと遊びに来て、「アイちゃん居るがか」て呼ぼる。さぶしておられんもんだから（淋しくて堪らないので）、おらもおやっさんに連れられて樺太行ったが、大泊の方だった。夫婦連れで働いて――なん、働いとらんが、おらまゝ炊いとるだけで遊びに行ったちゅうが、樺太へ。

えゝ西浜の女、仲仕どもに出とったわいね、土方やねけ。女どもァ皆ンなァ、さ、米担いだらく（担いで歩く）もんもあったし。米騒動？覚えとるよッ、やかましかッた（大騒ぎだった）わいね。やァかましかったよォ、おらっちゃとんだらいた（跳んで歩いた）、騒ぎが起きとんがだから、えゝ。何せねェ米の値上って、若かったもんだから隣のおっかちゃんらちゃ引っぱり出しに来られた、皆ンな近所のッさん（近所の人）呼びに来られた。アイちゃん居るがかい、ハイハイて。仲仕ども出とったいね、高松いう米屋行くが、新大町にありました。それ覚えとるが。米騒動の時はかわ七屋（註4）へ皆ンな暴れ込んで行ったぜ。かわ七屋ちゃ水橋で一、二て言われとる有名な家、食べられなんだとそこへ、皆ンなそこへ暴れに行くが。暴れに―？ちゃおかしけれど、応援してそこへ行くが。米ちゃくたはれん、なんせ米騒動の時ゃかわ七屋や小松さん（註5）とか、おゝ島屋（註6）押しかけんが。おゝ島屋ちゃ一、二だ、こりゃ宮家みたいな有名なもん。水橋のでっかいお宮さん（水橋神社、第一図参照）の向えはおゝ島屋、かわ七はまた遠いが、あの裏に当る。天神町？大町だろげ。おゝ島屋やかわ七屋知らんもんちゃ居らん、そん時はだらやちゃ（そんなもんは馬鹿だ）。

でかいとアンタ、山になって皆ンなつんだったらくが（連れになって行く。）今こゝなち（こゝの家）暴れに行く、ほして暴れ込んだらこの次の立派な家に暴れに行くが。でっかい家に皆な暴れに行くがやねけ――ほしたと皆ンナおとろしなって（怖くなって）戸しめとらっしゃれど、引き破って行くが。行くがにつんだって行かんと（ついて行かないと）、おら憎まれんにゃならんまた。そいがでおらっちゃどもでも年ゃいかんがに、さ。「あんたナン喋らんでもいゝが、つんだってだけ行かれ」、言われて連れられてったが覚えとんが――。

おとっあん（夫）は三〇で亡くなられた、そん時まで樺太行っとって帰って来て直に――。

4．現・水橋西天神町一九の石黒七次家、当時東水橋の町長であった。証言5の図及び証言1の第二図参照。

5．現・水橋西浜町二二六の小松武右ェ門家。証言1の第二図参照。

6．現・水橋大町一五の尾島家。証言28の地図参照。

息子ちょうど七つやったが。それから薬の仕事しとったが、売薬の薬包み。遊んでちゃおらんちゃ、何せ若い時うい事（つらい事）に遭うて来たがだちゃ、息子は戦死した。船に乗って沈んだ、南支那海。ほして戦争中に食べたり食べんだりッ――。

なんにゃおらのこたァ、昔から歌好きでねェ。さ、学校の歌でない、小原節だろうと、安来節だろうと、民謡ですちゃー。民謡だいうたと呼ぼりに来て、おら動かんだと引っぱってって、友達どもァね。富山にも何べんやら引っぱってかれて、行って来た覚えあります。

（「三人の回想」『富山史壇』114号一九九四年七月より）

証言20　水野勇一さん「街道上で女たちが米車阻止」（一九八五年聞取りノート）

明治四一年六月四日生

富山市星井町一丁目四

売薬の手だいで、小学校の時から休日など仕事に歩いとりました。平常の日でも放課後の午後など行っとりましたね。六月になるともう飛騨の山奥に入ってってったもんです。水橋へも買薬の配置に通っとりました。東水橋の郵便局のあった三つ角を大町に入って、尾島さんの前を通って下条川の橋のたもとに来ました。そこの一村さんの家の前、消防署の前だったれど、「そよむさ」と呼んどった角川の荷車（註1）が米を積んで七～八台か、一〇台ぐらい通っとりました。そうすっと女どもが、屋根に上がって金だらい叩いて叫び出しました。「さァーさッ！、早ぅ出ぇまッ！」て呼ぼんにかかったがです。女仲仕らしいものを中心に、三〇人くらい集まって来ました。荷車の後から前へ、積んである俵の上にかけてある縦縄を切って俵を地に降ろいた。荷車を引いとった手代を胸ぐらをとって、川の中へ落したみたいやった。

やがて男達も加わって、荷車の者を西浜町の方へ連れて行きました（註2）。私がまだ子供やったせいか（満一〇歳）、見とって怖かった。警官は居りませんでしたねぇ。ガンガン（金だらい）叩いて人を集めとったから、警官だって気付いたんでないかと思えど―。警官だって近づけんくらい、すさまじいもんでした。相山の

1．当時米を積み出していた回漕店角川与三左衛門（証言1、証言5参照）の、与三左衛門さんの詰まった「与そむさ」を、「そよむさ」と記憶違いしていると思われる。また証言者が角川の米車と判断した理由は不明です。証言1の第二図で見ても判るように、角川へ入る米なら大町の方から来ても天神宮の方に曲りって、琴平橋を渡るはずです。角川が滑川から積出すために出す米車なら、西出町から東出町へ直行するので、消防署の前は通らない。当時よく通った移出米商高松の米車か、新庄や五百石方面など内陸部から来て、滑川へ運ぶ車だったのではないかと思われます。例えば新庄の米だとすれば金岡又左衛門から六、七軒行ってつき当ると善福寺があり、その付近に大きな米商がいて、左へ回ると水橋への街道でした。

2．西浜町には角川与三左衛門の店も仲仕溜まりも、船に積み込むための艀場もあったので、どれへ行くためだったかで、状況が違ってきます。

（家の）前まで付いて行って見ましたが、荷車の男を西浜町の方へ連れてってたようです（註3）。

電気騒動に岩瀬で頑張った宮城彦造さんは、東京に出とられた。家族が戦後富山の梅沢町に移って来ておって、彦造さんが東京で亡くなったときに、故人の遺志だいうて、仏壇と供櫃《ともびつ》戸棚くたはれた（下さった）。水野の先代と付き合っとったようです。うちのが（の仏壇が）戦災で焼けたがで有難かった。中に経文か何か、中国人か韓国人の名の漢文も入っとりましたが——。電気争議の時は富山でもランプにもどりました。富山に電気が初めて来たがは中町（今の中央通り）の中央館という映画館です。時間が来て五燭のランプつくがァ、明るく感じたもんです。しかし値（電気料金）が一方的に決められとったがで、騒ぎなったがです。

水野にはぼろぼろになった家系帳ありまして、書き直したれど、二九代前まで遡れます。最初は鹿児島の大隅藩に七代居って、大和に二代、京に移って紀州に行き、そこで水田事業をした功で、水いう字と野いう字の姓をもらったそうです。その後、四代前の八郎右衛門永言が富山に来て、お納戸役しておった。先祖の墓は、富山藩士として、長岡の廟の殿様の墓の近くにあります。廃藩後は落ちぶれて売薬になりまし

広貫堂の薬剤の包装仕事（大正末～昭和初期）

た。富山市の荒町に密田銀行があって、四七銀行は今の竹林堂（酒饅頭で有名）の所にありました。密田勘四郎さんの家は（密田）林蔵さんの家（中央通り北側）の西の方にあった。勘四郎さんとこの（売薬の）帳面を買って（それに記帳のある得意を）回ると、相手ぁ手ついて頭さげて、「旦那はん、どうしとられます」て（勘四郎さんのこと）聞かれたものです。

私ぁ一七歳から売薬で二八県と、朝鮮・満州・台湾まで歩き回りました。富山だ言うと「米騒動」、電気騒動のことで褒められました。農村で（農民が）ほめてくれる。自分らのつくった米を地主が高くつり上げて売っとるがだから―。一三歳、小学校六年生の時から、夏休はもちろん冬休みも売薬に出とりました。一三歳からやり出したとき最初、広貫堂（富山市の製薬会社）の取締役しとった駒宮熊次郎はんの所に四、五年おりました。広貫堂は富山で一番大きい薬会社です。社長は関野セイジ、最初の社長は村沢キンコ云います。私はその時代から関係しとるもんだから、今の社長に頼まれて（昔の事）二度書きました。もう一度書いて出すつもりです。駒宮はんとこで製造・販売を見習して、薬種商免許もらいました。柳町に講習所ができ、間もなく広貫堂の横に薬学校できました。一五歳ぐらいで、駒宮はんが「勉強したいがなら一生懸命勉強せい」言われたがで、行いました。駒宮はんとこは、ほかに苦学生ども、やっぱり薬専出たのもおりましたし―。

それ済んでから一人立ちして、岐阜県へ通いました。飛騨を三、四年廻りましたね。高山市には当時八つぐらい売薬が入っとりました。まだ汽車なかったがで、草鞋じばきで歩いて行きます。新川（郡）の河の上流の方、長野県との境の辺も庄屋で泊めてもらって回りました。川上總兵衛の名で飛騨山中に行くと村中の人は皆迎えてくれます。川上ちゃ懸場帳（売薬がその地域で薬を置く得意先のリスト）を拓いた（創った）人です。飛騨山中に拓いた元祖で、宿屋なんか無い処ながで庄屋に泊まると、書はみな山に働きに行きます。薬置かしてもらってある家では、今のようなカプセル入りでなくて、真黒になった印籠箱に薬の入ったが持ち出して来ます。飛騨山中では椎茸（の生えた棒）くれるが、背たけより大きい。薬の荷を一杯に背負っているので捨るよりほかなかった。薬を包まずに持って行って、現地でそのままわけて気安く使わせてもうける者も居ったが、これは薬事法違反です。

ずっと後には兵庫県に通って、穴租郡佐用村の筏一八の家伝薬救活ピリンの製法を譲り受けました。その八宝薬も一緒に売り歩きましたが、

3．今の西出町八二二の相山政則の所か、一村食品の前の相甚海産か不明です。

五〇歳でやめて、以後ずっと社会福祉事業に専念しとります。秋田県にもながく行った。「おーい、皆いたか」て言うて（入って）くと、「ありゃ、よう来てくれた。おらたち皆マメでいた。早くこっちさ入れ」云うて喜んで迎えてくれる。日本一気のいい所だったれど、毎日酒ばっかり飲んで―。よく横手市から三県の境にある雄勝郡皆瀬村の湯治場へ行きました。ライ病患者から結核患者まで、一緒に療養しとった。熱い湯気の吹き出す所に莚《むしろ》あてゝ、その上に寝たりしとった。北条氏康の子孫のゲンゴという人の所によく寄ったれど、平鹿郡増田町の米屋の近文次郎ところでは、舎弟（兄弟分）の契り結ばれて町中の評判になっとった。

　愛知県、広島県は何十年となく歩いて、二五県以上も懸場帳買ったれど、三、四年たつて、県議をしとった廣瀬とか、竹田・横部なんかに帳面を譲りました。一番永く持っとたがは広島県です。商売して得た金でまた懸場帳買ったもんです。親の残したものも多少ありましたが。愛知県が広島県より先だが、今だに行くと年寄りは皆泣いてしまうんです、懐かしい言うてねぇ。丁度わが息子か何か来たように思うがでしょー。広島県は福山、松長なんか二市八郡に行きました。帳面を譲るときは、佐伯郡の二〇日市町だけは残したれど、最後にはこれも譲った…。

富山の売薬商人の服装（昭和初期）

　北海道は駒宮さんの得意筋に入らんように、飛び飛びに歩きます。札幌は人口多うてやり易いがでよう行った。北海道は葦《よし》が背丈より高うて、熊出んかと心配して歩く。鰊で鰊でー、運ぶ途中に落ちるが拾うだけでも賄いしきれん。野菜の方が高つく。不漁だと（売薬が集金に行っても）五年でも七年でも一銭もくれんが、漁あると何年分一度に拂ってくれた上に、現金で買ってくれる。富山県人の多い倶知安《くっちゃん》から網走あたりまで行きました。

　昭和一〇年代、二七から三〇歳の時、朝鮮に一年いて満州に入った。子供おどかすがに今だに「加藤清正が来る！」言う。鞍山の近くで左に行けば関東州、右に行けば奉天、その奥に新京。宿の客同士バクチを打っとる、姑娘《クーニャン》に背中の汗をふかせながらー。ゆっくりして行け（中国語）言うが…。戸前には顔見る穴があって、大丈夫だと見ると入れてくれる。女は纏足で指ないみたいに丸まっとるが、駝鳥みたい足つきで早く走る。関東州はまだ、泥棒に入られると警官が来てくれたが、それより奥では襲われっぱなし。奉天などでは赤帽も荷を持たせると中を見るし、持たせないと税関に密告する。警司、税関、軍人…。新京あたりだと人の一人や二人殺されても誰も驚かん。入国がわかっても出国はわからず、世界各国の人間がいる。定価より三～五割引きで満人に託すると、彼等が中とっても儲かりました。現金売りしか出来ないので二年目は行きませんでした。

解説

証言14～20の殆どで、女（陸）仲せを中心にした女軍の活躍ぶりが語られています。彼女らの街道での米車阻止が、証言5でのそれと比べ証言20で語られる行動の激しさが大きく違うのは、同種でも違った事件だったためか、証言20の目撃者がまだ10歳だったための記憶の歪によるものか、は判断できません。

証言15～17には、群衆は瀧川さんの言うように何日間も移出米商高松へ押し掛けていたのであって、キミさんの言うような八月三日の晩一回ではない点で一致しています。また日頃町民からその親娘に語られていた人間的評価でも証言15～17、25は一致しています。

第四章　西水橋でも始まる

証言21　市田一郎さん「日枝神社でのもみ合い」

（水橋郷土史料館長当時一九八三年四月二五日テープ）　明治四〇年生

大正七年の「米騒動」は、大正一五年とか昭和の初め頃にはあんまりワアワア言うとらんかったもんだねェ。ワアワア言い出すようになったがは、今から一〇年ほど前からです。当時の人は亡くなってしもとってね。

電話は（商店以外は）ない、新聞とっとる者も少ない時代やから、魚津なんかの遠くの騒動聞いて騒ぎだすことはない。夏は太刀魚とイカ釣りの季節や。水平線に猛烈に明るい灯ついとりましょう。（沖で出合った）近くので漁師同士で聞いた話を、帰ってきてかみさん達にしたら、「こっちでも（やろう）」ってことになった可能性はある。だれど、人々は「米騒動」のことを、ようやって呉れた言うとった—。

私は小学校四年やったが、母親が和裁教えとった。それで娘さんども二〇人ほどうちへ来とって、親どもが言うとることを話し合うとった（註1）。「米成金」にあわせて「成金カゼ」いう言葉も出とった（世界的なスペイン風邪の流行と重ねた言葉）。ほって「浜へよって（集まって）」「海へ行って相談せんまいか」て相談して…。昼、午後に日枝神社に…。（近くに）売薬信用組合いうがあったんです。今は建物はありませんけど、保寿堂のすぐ前に小さいこの部屋ほどのね、平屋の売薬信用組合ちゅうもんがあって、そこの仕事しとった人でね、岡本公夫という人がいた。子供さんが公甫で次男坊、今でもおりますが。私らと同級生でまだおられます。売薬のお父さんはやっぱり実直な方、売薬信用組合の、売薬さんたちの金融の関係の事務をやっとられたんだから、支配人みたいなもんだちゃね。おとなしい良い方だったですね。こっちへぶち当たって（地図を指し）この道のここはお宮（日枝神社）でしょう。ここにぶち当ると、ちょうど真っ正面のここに散髪屋あった（註2）。高橋重三いう体の大きいおとなしい人やった。

何やら人が寄ってワアワア言うとんがで、か（こりゃ）何だろてそこへ（岡本公夫さんが）見に出てきた。この散髪屋の親父とそれにまだ誰やらと、三人ほどが後からついて歩いとった。ところがそこへ警察官が来たちゅがかぁ。警察官が来て解散を命じたわけやー、そっでワアワア言うて揉んでおったわけや、警官とねッ。も

1．市田氏はすぐ近くに住んでいたので、お母さんがお針の仕事をしながら、格子戸の間から様子を見ていたという。当時の市田さんの家（西大町五一七、石金長四郎さんの北隣）は、図で見るように、日枝神社の正面の道の突き当たりにあった。８頁の図２はより詳しい。

2．一九八三年の住宅地図（証言23の図）では、西水橋の日枝神社の南隣、中大町六〇一に第一保寿堂とあり、そこから日枝神社の前を通る道を北へ突き当ったあっ立った山王町六三一の車庫がある所に散髪屋があったそうだが、その北側後の㈱保寿堂が、大村歌子さんに伺ったのでは戦前からので、岡本公夫氏がいた戦前の売薬信用組合は、その前にあったらしい。

3．当時西水橋町長は石金長四郎氏。

んどるうちに―、そういゥことぁ表でちゃ（表立っては）誰も言うておらんし、書いてもおりませんが―、警官の帽子ぁ飛んだ。そったらその帽子ぁ踏み潰されっと思ぅて、拾うた者が、どっか垣のとこへ、ぽんと放り投げといたらしいんです。

　役場へこれから行かんまいかいうがと、行って町長はん（註3）に頼まんまいかいう問題でしょ―。ほしたら警察官は、帽子やないがでなも―、ほしてェ警察官の勘にさわったわけやッ。ほして、そこに居った男ども皆んな、警察へ引っ張られてった（註4）。

　ここぁ昔ぁね、（地図の東西橋の東水橋側たもとを指して）ここに警察（派出所）あった。ここへ引っ張ってかれたッ―。うん、いま売薬の会社あるとこね。そしてその時分な、この川には橋というもんはここだけなが。（地図で河口の「浦の橋」を指して）ここの橋もなけりゃ、

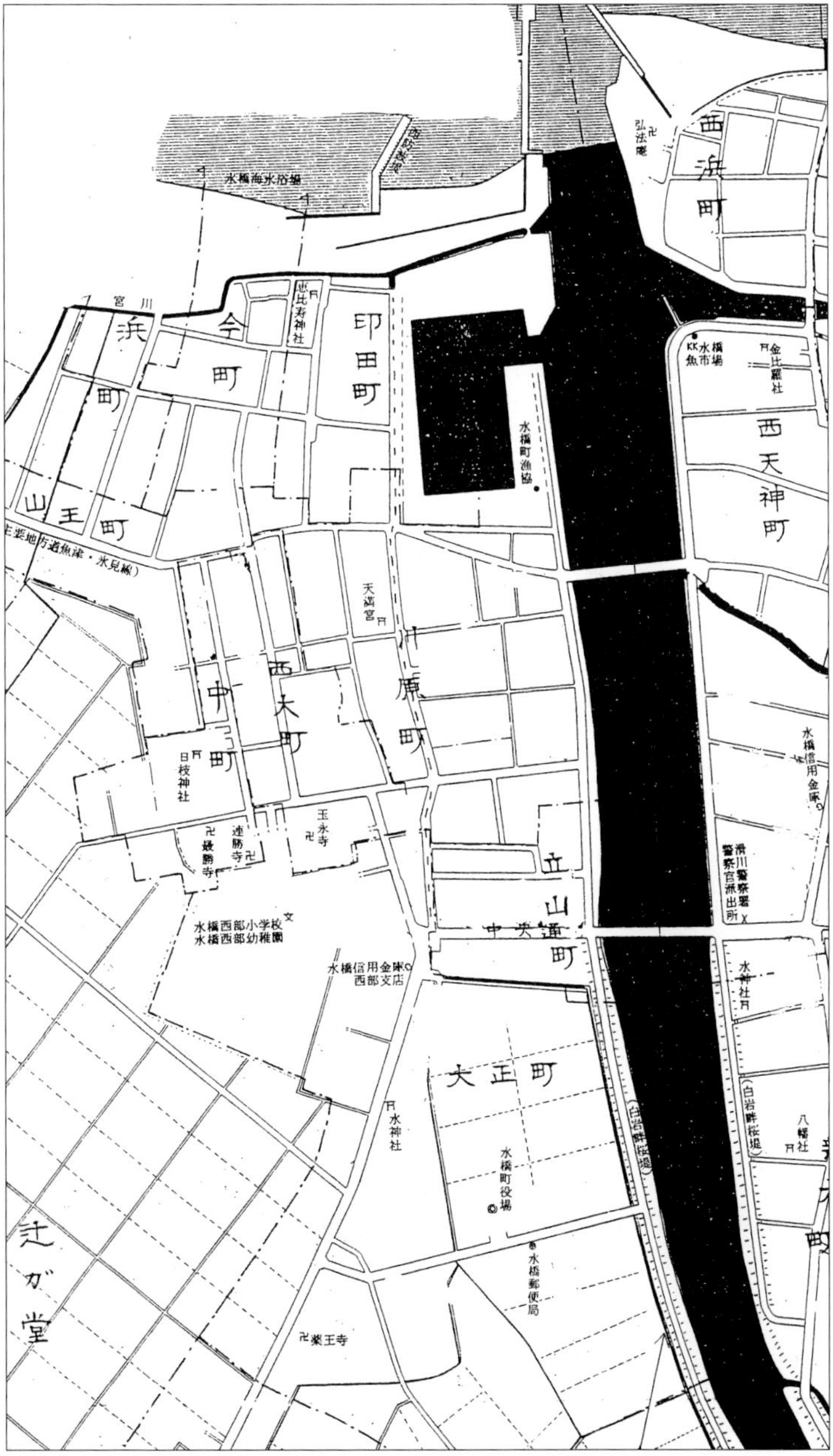

4．明治以来、積み出し反対の騒ぎが例年化していたこの地帯では、警察側は女性たちの行動を「哀願」と宣伝して問題を回避する一方、男性が混じっていると神経を尖らし、一人であっても全くの見物であっても拘引したという。東水橋の証言5の高井文助氏の談にもある。

かまて（上《かみ》て、上流）の橋もなし。そして女どもが「男らち、岡本（公夫）さんやら誰やら引っ張られてった！」。「いや、あのっさんらちァ（あの人たちは）何も関係ないがだ。「だから、あのっさんたちを出いてくれて」と、こう言うてここへ（派出所へ向かって）来たもんだ。そしたらどっこい、この橋ぁ一本しかないもんだから、ここで（橋の上で）みんな止められて行かれんが、警官が何人かで止めてぇ。そして「あの人らち返せ」言うがに、「いや、滑川の本署へ行ってしもうとるがい」て答えた。「なら滑川へいくまいか」と―。ところが通られん、警官がいるもんだから。「さあ、ならどうする」って、みんな浦へ下って、浜へ行って舟でみんな渡った。舟で向かい（東水橋）側へ、そってゾロゾロぞろぞろと、滑川の本署まで駆けつけたわけや、そってまあ男の人らちのこたぁ、みんな帰してもらった。

大正年代の立山橋（東西橋）

証言22　岡本公甫さん「遠い憶い出」

明治四〇年生

私は小学校に入学したのが大正三年である。前年に母を亡くし兄弟が多かったので母の記憶が薄く誰と入学式に行ったかまるで記憶がない。校長は飯田虎次郎先生で担任は山田と言う女先生であったことは覚えている。教室は旧い役場の建物で階下が一年生、二階が六年生の一部が居たように思う。その時分の新校舎は今の管理棟が二階建で私達にはとても立派に思われた。二階の東寄りの二教室の間の仕切が壁でなく板仕切りで取りはずしが出来て紀元節や天長節祝日などには二教室で講堂の役目をするようになっていた。雨天体操場なんかなく朝礼の時は廊下の十字路が利用された。二年生の二学期から蓮勝寺のうしろ、今の保育所入口の前の方に二階建四学級が出来上がり新校舎の右下の新教室に移った時は大変嬉しかった。二年生になった時、先生が変り遠藤タネ先生の受持になった。多くもない男子が二教室に分れていたところを見るとこの時分から男女共学だったらしい。三年生になるとまた先生が変った。五年生になって初めて男女別々になり男子は加藤佐一郎先生となった。先生はまだ御健在だと思う。五年生の時であったか六年生の時であったか遠足の記憶が残っている。ズック靴なぞ有ろう筈がなく、みんな「わらじ」ばきである。三日市駅（今の黒部駅）から歩いて愛本橋まで、その時分の愛本橋は日本三奇橋の一つでその河原までの赤さに驚いた。帰路布施谷の穴居跡の見学など今でもはっきり覚えている。小学六年間に色々な事があった。印象的なのはコレラが度々流行したことである。大阪と関係が深かったので大阪より伝染して来たと言われ、或る町内では縄張と消毒薬の匂いで友達の家を訪ねる事も禁ぜられ東水橋との往き来には立山橋（今の東西橋）詰で往復消毒薬をかけられる有様であった。五年生の時、あの米騒動なるものが起き段々とエスカレートして或る日近くの藤木という移出米商の前で騒ぎが起きたとき、私の父が近所に間借していた石黒という巡査に現場で何か注意らしいことを言ったのか扇動者と見られたのか翌日朝、唯一人滑川警察署に呼び出された夕方近く何事もなく帰宅したが、その間多くの年配の女の人達が私達姉弟をなぐさめやら、はげましやらに訪れて私達を当惑させたことは忘れられない出来ごとであった。今でも私の心に消えることなく残っている。（後略）

（『水橋西部百年のあゆみ』（水橋西部小学校一九七八年刊より）

証言23　土肥キクイ先生「西水橋役場の群衆」

（一九八三年一月九日聞き取りテープ）

いま娘（山下節子さん）のところに同居させてもろとります。私、土肥に嫁に来る前に東水橋の新大町に居りました。旧姓ですが、市川です。米騒動の頃は西水橋の小学校教員しておりました。三年生の五〇人か―五六人ほどのクラス持っとりましたネ。新任したばっかりの一八才の教員です。東水橋の市川のうち（註1）から通とりました。え丶白岩川の橋越えて―。あのころ東と西とは町長も別でした。

東西橋、西へ渡ると（西水橋町の）立山町で（証言21の図を参照）、それ抜けて行くと、今は突き当りに人家（註2）が在りますが昔は無くて、そこに校門があったがです。西水橋の小学校の。だから今みたいにぐるっと石金長四郎さん（註3）の方まで廻らんで、学校入れました。（下図参照）。そこに役場あって、その南側に尼寺あったんです。その間通って学校へ入ります。その時分は役場と尼寺が学校の敷地に同居しとったがですね。校庭も今より狭く南半分は田圃でした。だからその時分、校舎は北側の今保育所ある方にあったんです。

たしか――月おくれの七夕の頃（註4）やっ

西水橋小学校周辺

た思いますもう夏休になっとったけど、日直（註5）で学校へ行きました。午後一時頃やったと思います、役場の横通って校舎の方へ行こうとするとちょうど、手かけぼんぼ（註6）に子ども背負ったおっかさん達が川原町（証言21の図参照）や印田町（註7）の方から三々五々集って来て、役場へ入ろうとするところでした。知っとるおっかさんらち多かったので、「なんしに来られたがけ」て訊いてみたら、「なん、米が高こうて食べてけんから、積み出すが止めてくれて頼みに来たが」、言われる。「そいが言うても駄目でしょ」言うと、「先生らは月給もろとられっからそいこと言えんがで、おらっちゃやってけんがだ」言うんです。

それが人が人を読んで増えたんだと思います、夕方五時ごろ私が学校出る頃は七、八〇人にもなっとって役場の入口は黒山、校門へ行くのに通って行きにくいほどでした。中で役場の人と交渉しとるもんも居て、男も加っとりました。三割ぐらい男だったでしょうか。その夜は役場の前で一夜明かした人も多かった言います。次の日もまたそうで、二、三日続いたがでないかと思います。（夏休みで）日直の日にしか学校に行かんかったので判りませんが——。

（「三人の水橋回想」『富山史壇』114号一九九四年七月より）

史料1　一九一八年の学校記録

前掲『水橋西部百年のあゆみ』（水橋西部小学校）三一、三七頁

○物価上昇、学校予算難行を迎える。

大正七年二月八日、午後、役場において学務委員会が開催される。大正七年度予算案について協議された。予算は昨年度より大幅に増額しているので、審議が難行したとのこと。一学級増加案が主目的で、ついに否決。教員俸給、平均一九円増がようやく可決となる。（ただし後に再修正？　次年度は九学級となっている）

（中略）

○大正七年度　九学級　五一四名　教員一〇名

原内閣（九月より）（七月米価三〇円前後）

シベリア出兵（八月）米価四〇円前後へ。

市町村義務教育国庫負担法公布。

教員初任給一二円——物価騰貴に対処するためと生活困難のため俸給の半額を国庫負担とすることになる。

1．現・水橋新大町五五六、証言10の図を参照。

2．現・水橋大正町二三三三・二二二三あたりの人家のこと。

3．現・水橋西大町五一五の石金家、当時先代が西水橋の町長。

4．月おくれの七夕だから八月だが日付は覚えておられない。七夕の笹飾りは数日前から出されているから、それを見て七夕を印象づけられていて、三・四日（例えば八月四日付『高岡新報』が西水橋での騒動の始日としている八月三日前後）だったとすれば辻褄が合う。

5．監理の為、夜間教職員が泊まるのを宿直、休日の日中に居るのを日直と言った。女子の場合、宿直ではなく日直に当られるのが普通であった。

6．手けぼんぼ　紐や衣類を用いず手を後に廻すだけで子どもをぼんぼ（おんぶ）すること。近距離の行動に限られる。

7．川原町の北側にあって海岸に続き、漁民や北海道・北洋稼ぎが多かった地区。

予算項目	大正六年度	大正七年度
教育給料	一、七七六・〇〇〇円	二、三九八・七三〇円
雑給	二二一・〇〇〇円	二二二・〇〇〇円
需要費	三一四・一五〇円	七四七・〇四〇円
諸費	三二・八八〇円	三七・八八〇円
修繕費	六四・〇〇〇円	六四・〇〇〇円
合計	二、二〇八・〇三〇円	三、四五九・六五〇円

など、大正初期の世相の変化には目まぐるしいものがあったようである。

〇尋常小学国語読本

第一次世界大戦後、日本の教育界には「新教育運動」が起こってきている。形式にこだわらず児童の実力養成に力を入れると共に一方では児童の自学自習の意欲を高めることに力を入れる方向もあった。教授法の改善についても大いに研究されたのである。

（中略）

大正七年の記録には……大戦乱ノ推移ハ直接間接ニ我ガ思想界ニ甚大ナル影響ヲ与ヘタリ、学校ノ教授訓練亦形式ニ内容ニ時代的ノ色彩著シク現ハレタリ、就中、理科教育研究、体育奨励、国民思想ノ訓練ハソノ最タルモノトス……とある。

第一次世界大戦が終って、平和がきたのである。終戦を喜び、平和を祝賀した。当時の「世界にはばたけ」が印象的であったと記されている。

〇学生懇話会――八月二六日

第一次世界大戦の勝利が日本の教育界の思潮を変えた。デモクラシー思想が急に伸びてきているのである。その一つの表れと思われるのがこの「学生懇話会」である。

八月二六日、午後三時、階上にて当町出身の学生たちが母校に集まり、大いに気を吐くのである。着席、敬礼、君が代、松波校長の勅語奉読、式辞、石金町長祝辞、学生演説

①余が四年間の魚津中学校生活―石川一

学校生活の状況より所感を述べ、中学校の訓練の状況と中学校生活のあり方を考えさせたり、とある。

②デモクラチックの仏教―轡田賢了

京都仏教大学生であった氏が、そこで学び、考えた青年として、偉大なる仏陀の人格、平等的宗教、信仰の必要などにつき、長広舌を振い、聴集者を感動させたり。

③果たして平和来たれりや――室谷宗則

東京高等商業学校生であった氏は、大戦の終局を喜び、さらに講和問題を考え、列強の術策と日本帝国の態度などについて痛論し、国民の反省を促せり。

④心からの叫び――市田文一

金沢医学専門学校に在学中の氏は、食糧問題、

社会問題などについて熱弁を振るい、現代思潮の半面を道破せり。

以上のように、その状況が記されている。そして、元気溌剌タル学生ノコトトテ、万丈ノ気ハ一堂ヲ圧シタリ……。とあり、続いて、

⑤訓話――玉永寺住職殿

石川玉永寺住職は最後に、痛切なる訓話をなした。とある。参集した学生は一二名。聴集者は石金町長、飯田助役、室谷視学、黒田町議、太田一州氏ら約四〇名であったとある。それぞれ、発表者は次の時代、社会と町の発展に大いなる力をつくされるのである。

○臨時手当の支給

今日でいうベースアップであろうか。物価の変動のはげしさに見合う臨時手当が支給されている。米騒動もこの年に起っているのである。

証言24 市田一郎さん「西水橋の役場・小学校・浜三町」

（一九八三年四月二五日テープ）

質問者 学校の中に役場あったいうが、小学校が今より小さかったんですか?

―えーえー、（地図をさして）ここぁ運動場で、学校がこっちにあってね。北向いとったです（証言23の図を参照）。学校のすぐここに役場と書いたるねか、役場ぁここにあった。石金町長はんとこ（家）は、ここやねけ。（騒動勢は）石金さんの家へは行っとらんようですね、役場へ行ったんです、役場へ行きゃ町長おるがだから。この運動場いうもんはやがて（後で）出来たがで、「米騒動」以後の話です。現在の学校は二、三年前に、ずーっとこっち行って建て直りましたが。このお寺とこのお寺との間の、こっだけが昔の学校の運動場です。お宮さんここにあるでしょう。ここ通ってこうやってここ来て、これ役場。

質問者 いま保育所のところは何があったんですか。

―保育所のところは学校との間の広っぱです。役場と玉永寺と、それからここに尼寺があって、校舎はここ。通りの真正面。ここに通りありまして、ここは学校の玄関でしょう。役場の後ろに尼寺、背中合わせです。すぐこの道に出れるわけです。この辺に出口があった。今でもあります。寺の前の道。こっちへ出る道はその時分ナ、細い田んぼ道です。あぜ道みたいなもんで。

だからこっから皆んな、この道を通ってここへ出るわけや。こりゃ浄土寺でしょ、通れんでない。通れましたが、この道で警察に止められるとあっちへ行けない。で、こっちへ行って停車場の道を行って米屋へ行ったんでしょう。中田の米屋は当時は水橋の駅前におったが、今のお婆さんが一八〜九のお嫁さんやった。いいがに、おかみさんでないから、（押しかけた連中が）ワアワア言うとれど、自分な口ばし入れられず……。さ、そういうもんでしょう。中田さんナな今は息子さんの代やね、民生委員しとれど―。―西水橋の「米騒動」は、岡本タキいうが居った。なかなか声も立つ、鶴の一声。いや、がっちりしたお婆あちゃんだちゃ。いま居れば八五くらいやから騒動のころ二五くらい。だからそれ以外に、もうちょっと年配のリーダーが、やっぱり居ったもんだろういう事になりますね。年上のリーダーも居ったがだろうが、その時分に調べ取れば…。岡本のかあちゃんは六、七年前に亡くなったから―。

ここの西（水橋）の浜三丁ていいましてね、ここのおかみさん達がこりゃまた、きっついがですちゃ。「米騒動」やるがもやっぱり―。ここは昔、北海道の松前へ出稼ぎに行く漁師たちが、少なくとも三百世帯あったんですね。男だちぁみんな行きますし、おかみさんたちが亦よく働くんだァ。私らの子供のころは三月になると、三月二七、八日ごろにみんな浜へ―。船がついて、艀で親父さんどもぁ乗って松前行くがです。おかみさんども皆んな子供から送って出て、ハンカチ振ってさ、浜で送っとるんです。そって、船だからズーッと長く見送っとるちゅもんだね。

ここの人たちちゅもんなね、北海道・カムチャツカへ行くのは隣へ行くように思っとる、気分的に。そのくせ北陸線の水橋駅へ行くと、娘ぁ大阪なり名古屋へ紡績会社へ働かせにやるがに、泣いて送っとるがー。遠いとこやるように思うとるが。そってかかって親父ぁカムチャッカ・北海道まで行くがをね、まっで隣り行くように思うとる。（地図でさして）この浜三丁のここからこっちが、漁師さんがたくさんおったんです。こっちへ来ると、売薬さんたちで、私とこの先祖はこっちの方、農村。農村の人よりやっぱり浜の娘さんどもぁ、よけい工場へ行ったもんです。名古屋の紡績や大阪の紡績ですかね。

親父どもが、ありゃ大抵三月の二五日前後に船に乗って出て行くがです。そうするとね、大抵四月か今頃だっていうと早や、不漁か大漁かの情報が入っとるんです。大漁っていう情報が入れば、一つ所の漁場へ二〇人行っとりゃ二〇人の家庭みんなに、そのグループにダーッと全部、大漁って入る。ほったら、女たちァ早やもうお祭りの用意しにかかる。ああ大漁って言うと、すぐ用意しとる。漁師ちゃね、気っ風ぁいいって言わゃいいか—。大漁だって言ゃ、さ、あんたなも金使います。不漁だって言うたとなも、さーなも三年前の借金でも払わん。ええ。

その時分な、カムチャツカ・北海道で漁場を持っとる魚場主が水橋におったんです。藤木さんどもぁ北海道に漁場を持っとって、その漁場へ百人のもんが行くとか、あとのもんナこっちへ五〇人行くとかって、そういう漁場が何カ所あったですねぇ。それで自然とやっぱり、いつの間にか行く場所ぁ決まっとって行ったんですね。日魯漁業の株式会社に転換（註）すると、藤木さんどもぁ日魯漁業の株主になった（中略）。藤木さんは、今のご主人のお父さんです。石金町長の後に町長されて、終戦後もされた。

戦時中はみんな動員で引っ張られて、兵隊に行かんもんな会社へ徴用というがで働いて—。あん時ぁ不二越、それから日本海何とかという岩瀬の方（の工場）にね、そういうとこへどんどん。北陸電化っていうたかなズーッと神通川のふちの、あこの工場へ。不二越と東岩瀬と、皆んナそこへ行ってしもた。今で会社員になってしもうた。だから、漁師っていうもんナ、戦時中に変わってしまいましたねぇ。

註　ソ連への対抗を考慮の、「国策的」な北洋漁業大合同。前掲『北前の記憶』三三二頁を参照。

証言25　黒川久士さん「倉・米屋、西水橋の女たち」

（黒川テープⅠ　一九八三年春、ⅡⅢ　同三月二九日）

水橋大正町二三四五　昇喜堂食堂
明治四四年生

私はここの生まれじゃないんです。滑川在の、越田さん（元・滑川公民館長）と同じ校下です。私が（明治）四四年生れですから、それ（米騒動）に飛んで歩くというと、少なくとも四、五年早い人でないと—

質問者　西（水橋）側というと、今漁港になっている辺も蔵があったわけですか。

—あそこは廃川地で。その漁港のまだずっとこっちへきて蔵があったわけです。その前には私の店（証言23右端にある黒川食堂）の後ろにも、あこが蔵なんです。今でも蔵の形をしとりますけど、あれは蔵だったんです。米です。これは戦後つくった漁港です。私とこの道路になっとります、そこから船が出ていったがです、米騒動のあったころには（白岩・常願寺身分離工事後で）もうほとんど川の形がなかったんですけど—。艀に積んで、私とこの後ろから出て行ったんです。この田圃を養うための用水で、川船くらいはここまで全部上がってきたんです。

質問者　昔の、（白岩）川を常願寺川と分れさせる以前の合流しとったときの広い幅はどこまできとったんですか。

—畦のとこまで。（店の前にある「浄土橋」という碑をさして）あの碑（の地点）がそうです。それで道がちょっと三角で面白いんです。あれが正式に払い下げになったのは明治三四年ぐらいでしょうか。廃川地を払い下げしたんです。

質問者　そうすると、お店のところがちょうど船付き場ですね。

—昔の渡し場ですね。私のこの今座っている所が、渡し船の小屋だったんです。そのあと人力小屋になって、そして現在私がそこに座っとるわけです。もう少し下《しも》へ四、五軒先が私とこの家だったんです。蔵はこの辺なんです。

（黒川テープⅠより）

わしら学校というのは四年までしか行っとらんとし、まともに学校へ行ったのは三年行くか行かんですからね、ものを書く力が全然ないわけです。ですけど何か野次馬的な好奇心が強くてー。私の所は（店の前に）浄土橋という橋が（常願寺川分離前に）あってぇ。その浄土橋はどうしてできたかと、あちこち飛んで歩いて聞くけれど全然わからないわけですよね。色々なこと聞いとって、最後にある年寄りに話をしとったところが、昔はオチズ橋と言っていたそうで、落水《おちず》橋ですね。いつの間に浄土橋になったやら記憶はないけど、たしか橋を鉄筋にかけ替えた時から浄土橋と言ったらしいと、こう言うんですねェ。調べてみると、向こうは（白岩川にかかっているのは）立山橋って言ったんです

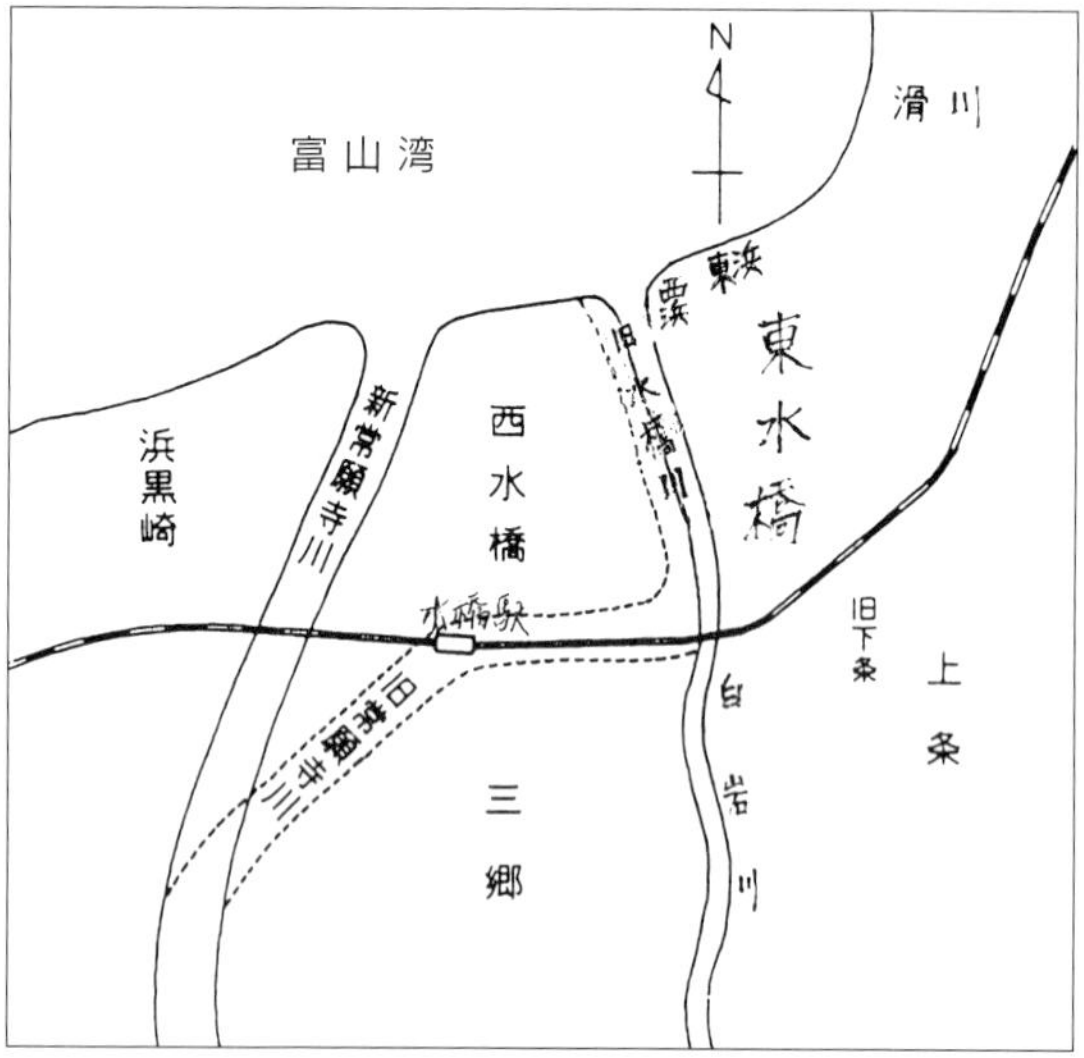

東・西大橋　新旧常願寺川と白岩川

ね昔は、今は東西橋と言っていますが―。立山の西が浄土です（修験道で立山連峰には浄土山がある）から、橋を永久橋にしたから、その記念として名前を立山橋の西を浄土橋にしたという事になります。そういうことを調べるのに、何年かかかるわけですねェ…。

質問者　常願寺川の（を分離した）あとの、用水の細いのにかかっていた橋ですね。

―ええ。田んぼを養うためにあこへ用水をつくったわけです、落ち水用水を作ったんです。

質問者　そうですか。明治の頃には落水橋と言っていいたんですね。

―字名というのは大事なもので、字名を残して行かんというと―。小さいところの歴史を調べるにしてでも、字がわかると色々のつなぎ合わせができて来るけど、字がなかったらだんだんどうしてどうなったか、判らなくなって来るんじゃないですか―。

（黒川テープⅣより）

米蔵と資産家

昔の藩の御用米倉庫が西水橋は、（地図で指して）ここにあったんです。それと、もう一つ古いことを言うと、三百年ぐらい前までの西水橋というのは（海岸ぶちを指し）ここになるわけです。東水橋は海の中です、削られて。それで今から大体三百年ぐらい前に、ここに西水橋・東水橋とも、土地六千石ずつを前田藩から切り出してもらったんです、西水橋は四、五年遅れて。

江戸時代の幕末から明治にかけての財産家っていうのは一変しとるわけです。昔の財産家ってものは大きい高《たか》（田地）もっとる。本当の廻船問屋でやっとられた、そういう方はもう…。今残っとるのは、水橋では石金さんだけでしょう。小さいので、何人かまだおられたのは、中型の一艘ぐらいでやっとらた。藤木さんというのは、中型を何艘か持ってやっとられたんですね。現在の益三（水橋印田町二五二三、本篇末尾の「水橋の人と略史」を参照）で三代ぐらいでしょう。

（黒川テープⅠより）

滑川にしても水橋にしても、相当北海道へ出ていっとるでしょう。終戦後、まだ北海道へみんな行きましたからね。最近になってからですよ、北海道へ行かんようになったのは。今から二〇年ぐらい前から、行かんようになったんじゃないでしょうか。戦後十何年ぐらいは行っとるでしょう。

（黒川テープⅢより）

西水橋の米屋と騒動勢

（住宅地図の水橋山王町一六〇二を指して）

ここに中田というのがあるでしょう。これぁ米屋だって被害を被ったもんです。これももう今は息子の代で、水橋の駅前の方にあった。まだ（その母親が）嫁に来たてのときにやられた。親どもがやられとるのに、嫁さんが裏へ行って上へ（二階へ）上がっとった。何もわからんでオロオロしとったいう。（黒川テープⅡより）

質問者（西）水橋で岡本（タキ）いうお婆《わ》わが居られたというのは？

―もう亡くなってしまってます。生きとられたら百…？ 九〇幾つで死んどります。面白い人やったですよ。「婆ぁちゃん、いっぺん歌聞かせてくれ」って言うと、よう歌ってねェ。「石搗《か》ち」っていうのをやったんです、そりゃー上手いもんだった。気は強かったですよ、私と同級生のが、そこの嫁はんで、その嫁さんあたりは「今日出ようか明日出ようかて泣きの涙だった」て言うから。相当やかましい人でしたね、やっぱり昔、体1本で稼いだ人だから。昔はよく石搗ちだとか土方で杭打ちというのあるでしょう、そいがに成ってくるとやっぱり音頭取り居らんと具合が悪いわけですねっ。

今の当主はその息子さんだけど、元汽船に乗っとってぇ。今はもうやめて、そして暇々に浜へ出て一人で漁をやっとるです。（住宅地図を指して）ここに護摩堂っていう家、その隣の岡本義則（水橋印田町二六一九）という家、これは孫です。岡本与三吉が年寄りの方の名前です、まだお元気です。

質問者 そうすると岡本タキさんというのが（「米騒動」のときの）大将格なんですね？

―大将格までいっとらなんだんじゃないですかね（米騒動当時は若かった）。八〇幾つで亡くなっとると思うとるがです。近所でも名うての、何か物事あるっていうとその婆さんとこへ頼みに行ったて、よく聞きました。何の中へでも口出ししとったっていうことは聞かされたですけどねぇ。そんなに大きい方じゃなかったですけどね、体のつくりはガッチリしてましたね。

それから岡本公甫さんというのはおられますよ、今七七歳か。親父さん（公夫さん）は相当の学識者だったらしいんでね。大分できた人じゃないですか。このころの売薬さんちゅうのは相当なんだったし。相当学識者で、いろいろな事に世話を焼いておられたらしいですよ。私はよくわからんですけどね。（黒川テープⅡより）

小学校でそのときに、今みたいな父兄主義という時代でなかったですが、生徒の親ども呼ぼって、いろいろ先生が言われとる時に、話が横へそれてって米が高いというような―。それからもうもう、「米騒動」が起きとることが話題になって、米屋が悪いとか何とかってわいわいと―。そういう話やっとるうちに椅子が倒れて、ガタンと音ぁした拍子にワーッと立ち上がって、解散したような形になって、それを機にみんな外へ飛び出してったと…。これは私とこの、家内の母親が父兄会のそのとき行っとったわけで（聞いた話で）す。　（黒川テープⅠより）

東水橋の人たち

質問者　高松さんの旦那さんというのはご存じですか。

―ええ、知っとります。背は余り大きくない。私をもう少し小太りにしたような人でね。丸顔のなかなか何だったんですけど。婆《ば》ぁちゃん（女主人）がちょっと鼻っ柱ぁ強かったらしいです。私ら何だかんだ言う（言葉かわす）ようになった時（代）は、殆ど没落してしもとりましたね。ですから、そんなにない（鼻っ柱強くない）。「米騒動」のときの話になってくるっていうと、婆ぁちゃんも爺いちゃんも逃げてしもうたです。そういうことを言うような人の側にちゃ寄らなんだですよ、ハハハッ。「米騒動」のときは盛りだった。やっぱりそのころは商売が商売ですから、相場で張った張り目で何したころでしょうから、相当鼻っ柱強かったらしい。

（黒川テープⅢより）


質問者　この小松武右衛門さんはご存じですか。

―（一九八三年の住宅地図で東水橋の西浜町二二五、小松芳三とあるのを指し）ここですよ。まだこっちの方にもどっか倉庫があったはずです。今まだここに土蔵が四つあります。地主で、自分の田んぼから集めてきた米をそこへ入れとるわけです（末尾の付録Ⅱ「水橋の人と略史」を参照）。

　武五郎さんというのは、小松武右衛門さんの弟なんです。「米騒動」当時でしたら石黒七次さん、小松武五郎さん・武右衛門さん、大正年代だというと、それに次いで出てくるのは堀田次作さん、現在次修さんの家です。それから、今は無くなってしまいましたけどね桜井伝三郎、造り酒屋です。それから広瀬なんと云ったか、売薬さんです、色々あったでしょうが。

質問者　石黒さんはよくお名前を聞きますけれども、ご商売なんですかね。

―石黒七次さんさんですか、昔は売薬から。高持ちだからいろいろやっとったでしょうけどー。今は息子さん、どこかに勤めに行っとるがかねぇ。現在の当主の石黒七次さんというのは、今七四か五です。元日本海ガスの専務か何かやっとられた人で、現在県の人事院勧告か何かのー。

（黒川テープⅢより）

解説

証言21では、日枝神社の「もみ合い」を見ていて、岡本・高橋などが検束されたように聞こえますが、そのとき五年生だった次男の公甫さんは「近くの藤木」家の前で「騒ぎが起きたとき私の父が近所に間借りしていた石黒という巡査に現場で何か注意らしいことを言ったのか先導者と見られたのか翌日朝、ただ一人滑川警察署に呼び出され」と回想しています（証言22）。

藤木（治郎平）家（本篇末尾の「水橋の人と略史」を参照）は持ち船を使っての北洋漁場経営で産をなし、それで高（田地）も増えて小作からとった米を卸していたのでしょう。しかしそれが本来の商売ではないので、主婦たちが来たといっても、高松などと同じように「移出米商」と書かれると誤解を招きます。

藤木家と並ぶ船持ちで知られてきた石金長四郎家に女たちが行かなかったのは、町長だったので役場で会えるからだったようです（証言24）。

第五章　東西名望家層の連携、『高岡新報』へ通報

証言26　金山秀吉さん「岡本公夫さんと篠田七次さん」

松井テープH（一九六九年一〇月一五日録）

松井　（東西）橋の袂にあった篠田の……、ありゃおっさん（次男）？　社会党やった。あの人も、「（「米騒動」について）言われとるの、ありゃ違うんだ」て言うとった。そんなら手伝え言うとったら、そのあげくアンタ、ころっと死んでしもた。それから正満又七ね、戦前からのあれで（警官に追われて）逃げたらいたが、こりゃ変った人やった。あこなち（あそこの家に）泊まって、「ねェあんた、一つ（「米騒動」調査に）協力してもらわんにゃならん」言いながら、やっぱりつい先だって死んでしもた。

金山　篠田さんの父親が、（岡本公夫さんと）一緒に歩かれたと思うね。篠田七次いう人でした。篠田さんとこは、当時は精米所しとられたと思いますわ。昔はね、汽車のかかる（鉄道の敷かれる）前《さき》は、駅馬車みたいもんやっとられた家ですわ、富山までのね。人間の運送ですちゃ。富山まで汽車かかるようになったが明治四一年ですが、その一一月一六日に水橋の駅は開業しとるんですわ。それまでは馬車が富山まで、それと夏は大岩まで参詣の人送ったり――。西（水橋）の岡本公夫さんは売薬しとられた、こりゃ（今の岡本さんの）父親です。いまの主人は公甫さんで保寿堂に勤めとられる。公夫さんは、（「米騒動」のとき）滑川（署）へ引致されて行かれたて、聞いとります。こりゃ名望家でね、別に何もやとらんかった云います。

証言27　瀧川弥左衛門さん「岡本救出に篠田七二郎が滑川署へ」

富山市水橋新大町五四八　明治三三年生

市田一郎君は、社会党の大会が富山の公会堂か何かであったときにも記念講演して、「米騒動」について記事にしたんです。その時代に（西水橋の騒動の）近くに住んでおって、お母さんがお針の仕事をしとって、格子戸からその様子を見とったと、そういうふうな情報があるいうだけですが。四、五年前じゃなかったろうかね。その後社会党から市会議員に立候補なんかしたりして、いま史料館長しとりますけど。

（瀧川テープⅠより）

「米騒動」で滑川署へ連れて行かれた人たちを戻してもらうがに、間に立ってもらった相澤という人は、勘次郎という消防をやってとった人です。あの頃は今の所とは違って、水橋神社の方の、いま中川スーパーになっとる所に居りました。

（瀧川ノートより）

あの当時の話はまだねェ、いろいろとありますけれどもけれども…。篠田七二郎という人が、岡本公甫のお父さん（公夫さん）が滑川の警察へ護送されたとき、（取り戻しに）ぞろぞろと皆で行くときに、雪島神社の前で米を積む仲仕どもに尋ねられて、「米を沖の方（船）へ積み

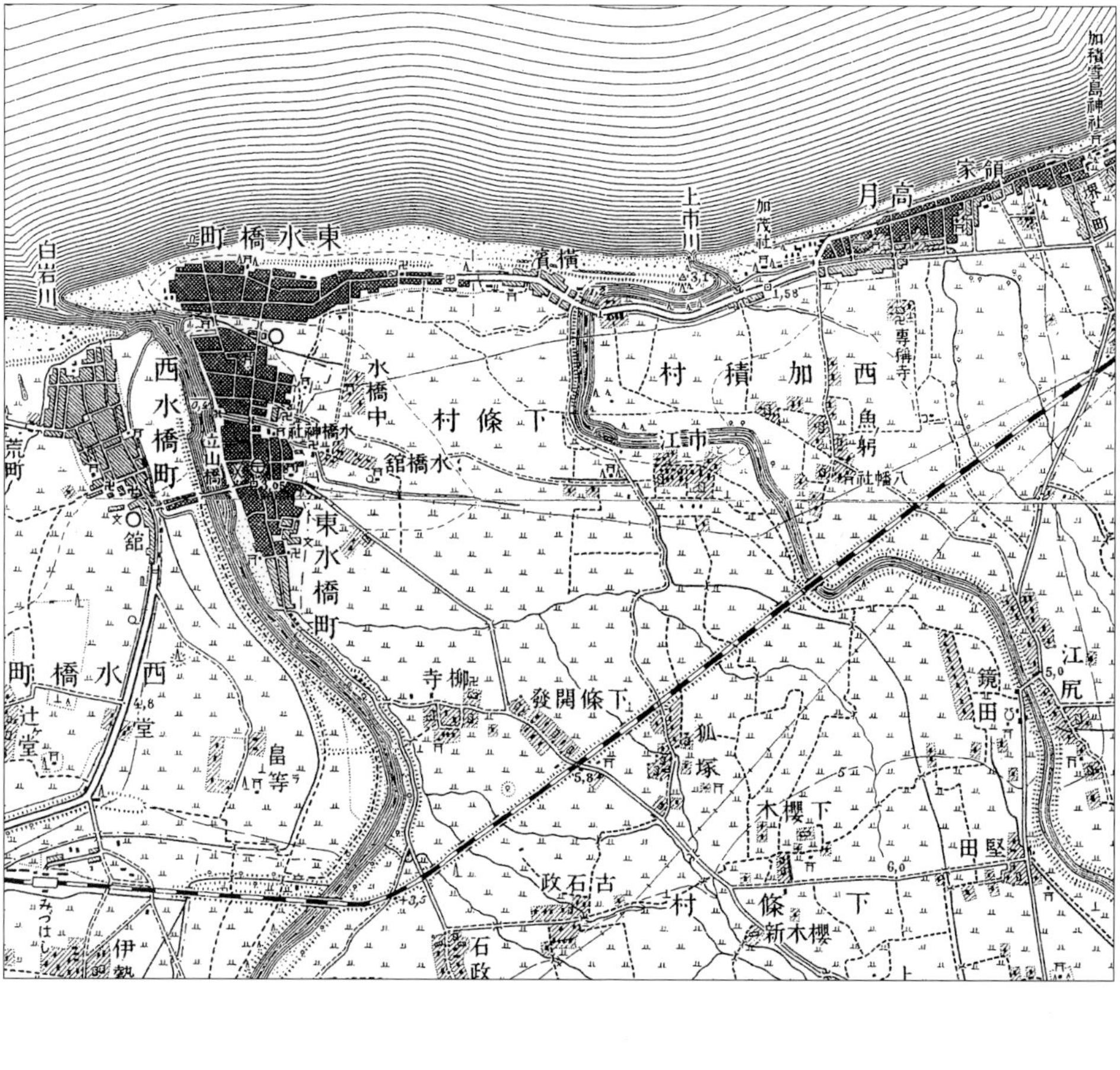

出すもんやから米ぁ高こなるがい」言うたら、そんならおらっちゃも止めんまいかって、（米を）倉へ戻したに行ったいう。そのときの様子を聞かせてくれた人がこの篠田いう人です。この人はここら界隈の地主の米を、買い集めに歩いた人なんですよ。ずっとね、滑川の山の方まで買いに行った人なんです。で、その人が私に、西水橋の方の（「米騒動」の）様子を聞かせてくれたんです。西水橋の橋詰におった人です。亡くなりました。　（瀧川テープⅢより）

西水橋の東西橋の西側の北詰めですね、尾崎電気商会というのがあります（註：一九八三年当時の住宅地図では立山町二五七〇）。以前は篠田という精米もしていたし、それから米の仲買かね。その前は私ら子供のとき、鉄道が北陸線が無かったときに、郵便を水橋・富山の間を馬車で持って行った、荷馬車につけて持って行っとった運送店ですね。だから、それだけ広い地面があるわけです。馬どもをそこにつないでありましたから、後ろの方にね。だから地面が広いんです。　（瀧川テープⅤより）

調査1　大村歌子さんによる調査「篠田姓の人たち」

この報告は水橋郷土史会の大村歌子さんが調査を重ね、親戚関係によって篠田家系図（付図）とその説明文を得て下さったことで、決定的な解明に至ったものです。以下で「説明文」と書くのは、この系図付随の説明文のことです。その系図には「柳井秀雄談、取材柳井道之」一九五六年とあり、「説明文」によって秀雄は系図中のトキの子で、道之は秀雄の子と判定されます。系図中では初代・その長男の名がいずれも不明ですが、註に挙げる文献で七次と耕太郎と判りました。この報告は、註1に挙げるそれら諸文献の記述と上掲の証言26・証言27をも、総合して行います。

町村制施行による西水橋町の初代町長（明治二二年五月〜二四年四月）を務めた篠田七次は、「相当の人物だった」と云われ、明治一九年にその邸が焼失して他へ移りましたが、元の邸は西水橋辻ヶ堂のお宮（天満宮）の南側辺りの畑地（一五六頁の西水橋全図参照）になっている所と云われます（註1）。篠田治作家の先祖らしい、藩制時代に給人蔵の蔵宿を勤めていた辻ヶ堂屋宇左衛門は売薬商ですから、同じ辻ヶ堂にいた篠田七次も売薬で財をなした一族だったかも知れません。「説明文」には「秀雄は、本家のでかさは大きな墓を見ればわかるといっていた」とあります。

七次の長男耕太郎も（明治三四年四月～四一年五月）町議・（明治四一年五月～大正五年四月）同町助役を務めました（註1）。「説明文」には、その妻は「新屋《あらや》の素封家西野調三の娘」で、「秀雄は、没落後の大きな屋敷跡（畑）の横に小さな家を建てて住んでいた」この婆さんを「何度か見た」とあり、同様の記述が古い分家の篠田義雄による『郷愁の水橋』（註2）にも見られます。この本にはまた「耕太郎の長男七孝は、体格の立派さから東京大相撲入りし〝越ノ花〟のシコ名で精進したが、幕内関までは実らなかった」とあり、「説明文」は「怪我をして廃業、力士時代より○○子爵に人柄・頭脳明晰を買われ、執事になった」、「ドイツ大使館（註3）の横にあった大きな立派な家に」住んで居たと書いています。したがって耕太郎の「後裔」（註1）と記されている東京新宿区の篠田昌氏は、七孝の子息か兄弟ということになりましょう。

七次の長女の離婚した元・婿の長女トキが、柳井の養女に行って生んだのが、系図の語り手の秀雄です。長女の二度目の婿は「平屋の素封家西藤家」から入った、「壮士風で威厳のあった」人で、その名も「七次」と成っています。初代七次の長男の後継者七孝が東京に去ったので、実質上の本家として襲名したのでしょう。この二代目七次も（大正一四年四月～昭和四年五月の）町議を務め（註4）ていますが、系図では職業が「搗米屋《かっちゃ》」となっており、「説明文」

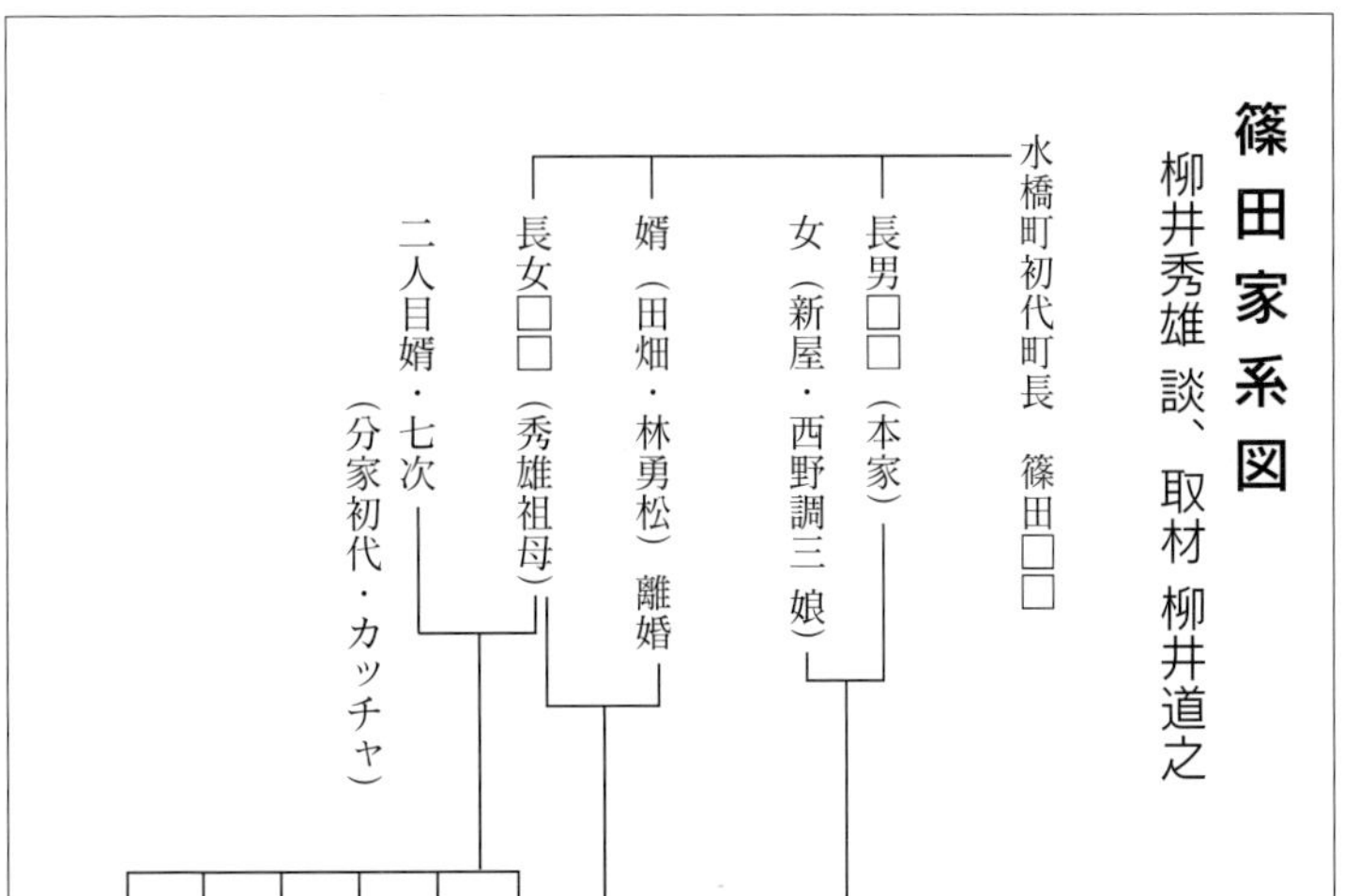

1．水橋郷土史料館編『郷土水橋の先覚 第二集 町村長編』一一〇頁、一九八九年。

2．篠田義雄『郷愁の水橋』一一〇頁、水橋郷土史料館、一九八六年。

3．第二次大戦中、リヒアルト・ゾルゲが日本の軍事戦略についての情報を得るため出入りした場所。現在その敷地に、国会図書館が建っている所。

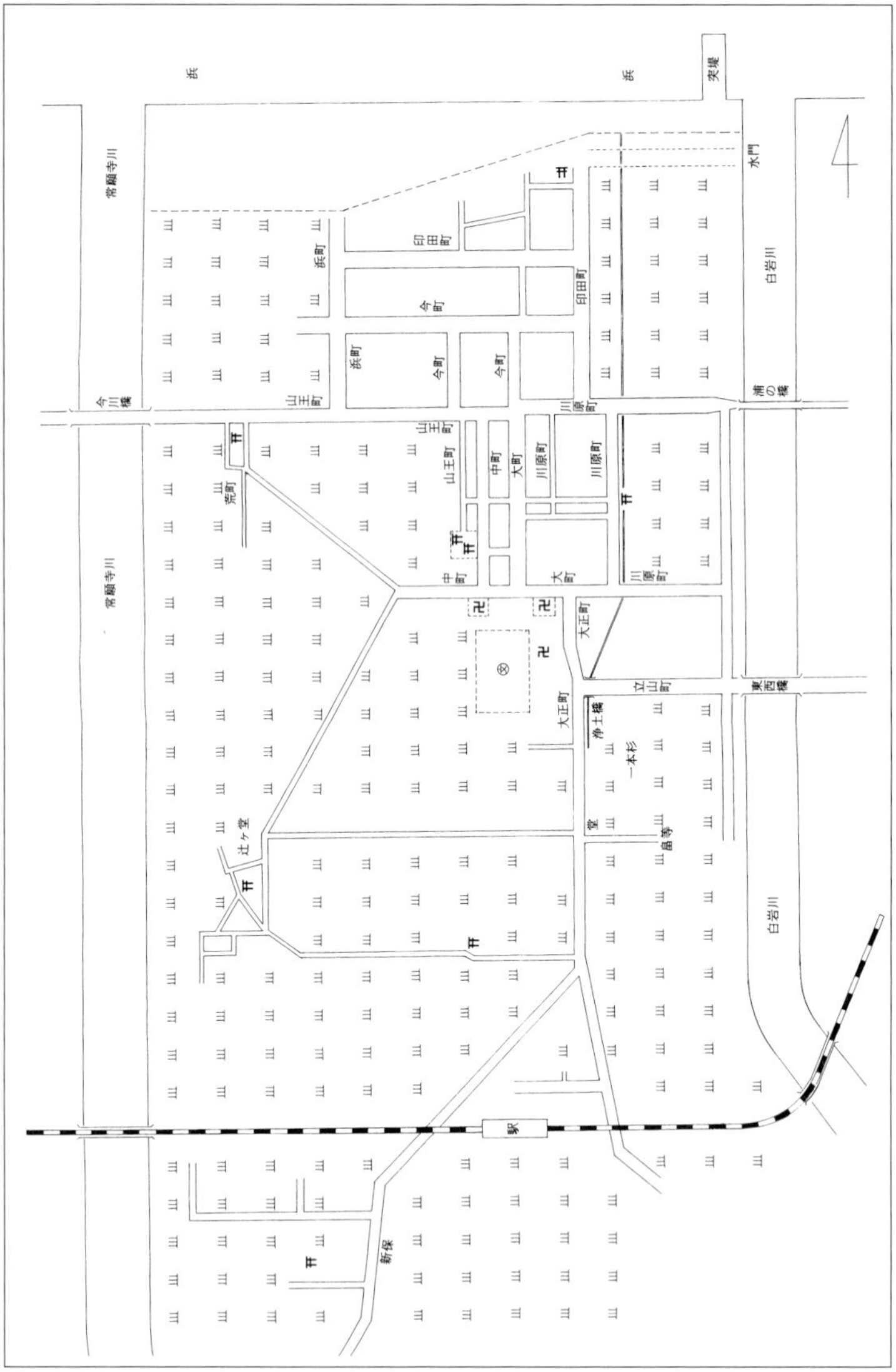

西水橋全図

では「いつも搗米屋の裏方にある大きな離れに住んでいた」とあります。大村歌子さんが搗米屋だったという、東西橋の西水橋側の北詰め（一九八三年当時の住宅地図では立山町二五七〇、尾崎声電社の広い敷地の一部が篠田通信となっている）には、空家に今も篠田の表札が残っています。前掲の瀧川弥左衛門さん・金山秀吉さんの証言26・27も、篠田が精米や米の集荷をしていたと言っているので、二代目七次がここに居たことは確実です。但し両氏は、この篠田家が明治四一年に北陸線がつく前は、人・荷・郵便を運ぶ駅馬車を経営しており、「後ろの地面が広」さは「馬どもをそこにつなぐためだった」といっています。その明治四〇年頃までの経営が、この二番目の婿の七次自身によるものか、前の離婚した元・婿によるものかは不明です。

この二代目七次には、系図によれば六人の子

4. 水橋郷土史料館編『郷土水橋の先覚 第一集 政治（県議）編』一九八九年。

▼女軍《ぢよぐん》米屋《こめや》に薄《せま》る
◎百七八十名《めい》は三隊《たい》に分《わか》れて
◎町有志《まちいうし》及《およ》び米屋《こめや》を襲《おそ》ふ

中新川郡西水橋町《なかにひかはぐんにしみづはしまち》は全町《ぜんてう》の大部分《だいぶぶん》は出稼漁業《でかせぎぎよげふ》を以《もつ》て生計《せいけい》を立《た》てつゝあるが漁夫《ぎよふ》の出稼《でかせ》ぎなる樺太方面《かばふとはうめん》は非常《ひじやう》の不漁《ふぎよ》にして仕送金《しおくりきん》全《まつた》く杜絶《とだ》え反《かへ》つて歸路《きろ》の旅金《りよぎん》さへなく留守居《るすゐ》の家族《かぞく》に向《む》け送金《そうきん》を申込《まうしこ》み來《く》る有樣《ありさま》なるより昨今《さくこん》の米價暴騰《べいかぼうとう》にて家族《かぞく》は生活《せいくわつ》の困難《こんなん》甚《はなはだ》しく今《いま》や喰《く》ふや喰《く》はずの悲慘《ひさん》の狀態《じやうたい》に陷《おちい》れり、果然《くわぜん》昨日午後《さくじつごご》七時過《じす》ぎより漁師町《れうしまち》一体《いつたい》の女房連《にようばうれん》は海岸《かいがん》に集合《しふがふ》し其數《そのすう》百七、八十名《めい》に達《たつ》せるが忽《たちま》ち五六十名宛《めいあて》にて三隊《たい》に別《わか》れ一隊《たい》は濱方有志方《はまかたいうしかた》へ、一隊《たい》は町内有力者方《ちやうないいうりよくしやかた》へ、一隊《たい》は町中《まちなか》の米屋《こめや》及《およ》び米所有者《こめしよいうしや》の宅《たく》を襲《おそ》ふて現下《げんか》の窮狀《きうじやう》を訴《うつた》へて所有米《しよいうまい》は決《けつ》して他地《たち》に賣却《ばいきやく》せざる事《こと》、此際《このさい》義俠的《ぎけうてき》に米《こめ》の廉賣《れんばい》を爲《な》されたしと哀願《あいぐわん》し尚《な》ほ若《も》し之《これ》を聽容《ききい》れざれば家《いへ》を燒《や》き拂《はら》へ一家《か》を鏖殺《おうさつ》せんと脅迫《けふはく》して事態穩《じたいおだや》かならず斯《か》くと急報《きふはう》に接《せつ》したる東水橋警部補派出所《ひがしみづはしけいぶほはしゆつしよ》にては安夕川主幹以下巡査數名出動《しゆつどう》、各隊《かくたい》を諭《さと》して解散《かいさん》を命《めい》じたる爲《ため》夜十時頃《じごろ》に至《いた》り漸《やうや》く離散《りさん》せしも一部《ぶ》の女共《をんなども》は尚《なほ》ほ數名宛隊《すうめいあてたい》を組《く》みて米屋《こめや》の前《まへ》に蕃し今徹宵《こんてつせう》に及《およ》びたりといふ（西水橋電話）

『高岡新報』大正７年８月４日号

氣立ちて一時は如何なる椿事の出來《しゆつたい》せんか測《はか》り難《がた》き形勢《けいせい》なりき（水橋電話）

◎積込《つみこみ》汽船《せん》を襲《おそ》はんとす

東水橋町漁民家族《ひがしみづはしまちぎよみんかぞく》の動靜《どうせい》は今朝來《こんてうらい》倍々《ますます》不穩《ふおん》に赴《おもむ》きつゝあり、直江津《なほえつ》小樽間定期航海汽船《をたるかんていきかうかいきせん》幸明丸《こうめいまる》が東水橋町莚商《ひがしみづはしまちむしろしやう》西川利吉氏《にしかはりきちし》の藁莚積込《わらむしろつみこみ》の爲《た》め今朝《こんてう》水橋《みづはし》に寄港《きこう》し午前八時頃《ごぜんはちじころ》より積荷《つみに》に着手《ちやくしゆ》せんとするや之《これ》を聞込《ききこ》みたる女共《をんなども》は米《こめ》の積込《つみこみ》と早合點《はやがてん》して忽《こつこつ》ち二百餘名《よめい》の一團《だん》は海濱《かいひん》に集《あつ》まり夫《それ》より幸明丸《こうめいまる》及《およ》び西川方《にしかはかた》を襲《おそ》はんとしたるが間《ま》もなく米《こめ》には非《あら》ず藁莚《わらむしろ》と判明《はんめい》したる爲漸《ためやうや》く解散《かいさん》したり（水橋電話）

◎太鼓《たいこ》合圖《あひづ》に今夜再襲《こんやさいしう》

町民《ちやうみん》の蜚語《ひご》に依《よ》れば今五日夜七時《こんいつかよるしちじ》に太鼓《たいこ》を合圖《あひづ》に漁夫家族《ぎよふかぞく》一同《どう》は同町《どうちやう》海岸《かいがん》の諏訪神社境内《すはじんしやけいない》に集合《しふがふ》再《ふたた》び町《まち》の有力者《いうりよくしや》と米屋《こめや》を再襲《さいしう》し徹宵《てつせう》すべしと（水橋電話）

『高岡新報』大正７年８月５日

供がおり、長男が七二郎、次男が耕造（三）です。郷土史料館長をしていた市田一郎氏が「篠田七二郎母堂の本家が（西水橋）初代町長の篠田家のようである」（註5の文献の二〇〇頁）と書いていることは、正しかったわけです。七二郎は註4の文献に（昭和二二年五月～同四一年四月）町議・四代目公民館長を勤めたとあります。また「説明文」が、七二郎を「世話好きで長く町会議長を務め西式療法を推進した」と書いているのは、大村歌子さんが「西式」健康法の柿の葉を勧めたと言われているのに一致します。大村歌子さん・山中昭さんが七二郎を、「小柄な搗米屋・食糧営団をやっていた人で、昭和四〇年代まで見かけた」と言われるので、父七次以来の家業を継いでいたのでしょう。

　七次の次男は「説明文」には、「父親七次に似て壮士風」で耕造（三）と書かれていますが、七二郎と七四郎の間に書かれているので耕三でしょう。事実、註4の文献にも（任期昭和一二年四月～）町議篠田耕三と書かれています。高井文助さんの証言46によれば、耕三は一八九七年生まれの高井さんと同学年でしたから、一九一八年の「米騒動」当時は満二一歳です。したがって、それとの間に長女がいて何歳か上の七二郎は、二〇代後半の最も活動的な年齢、父親の七次は五〇過ぎだったことになりましょう。

岡本公夫さんは「相当の学識者で、いろいろな事に世話を焼いておられた」（黒川さんの証言25）らしく、七次も「素封家」から入った「壮士風で威厳のあった」人でしたから、金山さんが岡本公夫さんと「篠田さんの父親が、一緒に歩かれたと思うね。篠田七次という人でした」（証言26）と言っているのと、よく合います。その岡本公夫さんが、女たちのことを「心配してついて歩いていた」だけで不当に検束されたとなれば、七次・七二郎親子は当然救出に乗り出したでしょう。

　「水橋電話」と末尾に署名して水橋米騒動を報じ続けた、『高岡新報』の連日の通信員記事の間には繋がりがあり、文体も同じですから（第六章「地元紙の米騒動記事」を参照）、池田太吉の店から電話しているのが目撃された（証言12）、廣瀬南洋による一貫した通信と思われますが、西水橋米騒動の始まりを報じた最初の八月四日号の記事だけは、わざわざ「西水橋電話」と明記しています。これは西水橋にいて、岡本救出に動いている篠田七次・七二郎親子が、橋一つ挟んだだけの距離に居る通信員廣瀬南洋を呼び出したか、少なくともその騒動現場を視察した南洋が、西水橋の篠田の店の電話から、『高岡新報』へ送信したことを意味すると思われます。

5. 富山市立水橋西部小学校創立百周年事業実行委員会『水橋西部百年のあゆみ』一九八八年、編集委員長市田一郎。

一方、岡本公夫等を助け出しに滑川署まで遠征したのは、滝川さんの証言27にあるように、七二郎に限定されます。東西橋封鎖で舟で川を渡り滑川まで歩くという行軍ですから、血気盛んな年頃の七二郎が、父親の御名代という意味も負って行ったのでしょう。「説明文」にもあるように「世話ずき」で、弟のように「社会主義者」にまでは成らなかったにしても、それに遠くない人だったと大村さん・山中昭さんも語っています。次男の耕三の方も二一歳になっていましたから、この時は主役でなかったにしても状況一切を見ていたので、米騒動について一般にわれていたことを、「ありゃ違うんだ」（証言26で）と自信を持って言えたのだと思います。

耕三は高井さんの証言46でも想像出来るように、昭和三年の電灯争議で東水橋の正満又七につぐ、西水橋のブレインを務めます。社会大衆党支部に入っていた彼は、「正満さんの下っ端で、地下一階のある三階造りにして」、「そこへ河上丈太郎など」をかくまっていました（黒川さんの証言47）。東西橋の西の袂の家の背後には、白岩川の堤防との高さの差を利用し、地階造りらしいセメントの段差が残っているのが、今でも見られます。戦後は社会党に入ったが早逝したということも、「説明文」は証言26と一致しています。なお七二郎の長男は「鉄道省本省勤務」で、次男は水橋に居ると「説明文」は記しています。

（筆者が前掲『図説・米騒動と民主主義の発展』一〇二頁で、「篠田七二郎」と書かず「篠田七次郎」と記したのは、聞取りテープで発音しか判らなかった故の誤りで、耕三を「その子」と書いているのも、「その弟」と訂正せねばなりません）。

証言28　市田一郎さん「廣瀬南洋と池田太吉」（一九八三年四月二五日テープ）

（史料館前の「米騒動」碑が出来た時に）水橋の町で猛烈な反対をしたもんが二、三人おる。八〇歳こえてまだ生きとる、殊に池田さんなんか。今はやめて久しけれど、売薬やっとって県外廻った時分、「米騒動」の土地いうことで差しさわりになったて受け取っとる。『高岡新報』の通信員しとった者がおった。池田は人たくさん使うて売薬やっとったから、電話あった。その頃は商売やっとると家にしかなかったから、池田へ電話借りに来て、電話で記事送っとるの見とった。そっで水橋が『高岡新報』に出たがだて、池田さんは言う。池田さんは生きておる。それから、電話をかけとった人は亡くなっとられる。廣瀬南洋いう名前の—。私ら母どもから聞いて覚え取ります、ちょっとやはり、著名な活躍した人でしょう。南洋は号でしょう。お宅は、準肝煎のお宅ですちゃ。肝煎りの並びにあった相当の家柄なんです。そこのおっさん（次三男）で、そしてやはり文学青年だったいうもんだね、報道人の、『高岡新報』に通信員しとったわけでしょ。

質問　その廣瀬さんの家はどこら辺ですか。

—廣瀬さんの家ぁ、今ないんです。（東水橋の大町の地図をさして）場所はねぇ中部。ここに平野って家（水橋中大町一二）。ここは信用金庫ありますが、平野っていう魚屋もあります。ここが肝煎りの家あったところ、ふつう中野屋っていうとったね（本篇末尾「水橋の人と略史」

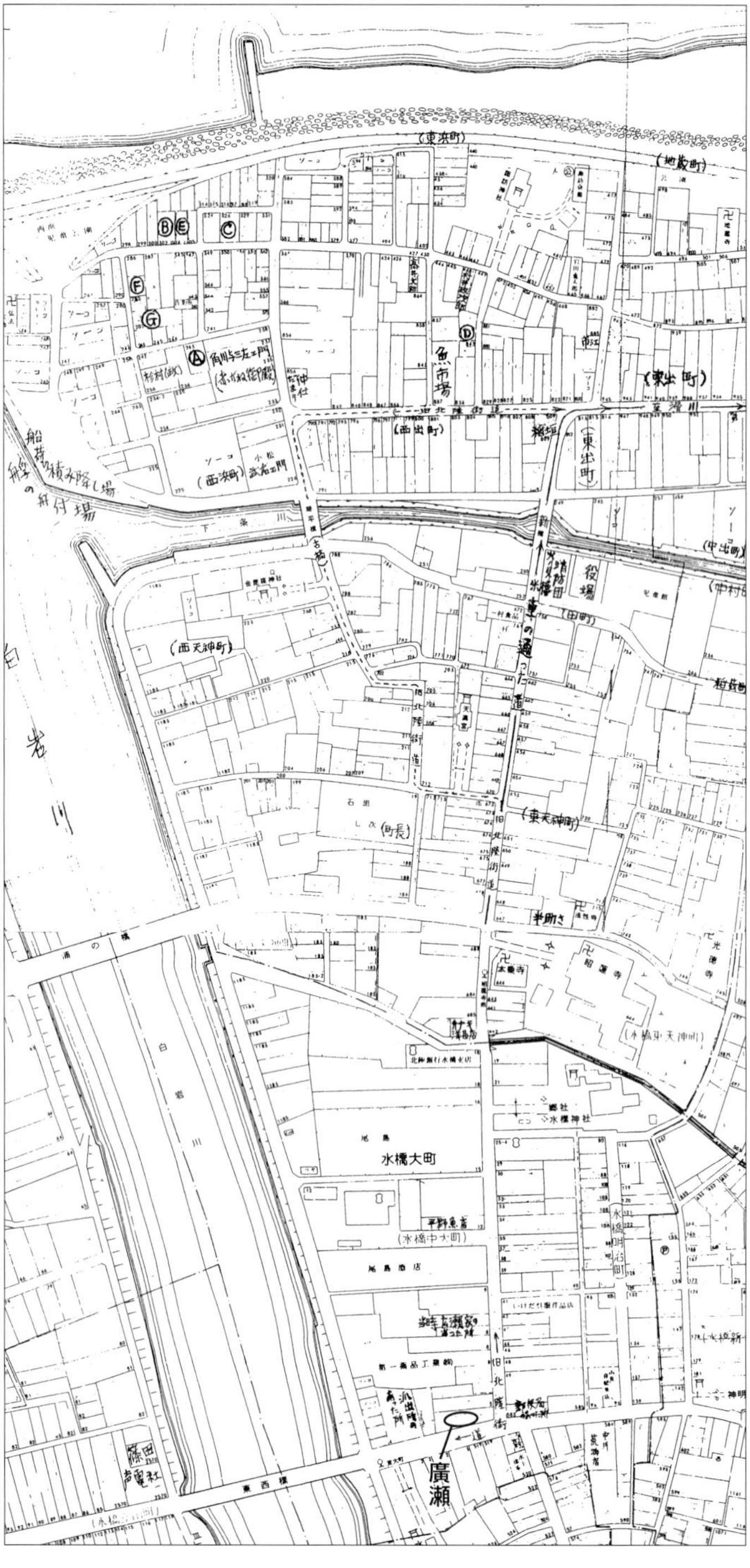

古老の回想による廣瀬南洋宅の位置。東西橋をはさんで篠田家と近い。

を参照)。この並びはずーっとそういう家が揃っとったところです。それから(平野の南隣りを指して)ここに酒屋(「松の友酒造元」尾島酒店)があります。酒屋からここの辺りですね、廣瀬さんのウチは。ここあたりやった。いま言うとる電話を借りに行ったうち、池田(呉服洋品店、水橋中大町四一)って家の前までありましょう。

調査2 小松外二さん・大村歌子さんによる調査「廣瀬姓の人たち」

廣瀬南洋を識る古老は多く、池田商店の向えの旧陣屋・肝煎り層の次三男だろうと云われるので、廣瀬姓の一族について判ることを、元水橋郷土資料館長の小松外二さんと水橋郷土史会の大村歌子さんに調査して頂いたこと共にまとめて見ます。

廣瀬甚造系：現・水橋中大町八番地には、廣瀬家の祖である肘崎《かいなざき》屋の屋敷があり、天保二年の記録では肘崎屋甚衛門、天保七年の文書には甚衛門せがれ甚助とあり、その甚助は天保六(一八三五)年に十村金谷十次郎から、水橋など八個所の売薬吟味役を仰せ付かっています。他に肘崎屋甚次郎という者もいたらしく、文政五(一八二二)年の東水橋売薬の株持人のリストには肘崎屋権兵衛という名も見られます。近世初期(慶長の頃)から分かれていた東西水橋は、明治四年金沢藩によって一つの水橋町となりましたが、その首長は廣瀬甚造が勤めています。廃藩後戸長と呼ぶように変ってからも、明治六年九月までは甚造が勤め、そのあと同一二年までを長男の甚太郎が引き継いでいます(註1)。同一一年、明治天皇が岩倉具視・徳大寺実則・大隈重信など八三五人・乗馬一一九頭という大列で北国に巡幸した際は、天皇がその屋敷(現中大町八番地)に桧材で新築した御座所に、九月三〇日午前一〇時に到着、昼食をとって出発しました。この廣瀬家の屋敷は明治二六年五月の大火で焼失し、跡に六戸の住宅が建てられました。そのうち八―一番地(住人は佐々木平兵衛→佐々木平八郎→佐々木薬局)の部分は、御座所跡だったので、昭和一二年七月に記念標識が立てられました。八―三番地は、現在小松外二さん自身がお住まいで、お持ちの登記簿写しで見ると、明治三一年までは廣瀬甚太郎

1．正満又七『東水橋郷土小史』五七頁
2．水橋町役場編『水橋郷土史』第一巻七〇七頁、前掲『東水橋郷土小史』八三～八六頁。
3．水橋郷土史料館編『郷土水橋の先覚 第二集』(一九九〇年)

の所有です。また小松さんが平成一八年に、その直系廣瀬隆一氏（東京都多摩市在住）の夫人から受け取られた系図と手紙では、甚造→常之助（長男）→隆一氏（長男）と継がれ、常之助には数名（名前不明）の兄弟があり、明治天皇からの御下賜品については知らないが、接待した際の裃と天皇使用の箸は受継いでいる、と記されています。この系図の最初に書かれている甚造を、小松さんはは前記甚太郎が襲名したものと解釈して居られます。

廣瀬順平系：東水橋にはもう一つ、藩制時代に肝煎を勤めた廣瀬順平の家系があります（註2、註3）。同じ名で、明治同一二年五月から一八年一一月までの戸長をつとめる者、市町村制発布で東西水橋が分離する同二二年五月〜二五年一月にも東水橋の町長を勤めている者がいるので、襲名と思われます。文化期頃から寺子屋があり三軒まで増えていましたが、明治五年に初めて小学校が作られたとき、創校の主任となって尽力した順平は、学者で能筆家でもあり、明治中期には達道舎なる塾を開いて大学・論語を教え、毎朝子弟が大学・論語・十八史略を軒立に素読して賑やかでしたが、泣き上戸の飲酒家として、子供たちの歌にもなって親しまれる存在でした（明治三六年五月九日没）。前記の甚造の長女ヒデ（天保四年一二月八日生ま

大正時代の大町通り

れ明治三九年一一月二八日七三歳にて没）が順平に嫁し、生まれた長男賀之助（明治元年九月二日生）も東西水橋分離（同二二年）以前の小学校長をつとめ（『東水橋郷土小史』八六頁）、大成小学校（現・中部小学校）にも明治二〇年～大正五年の長期に奉職して、父の没年これも順平を襲名しています。順平家は今日の中部小学校の西側、現・水橋新大町五三五（昭和以後横山藤吉商店の場所）辺りでしたが、大正一〇年に東京府豊島郡滝野川町へ移りました。

大村歌子さんが、水橋在住の医師の廣瀬雅一氏が入院中なので、家人に聞いて下さったところによると、雅一氏（父は慶次、祖父は肘崎屋から養子に来た甚十郎）の生家も同じ新大町五三五で、大正六年に焼失して大連へ行ったといいます。同じ新大町五三五に居た点や、大正期中期に去っている点が順平家と共通なので、雅一氏は順平系だったのかも知れません。

廣瀬南洋自身について… 二〇〇八年夏、小松外二さんが照蓮寺に廣瀬南洋と名が入った墓を発見されました。本堂後の墓地のほぼ中央部にある正方立方の墓石で、左側に廣瀬南洋、正面に「納骨」、右側に昭和五年三月と書いてあり家族名はありません。ただすぐ後ろにある墓石が、正面に南無阿弥陀仏、左側に東水橋廣瀬善助と書かれています。照蓮寺の小寺（本乗寺）の吉井かず子さんが、墓の世話をしている人として、富山市於保多町二―九の廣瀬外幸さん（TEL〇七六・四三二・四七六〇）を教えて下さったので、小松さんは早速電話をかけて下さいました。廣瀬外幸氏が居て、以下のことが判りました。

1. 南洋（実名）は、その富山市於保多のその家に住んでいた。子供がなかったので、孫ほど年の差がある、昭和一二年生まれの外幸氏を養子にもらった。南洋の葬式は外幸氏が出した。昭和五年に墓を建てたのは南洋で、親の死か何かの必要によるものであろう。

2. 南洋は富山市へ来る前は、「大正生命保険」の北海道の支店長をしていたという。したがって大正七年の米騒動以後北海道に移っていたことになる。文学や『高岡新報』の通信員だけで喰える筈はないので、水橋時代から保険会社に関係していたのかもしれない。

3. 孫ほど年が開いた養子なので、外幸氏は南洋の水橋関係のことを殆ど聞いていないが、南洋が自分の親が医者だったと言っていたことだけは、覚えている。廣瀬雅一氏系（仁十郎系）かも知れないとの、連想も浮かぶ。

しかし筆者の希望で小松さんが再度訊いて下さった時（九月五日）は、外幸さんは入院中でしたが、奥さんから聞けたことがあります。南洋の父は達次郎、母はユキで、外幸氏は母方から養子にきたのだそうです。照蓮寺が菩提寺で、（南洋の奥さんは早く昭和八年一二月に亡くなくなり）南洋は昭和三五（一九六〇）年四月二二日、七五歳で亡くなっています。明治一八（一八八五）年生まれということになりますから、「米騒動」の一九一八年には三三だったことになります。「米騒動」当時、彼が『高岡新報』へ電話で記事を送るのを見ていた池田太吉は一八歳、それを後で聞かされた瀧川・市田両氏（証言10・28）は一八歳と一一歳で、市田氏が敬愛する正満又七は一八八〇年生まれ（第一〇章「正満又七の人と事績」参照）で、「米騒動」当時は三八歳だったことになります。

　医者は何代か続くことがあるので、医者である雅一さんの親の慶次、祖父の仁十郎のいずれかも医者で、その兄弟か子供が南洋の父親（医師達次郎）という可能性がありますが、少なくとも外幸氏の奥さんは、慶次・仁十郎・順平という名は初耳だと言われます。他方、達次郎が（甚造を襲名した）甚太郎の弟か、その子の常之助の弟かの場合も考えられます。幸いにして誕生年の判る長男・長女がいるので、長子が父親の三〇±五歳の子として、次のような計算が出来ます。イ）前記系図における広瀬隆一氏は（夫人の手紙）に、平成一八（二〇〇六）年に八七歳とあって一九一九年生まれなので、父常之助は一八八九±五年の生まれ、その父の（甚太郎が襲名の）甚造は一八五九±一〇年の生まれと推算されます。他方一八八五年生まれの南洋の父達次郎は一八五五±五の生まれということになりますから、（一八八九±五年の生まれの）常之助の弟である可能性はありませんが、一八五九±一〇年生まれの甚太郎の兄弟である可能性が大きく、甚太郎の弟ということであれば、名前も太郎・次郎でぴったりしています。

　前述のように、廣瀬甚造家の屋敷は一八九三（明治二六）年五月の大火で焼失した跡に、六戸の住宅が建てられていました。今日小松さんがお住まいの八―三番地は、前述のように明治三一（一八九七）年までは甚太郎が所有し以後は他人に渡っていることが、小松さん所有の登記簿でわかります。達次郎が甚太郎の弟であれば他の五戸のどれかに住み、南洋もそこで生まれた可能性があります。けれどもそれらは、後にはそれぞれべつの人が住んでいるようです。そして南洋は、現在の沢木金物店（中大町四番地）の位置に居たという古老がいます。これは東西橋の（東の）たもとで、まさに西水橋の騒動で騒いでいた派出所の並びですから、西のたもとの篠田親子と連絡して、それを『高岡新報』へ通報するに格好の位置にいたことになります。大正二（一九一三）年の『北陸タイムス』には、廣瀬南洋が東水橋青年会の副会長として名前が出ていますから、米騒動の大正七年には、その会長など、更に世話役的な位置にあったことが想像されます。

解説

東西水橋はその双方の岸で、白岩川沿いから海岸沿いへ「かぎ型」に曲がって続く細長い町で、米価に弱い漁民は海岸から河口部に、商業層・知識層は上流沿いに住んでいましたが、当時、両岸を結びつける橋は上流にしかありませんでした。そのため、米の積み出し港の在る東側海岸部で七月の早期から始まっていた「米騒動」は、同じ東水橋内でも知的階層の廣瀬南洋たちには感知されるのが後れる一方、西側海岸部の漁民にもすぐには広がらなかったわけです。そして八月初旬になって西側にも「米騒動」が起こり、「おとなしい」岡本公夫の拘束というハップニングを誘発して初めて、その救出を図る篠田父子を通じて東側にいる通信の南洋に達したようです。

米の積み出し港でもなく人口も少ない西水橋では、前章で見たように、「米騒動」自体は標準的な漁民のそれを出たものではありません。したがってそれを何らか、「米騒動」の期を画するようなものかのように言うのは、戦前の最も古い誤りを復活するものに他なりません。重要なことは、「おとなしい」岡本たちまで拘束する警察側の過剰反応が、東西水橋の知識層を体制批判に立ちあがらせ、開明的な井上江花の指導する『高岡新報』に通信する、民衆との連携に移らせたことです。このように東西水橋の名望家や『高岡新報』という知識層と民衆との連携が、以前から始まっていた東水橋の「米騒動」とその滑川への拡大を県内外に知らせたのであって、西水橋の「米騒動」自体が何か画期的なものだったのではありません。

『高岡新報』への通信と岡本救出によって、この連携の軸となった廣瀬南洋・篠田兄弟が、ともに先祖に売薬業者を持つらしい東西水橋の知的指導層に属し、岡本公夫自身もそうだったことは、北前船を背後の持つこの業種が、地域の発展に果たした役割を象徴すると思われます。そしてこの層の役割は、一〇年後に正満又吉と篠田耕三が東西水橋で電灯争議を指導することで、もう一度示されることになります。

第六章　米価・「米騒動」・救恤の地元記事

史料2　一九一八年「米騒動」の地元紙記事

凡例：『富山日報』を富日、『高岡新法』を高新、『北陸タイムス』を北タ、『北陸政論』を北政、日付けは例えば、大正七年八月四日をT7・8・4と略す。一日に複数記事があるときは、A、B、C、…で示す。

（富日T7・8・4）

西水橋町は戸数割三歩以下のものに対し内外米共一升に付五銭づつの補助（一人三合五勺平均と規定す但し五歳以下を除く）外副業を取寄せ原価にて販売する事とし、昨日大泉平助氏を神戸に急行せしめたり。

（高新T7・8・4）女軍米屋に薄る

百七八〇名は三隊に分れて町有志及び米屋を襲う。

中新川郡西水橋町は全町の大部分は出稼漁業を以て生計を立てつゝあるが、漁夫の出稼先なる樺太方面は非常の不漁にして仕送金全く途絶え反って帰路の旅金さえなく、留守居の家族に向け送金を申込み来る有様なるより昨今の米価暴騰にて家族は生活の困難甚だしく、今や食うや食わずの悲惨の状態に陥れり、果然昨日午後七時過ぎより漁師町一体の女房連は海岸に集合し其数百七、八〇名に達せるが忽ち五六〇名宛にて三隊に別れ一隊は浜方有志方へ、一隊は町内有力者方へ、一隊は町中の米屋及び米所有者の宅を襲って現下の窮状を訴えて所有米は決して他地に売却せざる事、此際義侠的に米の廉売を為されたしと哀願し尚若し之を聞き容れざれば家を焼払い一家を鏖殺せんと脅迫して事態穏かならず、斯くと急報に接したる東水橋警部補派出所にては安ケ川主幹以下巡査数名出動、各隊を擁して解散を明示たる為め夜一〇時頃に至り漸く離散せしも一部の女共は尚数名宛隊を組みて米屋の前に張番し今徹宵に及びたりと言う。（西水橋電話）

（高新T7・8・5A）女一揆が更に東水橋にも起る

六七〇名の一団が示威運動　西水橋に共鳴して大不穏

中新川郡西水橋町の漁師部落の家族は昨今の米価暴騰にて餓死に瀕する惨状に陥り、一昨夜遂に不穏の行動に出でたる事昨紙に於て逸早く報道したる所なるが、此険悪なる風潮は忽ち隣町なる東水橋に伝播し昨夜遂に漁師家族の大一揆を見るに至れり。東水橋町民の多数も亦た西水橋町と同じく出稼漁業を以て主なる生活を営めるが、出稼地の不漁の為本年は家族へ仕送金全く杜絶し留守居の家族は労働にて辛くも糊口を繋ぎ居たるも、昨今は米塩を購うの力を失い困窮其の極度に達し悲惨の状態に在り、而して一昨夜隣町西水橋漁民家族の蹶起をきくや一斉に共鳴する所あり、昨朝来女房子供は三々五々何事か密かに語り合いて不穏の模様ありしが俄然薄暮七時頃に至るや各々家を出でて海岸に集合する者六七〇名の多数に及び夫等は隊を組みて町中に練込むや、町長の私宅を筆頭に町会議員、名誉職員、有志を順々に訪うて瀕死の窮状を訴えて応急救助を乞う所あり次いで米穀商及び米所有の家々を襲いて米価暴騰は他へ送り出す為なれば、今後一俵と雖も他へ売渡す可からず之を聞き容れず相当の手段を採るべしとの意を以て脅迫したり。之が為め前日通り水橋警部補派出所が安ケ川主幹以下署員全部出動此女軍の解散に努めたるも多勢に無勢にて警官制止に耳を藉さず、全町湧き返るが如き騒擾の裡に夜半一二時過ぎ漸く鎮静したり。当夜就中喧騒を極めたるは新上町高松長太郎方にて目下白米約千俵を所有せるより、数百名の女軍の一隊は同家を襲い居合わせたる長太郎妻お何に対し米を売るなというや、利かぬ気のお何は私の所は商売だから売るも売らぬも勝手なりと言放ちしものから、女軍は大に怒りてお何に悪罵を浴びせ懸けお何も負けずに口論して「お前さん達のような者は食えねば死んで了え」と暴言を吐き散せしより女軍は益々憤慨し、お何を殺せと殺気立ちて一時は如何なる椿事の出来せんか測り難き形勢なりき。（水橋電話）

（高新T7・8・5B）積込汽船を襲わんとす

東水橋町漁民家族の動静は今朝来倍々《ますます》不穏に赴きつゝあり、直江津小樽間定期航海汽船幸明丸が東水橋町莚商西川利吉氏の藁莚積込の為め今朝水橋に寄港し、午後八時頃より積荷に着手せんとするや之を聞込みたる女共は米の積込と早合点して忽ち二百余名の一団は海浜に集まり、夫より幸明丸及び西川方を襲わんとしたるが間もなく米は非ず藁莚と判明したる為漸く解散したり。（水橋電話）

（高新T7・8・5C）太鼓合図に今夜再襲

町民の蜚語に依れば今五日夜七時太鼓を合図に漁夫家族一同は同町海岸の諏訪神社境内に集合、再び町の有力者と米屋を再襲し徹宵すべし

と。（水橋電話）

（高新T7・8・6A）東西水橋の一揆形勢

善後策を協議　中新川郡東西水橋町漁民家族の一揆に就ては一昨、昨連日に亘り報道の如くなるが西水橋町役場にては昨日午後三時頃石金町長不在なりしも飯田助役は各町の総代二、三宛を役場に招き善後策に就き協議し安カ川派出所主幹も臨席して不穏の挙動に出でざるよう事理を説き、総代より各伝達せしむることとしたり、又た東水橋町にては昨日町費の決算認定の為め町会を開きたるを機に石黒町長等熟議の決定要するに外米を速に引き来ることが細民の生活を救う一助となるべきを以て、人を特に神戸の外米指定商人の下まで派することとし彼是詮議の末、丸水運送店員大泉平助を昨夜中に神戸に向わしめたり一方、使丁を各町に奔らせ騒擾喧囂《ごう》を極めるは却って人気を落し人心に不安を抱かしめるを以て穏便に事を処するようと注意せしめたり、是れが為め同夜七時を合図に海浜の諏訪社に集合し前晩同様、高持ち或は米屋を襲うという計画は中止されたる模様なりき、併し同日中役場前を新庄方面より米を積載したる荷車五台の通るや、漁師の女房連約五〇は車を阻止し米を遣らぬと喧囂《ごう》を極め居たるより巡査来りて追い散らしたるが、形勢穏かならざるより滑川警察署より刑事一名を特派したり、因に西水橋にて一揆連の訪れたるは石金町長宅、藤木治郎平、斉藤定次郎、中田才次郎の各高持ち及び金谷米商方にて、東水橋にては石黒町長宅、飯野松次郎、小松武右衛門、尾島治平の各高持ち、高松米商並びに仲仕頭市江平吉方等にて仲仕頭を訪いたるは米積みの荷役を受け呉《く》るるなと懇願したる訳也。

（高新T7・8・6B）漁民家族の不穏につき

当局者の談　東西水橋に於ける漁民家族の不穏に付、水橋警部補派出所に安カ川主幹を訪い、曰く「大挙して町長宅等を訪いたるは事実なるが、何れも蒙昧の輩とて町中の米を他へ搬出せざれば価格は上らざるものと心得居るようなり、故に只管に米を他へ出さざらしめむと努め見張りを為すと言う有様なり、而して男は少しも加わらず女のみなるは或は亭主連が裏にありて糸を引き居るものか、或は単に女連のみが井戸端会議の結果、雷同して集団したるものか不明なり人数は多けれど実際に困ると言うものは幾程もなく、町内の義理やら野次的に付いて廻るものもある模様なり、要するに役場と協議し鎮静に努め居るが、未だ真に救済を策せざる可らざる所までは到達し居らざるよう考る」云々。転じて東水橋町役場に到れば町長帰宅し麻柄収入役に会う、曰く「此の二ケ月間は当町漁民の収穫時たる太刀魚漁期にて漁民は相当の収入を得居る筈なれば、其の日の糊口にすら差支える程度に達し居らず、故に先ず外米を速に取り寄せることが救助の意味となると信じ、本日町会を機に協議して人を神戸に派することをしたり、漁民の家族は多く亭主の腕に頼り自ら働かんとの考えは薄きようなり、故に此頃荷車牽きを為し居るものは夫婦共稼ぎにて確実に生計を営み居れり、彼等は徒手餓を訴えんよりは夫を援け労銀を得るよう心掛けるが至当ならむ」云々。

（高新T7・8・7A）一揆更に派出所を襲う

中新川郡東西両水橋町漁師町の細民家族等が一揆を起したることは既報の如くなるが、水橋町警部補派出所にては右一揆の巨魁として一名の男子及び三名の婦女子を引致騒擾罪として取調べつゝあるに対し、前記一揆に参加したる漁師町の家族連は之れを関知するや、昨朝来業を止めて同派出所前に押寄せたる者三百数十名、彼れ等は口々に警察の不法を鳴らし罪は引致されたる人々に非ず我々なり、若し罰するならば我々も共に罰せよと称して去らず、一方別働隊の女軍は海路船に乗じて滑川本署に陳情する等事態益々険悪に陥りつゝあり、尚お聞く所に依れば官線水橋駅前拾郷運送店より昨六日午前東京に向け玄米一車発送せんとしたるに、之れを聞き知りたる女軍連は更に同列車を襲い右玄米数百俵全部を荷卸して発送を不可能ならしめたる由。（水橋電話）

（高新T7・8・7B）両水橋協定の救助案愈々決定す

最先に一揆的不穏行動を見たる中新川郡西水橋町及び東水橋町の両町長は、昨日井関中新川郡長より召集せられて郡衙に出頭、郡長両町長は額を鳩めて窮民救助の善後策に就て協議したる結果、郡長提示にかゝる共済案

一、窮民救助は戸数割負担者歩合三歩以下を程度とする事
一、救助すべきは五歳以上に限る事
一、救助は一人一日の食量男女と老幼を問わず平均三合五勺とす
一、救助は内外米を問わず一升に付五銭宛の値段割引を為すこと
一、前記救助の期間は九月一五日までと限る
一、救助（米価割引）に充つべき現金は篤志家の寄付に俟つものとす

以上の方針に基き直ちに救助を行なう事に決定、両町長は帰町即時何れも町会議員及び有力者を町役場に集めて協議会を開きたるが一同之

を異議なく容認したり、茲に於て両町長は更に同町統一的の救助を為すべく会見打合せを為す所あり、各町総代に対し此旨通知すると共に町役場有志協力救助に従う事とせり、而して両町の興提案は左の如し。

一、救助米は外国米を本位とす
一、五歳以上の男女子に救助する事、但し九月一五日迄と限定す、其の時期は都合に依り伸縮する事あるべし
一、八月九日より一八日迄内地米を売出す事
一、外米の到着したる上は内地米の売出しを止む
一、内地米は毎日五〇石を購入れ一升三五銭にて売渡す

尚お両町は本日五戸以上負担者に対し右寄付の勧誘に着手したるが、東西水橋町にて五戸以上負担者は被救助者たる三歩以下負担者は五百三〇戸の多きに達する見込みなるが、之に要する救助費用は約一千五百円なるべしと。

（北タT7・8・7）越中女の権幕　両水橋町より発する

一升の米が四〇銭とは飢饉相場に近い、四〇銭の通貨は中産以下の民富では無雑作に得られる額ではない、米が買えたにしても塩を振りかけるか或はお粥にする生活難を忍ばねばならぬ貧家は少なくない。是では天明年間の竹槍蓆旗などと言う不祥事が突発しまいかと何人も密かに危惧し始める。併し全国の新聞を通覧しても未ださる騒ぎは炸裂していないのに、豈図《あにはか》らんや憤怒の狼煙は真先にわが越中から而も意外、繊弱い筈の女人団から横噴された。仏門の感化深く概して敦厚《とんこう》な民俗だと肯定されてる北陸地方の而も婦女団から富豪脅迫に類する所か、既に真剣になった大々的デモンストレーションが前夜強行せられ、米価暴騰に対する反抗の陳勝《ちんしょう》呉広《ごこう》となったとは洵に謦咳すべき出来事でないか。戦前幾度か倫敦《ロンドン》の町を暴れ廻った女子参政《サフレー》論者《ジスト》の鳴物入りの躍起行列は脂粉と柔和をのみ衿としてる日本の女には到底も真似る事は出来ないと思われたのに、背に腹は換えられぬ生活難に差迫っては忽ち虎の如くサフレージスト以上の大示威運動を敢えてするとは遉に生存欲の旺盛な日本人の母たり妻たるに相応すると寧ろ吾人の意を強くするに足る程である。

斯かる女性の匿れた反抗的勇気が先ずわが県の漁師部落から渙発されたことは見逃し難き現象である。少なくも越中の年増女には悍馬の如く意力あり、蕞爾《さいじ》たる一小県に於て年々二百万石近い米産あらしめ、或は乗切り無尽蔵の水産を開拓する黽勉《びんべん》能動な越中人を産む適性の偶然でない事を連想されるでないか。郷土の

報土業者《インポター》が彼等の職業的技巧を無心に用いて誇張した筆致で之も中央都会に急報し大新聞が更に煽情的な潤色を加えて報道する時如何なる反響を人心に加えるだろう？　六七百名の女一揆が全町の富豪を襲い地米を一切外に売出すな、売れば承知せぬぞと火の如き啖呵の喊声を挙げる富豪の妻孥《さいと》も唯々諾々たらず衝突は忽ち起り全町湧き返る騒擾に警官来り深更漸く鎮撫したと言う事は三伏の猛暑と暴騰した米価に万人悉く亢奮し苛立つ時も時、何人にも油然《ゆうぜん》たる同情を煽らぬではやむまい。数日前東京では米価暴騰に就いて市民大会と大書された状札が所在に発見されたので警視庁は大恐慌で警戒した位だ。辺陲の婦女団示威運動は決して徒爾《とじ》でない、少なくも農相をして芒刺背にありの思い在らしめ、最善か或は奥の手を遂行するの緊張を保たしめるに違いない。

　農政当局は内国の在米を豊富で七月末千五百万石だなぞと揚言してるが、突然米調査の結果を厳秘にせよと電命する様では内心恟々ものらしい、又各自米の消費を謹めなどとは愚訓令も甚だしい、空腹を忍び何の働きが出来るか。斯る慌て気味では其対米価施設に鹵莽《ろもう》粗笨の点が多く世間の批難が偶然でない事を連想せしめる。併し実米の残高は当局の楽観する如く左程欠乏せず地方の各倉庫に堆積されてるらしい、外米も続々買付けられる、故にわが漁村の婦女団も此上甚だしく亢奮する必要はあるまい。況して我県は米産地で大農は少なくない。彼等は決して同胞の窮苦を見殺しにする程冷酷ではない筈である。寧ろ吾人は満天下に先んじて生活難の示威運動を試みた婦女気質に驚異を感ずるのだ、嘗て憲政擁護運動の起った時憲派の一領袖は本県に遊説し来り「北国人は可燃性がない」と匙を投ずる如く失望の呟きを洩らした。満天下に先んじ而も婦女が一揺を起したとせば此非可燃性の譏《そしり》は鮮かに拭まれたものだ、此可燃性を児曹の血管に多く与えよ。

（北タT７・８・８）女群押寄す　滑川魚津生活難の悲鳴　米価の狂騰を叫び豪家に迫る

　中新川郡滑川町海岸一帯の細民漁師の婦女子約三百名は各裏町さいみんと示し合わせ数日前より米価暴騰の為め生活難に襲われ居るを口実に、同町の富豪斉藤仁左衛門、斉藤浅次郎、米肥会社、金川宗左衛門其他の米商を襲い安価に米を販売せざれば餓死すると徹宵隊伍を組みて不穏の態度に出ずるより、同地豪商家は人心恟々あるものあるが此二日間も婦女子数百名金川宗左衛門倉庫前に集合し店主に米を安売りせよと口々に怒号し乍ら騒擾を極めたるより警察官数名急遽出張し鎮撫に努めたるが、女軍一隊は容易に聞き入れず約二時間に亘り窮状を訴えて喧囂《けんごう》を極め、其光景実に物凄じきばかりなりしも漸く警察官役場吏員の慰撫により夜明け頃解散したりと、而して此の婦女子一揆其後役場の鎮撫も肯かずして猶増大する一方にて一昨夜の如きは約六百名ばかり海岸に集合し、数隊に分かれて前記斉藤仁左衛門外数軒を襲い此際窮民を救わざる者は悪魔なり鬼畜生なりなどと怒号し形勢頗る猛烈を極め、鎮撫に来れる私服巡査某の如きは小理屈をならべたりとて端なくも女一揆の反感を買い下駄にて頭部を殴打せられたる由にて一揆の暴状益々熾烈とならんとする形勢にあれば町役場に於て捨て置けずとなし、昨日臨時町会を召集し窮民救済に関し善後策を講究する所ありたり、尚滑川町の東隣東西水橋町にも連日窮民婦女子の一揆起り米穀積込みの為北海道より来れる汽船を素手にて追い払う等騒擾を極め居るが、此れ等の不穏事猶拡大して魚津町に伝播し一昨夜の如き同町漁師町一帯の窮民婦女子矢区約二百名は海岸に集合して何事か示し合わせたる上同町富豪山沢長九郎氏の精米倉庫を襲い、窮状を訴えて喧噪を極めたる由にて同町米商等は人心恟々たるものありと言う。

（高新T7・8・9）細民救助の町会を開く

救助案の可決

一揆の起れる中新川郡東西水橋町長及滑川町長は一昨六日郡衙に井関郡長を訪い善後策を疑義の結果右三町共に臨時町会を急遽招集し公費の救助を俟たず各自町の有力者より寄付を募り、戸数割三分以下の負担者及免除者茲に戸数割三分以上六分以下の負担者中家庭の不幸等にして救恤を要すべきものに対し、昨七日より来る九月一五日迄各戸五歳以上の家族数に応じて一日一人三合五勺の平均にて可成廉価の米を町役場に於て供給し、而して其供給米は一升に付五銭宛右寄寄付を以て補給することに申合せたるが、東水橋町昨日午前町会を開き之を諮りたるに異議なく可決直ちに寄付金募集を開始しなるが、午前中に約八百円寄付の調印纏れりと、本町の三分以下のものは約五百戸には寄付金は二千円を募る計画なりと、西水橋町本日町会を開く也なるが三分以下の被救助戸数は約二百戸なりと。

（高新T7・8・10）漁民の女房信州へ相率いて出稼

長野県上伊那郡中箕輪村字松島の伊那電子停車場に六日午後二時着下車せる若き廿六名の女の一団あり、此は過日米騒動を起こし居れる中新川郡西水橋町漁民の女房連にて彼等の語る所に依れば、同町の漁民八百余名は生活難の為漁師を辞めて出稼すべく何れも信州路に入りたるにて彼等も其一隊なりと。

（北タT7・8・14）富山から信州へ流れ込む女房の群れ

亭主が拘引された留守に可愛子供と別れて悲しい出稼

女房一揆烽火を揚し滑川、西水橋両町、富山市等の女房連は夏蚕秋蚕の稼ぎ口を求めて続々南信地方へ流転しつゝあり、九日松本駅着終列車には二〇名翌一〇日も二〇名、中央線辰野、岡谷、明科の各駅にも一五六名乃至三〇名の出稼婦人下車せしが多くは二〇歳より五〇歳位まで中には又一七八の美少女も交じり、汚い着物に風呂敷包を抱え安宿を求めて分宿し明れば南安曇郡及東筑摩郡等へ三々五々散り行く敗残の後影いと哀れなり、其一人は語る「国許には亭主も有り可愛子供もあります、又一行の中には年老った両親を残して出て来た人や産後日柄も立たないに嬰児を預けて来た人もあります、国では今年も漁は可なりですが暑中とて一時間も保たずに腐り遠方へは送れず、界隈で触れ売りしても一日一〇銭か一二三銭が高々です。初めは役場や米屋へ手を合して頼んだが無慈悲な人ばかりで相手にしてくれません。今度の騒ぎで亭主は警察に引かれ其の留守に子供を賺して土産を買って来るからと言って出て来た人もあるが、土産所ではありません」云々。

史料3　一九一八年「米騒動」期の救恤（『水橋郷土史』第一巻六八三頁）

一九一八年米騒動期の救恤（『水橋郷土史』第一巻六八三頁）

救　恤（水橋町）

大正七年七月上旬ころより米価暴騰を来し、之れがため細民救済として御下賜金九六円二七銭及び救済寄付金七四円と併して百七〇円二七銭の交付を受けたるにより、左の通り細民へ救助したり。

第一回　大正七年八月二八日

救済金額　救済人員　白米買上総量

九七円一八〇　五〇五人　　二石五二五
（三歩以下の細民一人均一、白米五合宛を交付す）

第二回　　大正七年九月二一日
六七円〇〇〇　　二六八人
（三歩以下中最も貧困と認めたるもの一人に対し金二五銭）

第三回　　大正七年一一月二一日
六円〇九〇　　一二〇人　　三〇〇合
（二歩以下中至極貧困と認めたる者に外米を交付す）

恤　救　　大正八年（西水橋町）

米価暴騰のため大正八年中に細民に救済米を施与し及び外米を廉売したる概況左の如し。

1．極貧者二〇戸の救済として一月二五日より一〇日間、家族一日一名の飯米三合宛の割にて一升に付き五銭づつの廉売をなす。

2．貧富の階級を別たず外米を左の方法により希望者に廉売す。
一升廉売額　三五銭
廉売米数量の制限、家族三人以下一斗以内、四人以上二斗以内

3．七月一日より向う三カ月間、左の方法により外米の廉売を開始す。
廉売者の資格　　戸数割三歩以下の細民

大正時代の東水橋町役場

戸数　　　　　　　二七戸

延人員　　　　　　八五人

一名一日の飯量　三合五勺

飯量一升救助金　五銭

追記

下条村の資料整頓せず、此処に記載することが出来ず、甚だ申し訳けありません。同様の方法は東水橋町に於ても行われた。

第七章　連隊への出動命令とシベリア出兵期隊内暴動

証言29 横山藤吉さん「連隊に出動命令が出ていた」

水橋新大町五三三五、明治二九年生

第1回（一九八五年七月二七日テープ）

六九連隊というところ

飛騨のもんな富山で世帯持っとるが、大分いますよ、呉羽むらい（なんかに）沢山おるわ。関西電力の発電所ぁ五箇山の方にできて、そっちゃダムになったから一〇年ほど前に移ってきたが―。呉羽にでかいと、今ではや死んでしもとるけど―。兵隊でも昔、やっぱり関係あった。わしらの時（大正五年一二月一日入営、註1）でも、約三分の一は飛騨の兵隊ぁ仲間におった。（第）1大隊、（第）2大隊、（第）3と大隊あって、それぞれに四個中隊ずつあるから、一連隊に一二個中隊あった。わしは肩書きからいうと、第九師団の第六九連隊の第1大隊の第1中隊（註2）いうことになっとったがや、一番右翼（に並ぶ）。

- 第九師団（特科部隊略）
  - 歩兵第六旅団
    - 歩兵第七聯隊　金沢
    - 歩兵第三十六聯隊鯖江
  - 歩兵第三十一旅団
    - 歩兵第三十五聯隊金沢
    - 歩兵第六十九聯隊富山

1．日露戦後の軍拡で、金沢の九師団下に富山六九連隊が出来たので、金沢の三五連隊へ行くのは、富山からは呉西地域だけとなった。

2．同中隊にいた大正五年兵七二人のうち、この時点での生存者は大橋伝次氏　明治二九年一〇月五日生（富山市水橋池田館　電話七八―二一八〇）犬島勝平氏（富山市岩瀬新川町二七八）。

3．『富山聯隊史』によれば村井多吉郎。

今の（富山）大学（の正門）になっとる衛門入ると、右手のすぐそばに（現在講堂が立っている所に）連隊本部あった。ここにいつも連隊長ぁ居る。それから、あの（正門の）前に警察（派出所）が立っとる。あこは（第）三一旅団やった。師団の下にまだ、旅団司令部っていうがあるんですよ。それが三五連隊と富山の六九連隊を下に持っとる。今は派出所があるが。大学の門からまっすぐ呉羽の村へ入ったとこに、小さい郵便局もあった。突き当たりはありゃ旧国道じゃがね、あこへ行くまで両側にろくに家ゃなかったです。

旅団長の位は少将や。連隊長は大佐です。中隊長ぁ大尉だけど、中に欠員のときぁ中尉で中隊長しておるがもいました。わしらのとき連隊長は…村井やった（註3）。もう六五年たつので忘れてしもた。大隊長はそのころ中佐、連隊長は大佐、それが常識ですね。連隊長や大隊長には馬丁ゃおって馬に乗とった。民間の馬丁を使ぅとれど、戦地になりゃ兵隊のがおった。直属上官いうて中隊長、大隊長、連隊長、それから旅団長、師団長、直属の隊長の名前知らなんだと、覚られんかったと、新兵の時むらい（なんか）ぶん殴られたもんです。少・中・大将とおるがを将官という。それから佐官いうが、連隊長の大佐・中佐・少佐とおる、大隊長は少佐。

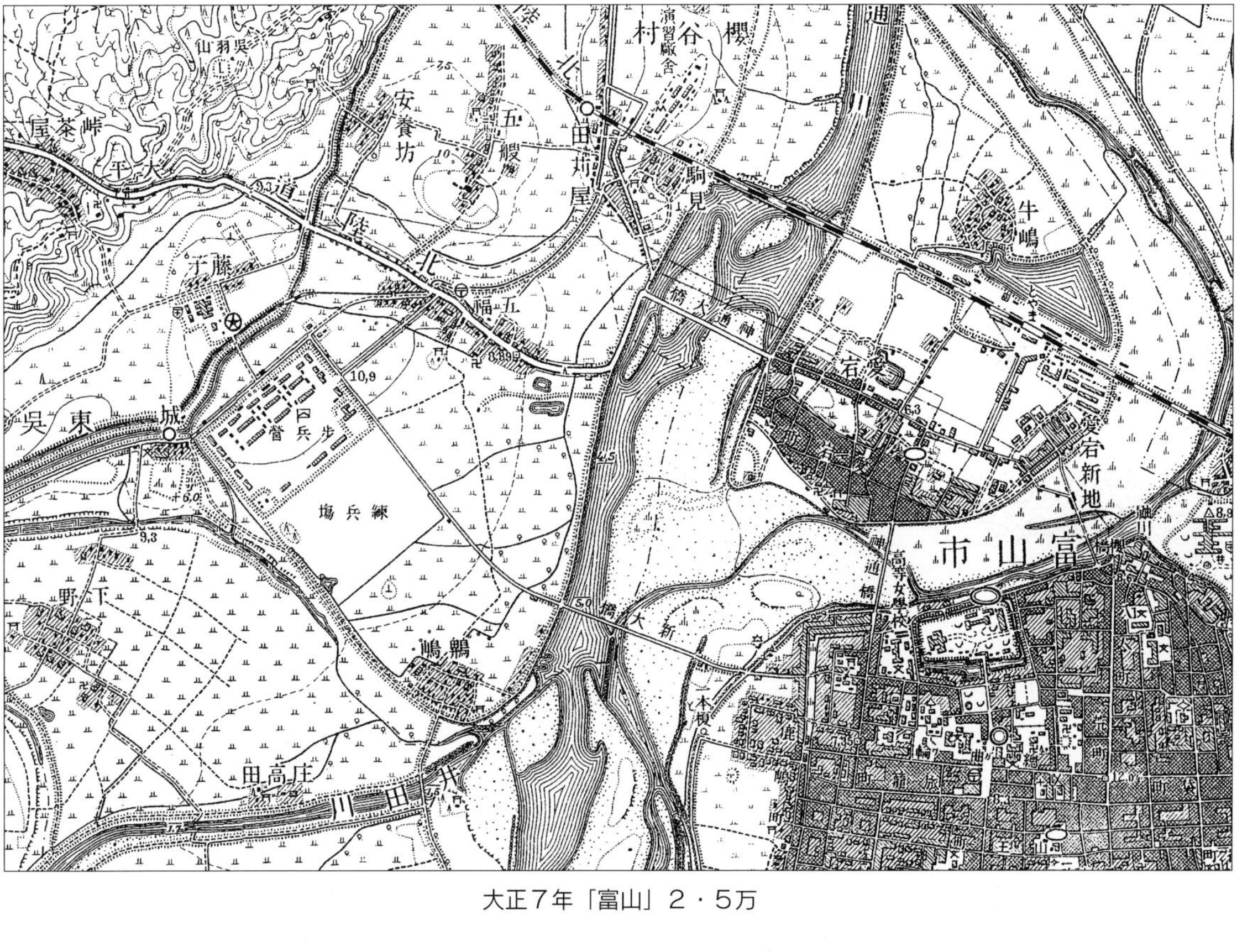

大正7年「富山」2・5万

それから中隊長は大尉だ、その下に大尉、中尉、少尉とおって、その下が特務曹長。

各中隊に特務曹長というのがおる。こりゃ事務次官だちゃ、今でいうと。これが中隊の事務を扱うし、将校の欠員の時、軍隊でもやっぱり将校が病人のことあるからねぇ、そういう時ぁ特務曹長がやる（代行する）。演習にも出りゃー、中隊3つに分けて1小隊2小隊3小隊っちゅ時の小隊長でも。尉官でないとできんがで、欠員なら特務曹長がやる。中隊長は自分の宿舎を持っとったから、そこへ夜中でも連絡するがも特務曹長。昔はね、日露戦争後は現役志願いうて、兵隊暮らしするつもりなら、新兵から特務曹長になるまでは一〇年ほどかかった。幾らできても（成績がよくても）成れなんだ。それが亦わしら出てから軍縮になって、将校の余ったやつぁ連隊におらずに中等学校に配属（将校に）された。特務曹長ばっかりそういう学校へ配属になったちゅうわけでない、中には中尉もおる、少尉もおりますよ。大尉でも軍縮になって、だんだん連隊減らいたから余って来るし、大尉なら学校でも大きい学校に回される。

正門入って左手は衛兵所いうて、門番どもがみんな番しとる衛兵所だ。衛兵のおる建物の裏に、昔ぁ営倉と言うとったんだが―。悪い兵隊どもぁね、みんなそこへぶち込んだが。だから衛兵はその番もしとった。今の野球場の近くは将校集会所やった。将校どもぁお昼はそこへ行って食べる。何か会合あるというと将校以上ぁそこで会合した。（富山大学になった）今でも煙突立っとるあこは、炊事場でご飯のごっつお（ご馳走・食事）拵えるところ。中隊に炊事当番ってやつぁおる。そいつぁ炊事場でご飯、おつゆこっしゃえ（拵え）たり、漬け物でも何でも配給になるやつみんな、中隊の分だけ炊事上等兵が…無駄せんように運んできた。わしら給料は、普通の兵隊ぁ一日五銭ぎり。だから歌の文句にもあったが、一〇日、一〇日で五二銭しかあたらんが。だれど五二銭持っとるというとねぇ、外へ外出でもせん以上は、またあった（足りた）が。入浴に行くがに石鹸とちり紙と歯ブラシ・歯みがき、そっだけ。後は食事。食事は腹減るもんじゃから五銭きりもろとんがに…。酒保が一週間に一ぺんある（開く）こともある、二へんあることもあったがー。腹減るけね、そいうとこ行って餅でも何でも食うがちゅもんだ。酒保いうがは毎日ちゃやらん、連隊によって違う。南ちゅうもんか、奥の方に酒保があった。腹減ったら、わしら一番に酒保へ行った。駆け足で行ってパンでも餅でも買うて食べたもんじゃ。

「盆ちょっと前、八月一〇日前」のことだった

わし二年兵のときは、中隊で抜擢されて連隊本部（詰めに）ばっかり行っとった。連隊本部の建物と同じ棟に各大隊の本部があった。連隊本部と建物は一つ、皆んな仕切ったれどね。連隊本部・大隊本部はみんな電話あった。今は猫の杓子も電話とっとれど、そのころは民間は百軒に電話一つほどしかなかったです。富山市でもそうだったです。師団司令部から連隊へ命令ぁいくと、連隊長がまた大隊長に。そっで命令どもぁ来ると、電話かかってくる…。連隊本部から大隊本部へ連絡する。大隊長の部屋の事務しとるもんなおりますから。その者に、電話ぁ連隊長からかかっとりますよて案内するだけでー、わしらは何の電話きとるやら知らんがやちゃ。

　わしらは軍隊へ入った大正五年のころぁ一升一三銭か一四銭ぐらいやったが、わしら二年兵のときの大正七年に、「米騒動」ぁ起きた。大騒ぎでなけりゃ軍隊ちゃ何だけどねぇ。「米騒動」で騒ぐおっ嬶《か》ちゃんども、警察押さえ切るわけにいかんもんじゃから軍隊、六九連隊へ。六九連隊だって、金沢の九師団の命令ぁなけんにゃ勝手に出るわけにいかんけど、九師団の命令で六九連隊は鎮圧に出ぇいうがでー。わしらそのとき二年兵（で師団司令部付）だったから、命令を受けたわけでー。

中隊長の言うこと聞いとりゃえゝちゅうことでー、たくさんの兵隊が。一個中隊ぁ初年兵と二年兵で一五〇名ほどですからねぇ、そっだけが「何処そこ行くどこそこ行く」言うてぇ。わ

上泉に於ける歩兵第六九連隊の前進
（『大正13年陸軍特別大演習竝地方行啓記録』昭和２年９月10日発行 富山県）より

しらの中隊ぁ魚津へ行くのとね、水橋へ行くのと二分れになるわけだった。だから（一カ所へは）たった七〇人ほどの兵隊しか行かんが―。

質問者　そうすると、滑川へ行けというのはなかったですか。

—滑川へ行け言われたがは（わしの第）1中隊でない、どの中隊かあった。あ、、中隊が違う。

質問者　そうすると、幾つぐらいの中隊が派遣されそうになったもんですかねぇ

—何でもあんときねぇ、魚津と滑川と…。新湊はどうじゃったやろな、覚えぁないわ。わしら自分な、やっぱり1中隊の管轄だけしか聞かんもんだからねぇ―。

質問者　泊や…？

—泊どもはなかった。

質問者　そうすると確かなところは、魚津と水橋と滑川ですか？　滑川は別の中隊が行ったはずだ、いや行きそうになった。

—うん。七月の月末ごろ、だんだん騒動がひどなったがで、「米騒動」が起こったが七月へ入ってからお盆ぐらいまでだったけど、本当のひどいのは八月入ってから。（命令の出たのは）何でもお盆のちょっと前だった、八月の一〇日前だった。忘れてしもた、あのころは軍隊でわしらも日記を厳重に書いとったれど（軍隊手帳に書かされた）、その日記どもどこ行ったやら。

「水橋のもんナ、水橋へ鎮圧に行かれんがじゃ」

「我が中隊は何時出発、武装して、そして何時までに整列！」。戦争と同じで命令じゃけね、たった五分か一〇分で武装せんにゃならんがやぞ。「さあ」と背嚢つけたら、背嚢の中へ入れるもんもちゃんと決まっとるが、うん。演習なら何んと何ん入れる、戦時ならどうだ、実弾もあたる（配られる）が。いつも持っとるのは空包といって、空弾《からたま》を持っとったが―。実弾ちゅうやつぁね、今いう城端のあこの立野ゲ原、ありゃ九師団の（演習場で）、金沢の三五（連隊）もくれば六九もいく、砲兵も行く。工兵も実弾の射撃はあこでよくやった。本当の戦争になりゃ実弾があの頃は一六〇発、一人一人の体につけとらんにゃ。背嚢の後ろへつけるがもありゃ、それから帯革のここ（両側）へ。こいつぁ一五発（ずつ）入れて三〇発。それに銃の中に、あん時は三八銃ちゅうやつぁ五連発だから、弾は五発ずつ入る。そいつをみんな持ってぇ―。うん、重いがで腰ゃ千切れにかかる（そうになる）よォ。それで以って跳んだらかんにゃ（跳んで歩かなければ）ならんがだねけ！。アア、かなわん。どんな深い川あっても「ぜんしーん（前進）！」いうたら、真っ直ぐ進まんにゃならず

ねぇ―。

質問者　このときは何発持たされたんですか

―滑川だ水橋だっていう時ぁ、一人に三〇発ぐらいぁ実弾ナあたって（配られて）入れとった。そん時、整列してわしも（連隊本部の）前へ出とったんだけど―。そのォ事務官の特務曹長ぁ、回って来た。後から魚津の中学校の教官になってきた、高田梅次郎いう人で、わしはよう知っとる。この特務曹長ぁ、「横山、お前水橋だったの?」。「はい、そうです」って言わんにゃならんまい。「水橋の者ナ、水橋へ鎮圧に行かれんがじゃ、お前引っ込んで又連隊本部へ行っとれ」っ言うが―。「はい」言うて、また連隊本部へ（戻って）行っとたんです。

「おさまったから」と出動中止

そのうちに今度、皆んも行かんでもいいいうがになった。何時に出発と言うとるがに、又こんた連絡が来て、おさまったから軍隊は出動せんでもいいと言うてぇ…。

質問者　その日のうちに命令が変わったわけですか、何時間ぐらい待機しておったものですか

―ほんのわずか一時間ほどやね、命令ぁ下ってから。武装して（連隊本部の）前へ出て整列して、外で規定のもの持っとるかどうか、武装検査したがだからね。中隊ぁ出発せん先にまた戻ったわけや。戻りゃ実弾どもぁみんな返さんにゃならんが。

質問者　そうすると、（三郷の）大橋さんとか（岩瀬の）犬島さんも、やっぱり。

―わしと同じ中隊やった。

連隊本部におると、公用なら金沢の師団司令部へ通しに（しょっちゅう）行っとるが。門監持っとって（外出でき）旧富山市内だけは自由じゃ。遠い処は外出願い、特務曹長に言うて出てくる。それで休日はここ（水橋）まで来て米騒動の様子見とったが、わし（出動中止の）次の日曜の日にも来て見て、（騒動の様子を）親どもにも聞いた―。

その大正七年の一一月の末に、（除隊で）帰ってきた。丸二年勤めた。（連隊には）一二月一日にまた新兵、替りが入る。戻って来たときぁ、まだ米は安なっとらなんだ―。

軍隊手帳は進駐軍に見せるなと処分させられた

軍隊手帳わしら持って帰ってきた。満期の時ぁ奉公袋って一つずつ貰うてきたもん、そん中に軍隊手帳も。持って帰って来たれど、こんた（今度は）今の「大東亜戦争」に（負けて）進駐軍なアメリカ来たらねぇ、軍隊手帳やそうい

うもん持っとったと、まだ戦争する気ゃあるって云われるって、言うてぇ。みんなアンタ内緒で、地方の町村長へ命令がきてねぇ、皆んなそれを燃やいたりしがー。

質問者　ひどいもんですね。

—そう。軍隊手帳ちゅうのは今の免許証みたいに、警察官どもぁ持っとるような身分証明書みたい。何もかもみんな書いてあったんです。みんな手帳に書くことになっとった。

質問者　その日記があると面白いですねぇ

—奉公袋っちゅやつも、さっき言ったとおり予備に召集されっとか、後尾に召集されっときぁ、元の現役のときの手帳もみんな持って行かんならんが。わしらのは大正六年から書いた、新兵のときに大演習あった。わしら外地ちゃ守備に行ったことないが、大演習に出たから大演習から書いた。大正天皇ぁ病気で今の（昭和）天皇陛下、摂政の宮さんで大演習指揮して—。

質問者　日記帳、見付けたらまた見せて下さい。

—うん。わしのが除隊してきた時のが、内輪だけの除隊記念の品物や何んかあったが、みんなカチャカチャにして捨てた。誰か水橋に持っとるもんナ居るはずだー。

第Ⅱ回（一九八七年一月三一日テープ）

　三つ年上の兄ぁ朝鮮守備に行かされた。兄が満期になって除隊してきて丁度、わしが入隊した（大正五年。新兵は毎年一二月一日入営）。わし等ぁシベリア行かずに済んだ。除隊後の予備役招集のときも丁度、コレラが流行中やから来んでいい言うことんなって、行かずに済んだ。

　（筆者の持参した『富山聯隊史』を見て、幾つかの事を思い出した様子で）西田（註４）という人が連隊本部付きの中佐で、わしは連隊本部詰になってからその人の伝令をしとった。その人が途中から連隊長になった。第一中隊の中隊長は廣瀬（註５）いう人やった。第一中隊の特務曹長は高田梅太郎で（註６）、弟がセイヂだったように思う。佐野伍長が第一中隊の分隊長だった。

　実弾は帯革の前の両側に一五発（ずつ）入れて三〇発の他に、後の両側にも入れて形六〇発に出来る。背嚢にも入れることがあり、戦時には更に輜重隊がついてくる。米騒動で出動命令が出た時は、弾薬箱は弾薬庫の衛兵がをもって来て、各小隊の前に置いたままの状態だった（註７）。

　（前述の出動中止の）次の日曜、わしが連隊から休暇とってここ（東水橋）帰って来て見たら、高松の前は（人だかりが）そりゃ見事なものやった。

4.『富山聯隊史』によれば西田友幸。

5.前記大橋氏に聞いて、次の補足を売ることができた。中隊長は広瀬貞実。中隊を小隊に分けるのは演習の時だけので、平常は五班に分けていた。中隊の数は、朝鮮守備に行って一ヶ中隊残して来ていたので、そのとき連隊内にいたのは十一ヶ中隊であった等。

6.横山さんは、前掲第一回聞取りの際は「梅次郎」と、第二回には「梅太郎」と言われた。後者の方が、魚津中学で配属将校時代の高田氏を知る人の証言とも、大橋氏の証言とも一致する。

7.横山さんが前掲第一回聞取りの際、「滑川だ水橋だいう時ぁ一人に三〇発ぐらい、実弾ナあたって（配られて）入れとった」と云ったのは、一般論だったらしい。

証言30　瀬島龍三氏の陸軍内での記憶

二〇〇四年秋『北日本新聞』紙上に、石井富山県知事の就任祝いの席上でＮＴＴ顧問瀬島龍三氏が、大正七年の「東水橋で起こった」米騒動の鎮圧に「金沢連隊」の出動計画があったと語るのを、同席の森富山市長が聞いたと出ていると桂書房の勝山社長が教えて下さった。瀬島氏は元大本営参謀で、人も知る『富山聯隊史』の編纂委員長だった人である。但し「金沢連隊」という言葉は、「戦争を知らない」世代の新聞記者の書き誤りであることは明白であった。戦前金沢には第九師団があり、それに属する複数の連隊の一つである「富山連隊」が富山市にあって、現に瀬島氏もその連隊に勤めた時期があったのである。また「東水橋」だけに限定して話されたのかどうかにも疑問があった。

それで同市長に手紙で御都合を伺い、電話で直接うかがったところ、「瀬島さんは、特に東水橋とは言わなかった。当時は小学校一年生だったので、米騒動があったことは校長先生の話しで知ったと言われた。しかし連隊の出動計画があった事も言われた」との御答であった。これを踏まえて瀬島氏に手紙で伺ったところ、氏の回答を伝える秘書の方から、次のような電話があった。「瀬島さんは〈出動計画があったことは、後で聞いた。参謀本部時代だったと思う〉と言っておられる。但し経歴上、富山連隊勤務時代の可能性もあると思う。〈東水橋という言葉は言っていない〉と瀬島さんは言われるから、北日本新聞記者の加筆と考えてよかろう」。氏の自伝回想録『幾山河』（扶桑社一九九六年、三九～四二頁、六六五頁）で見ると、参謀本部時代は昭和一四年で、富山連隊勤務は昭和五年三月末～九月末と同七年七月～同九年末である。

証言31 櫻井安太郎さん「シベリア出兵期、留守隊内にも暴動」

（一九八五年九月テープ）

水橋中出町九三五
明治三一年二月一〇日生

おら米騒動の年に、大正七年の十二月に兵隊、六九連隊へ行った。一大隊に三百人ほどで四中隊つくっとる。その第十二中隊におった。一大隊いうと機関銃やっしねェ。機関銃隊、それから工兵、工兵は師団についとるがやちゃねェ。騎兵ちゃ騎兵隊。その頃ァ山砲ちゅうもんが、やっとかっと出来てきたがやちゃねェ。あん時は厳しかったがでねぇ、整頓な喧しいもんの。自分の番号、銃の番号、銃検査に甲乙丙てあって、中も磨いとりゃ空砲撃った時に出てくる薬莢もピカピカしとる。しとらんにゃ（年）一つ違いでも叩かれる。中に叩いたり、ああいうこと平気なもんおったちゃねェ。電気の笠のゴミなめさせる悪いもんおったちゃね。

一年志願兵との間がまた、ちょっとおもしないがやちゃ。一年志願兵ちゃ、中等教育受けた者入ってきて、二～三ヶ月で伍長になったりする。普通のもんな二年おらんにゃならんがに。そうすっと反発が起こるがやちゃ、一年志願の

（『大正13年陸軍特別大演習竝地方行啓記録』昭和２年９月10日発行 富山県）より

初年兵と古年兵との間にねェ。一年志願兵がいじめられる。古しい奴ぁねェ、あいつらの食器なん洗わんでもいい云うてね。食器洗ろとったと、そんなもん洗うてやらんでいい云う。ご飯あげんがに古しいご飯なくっついとるが、一年志願兵にそのまま出す。そっでも一年志願兵はじき伍長になるちゃー。ああいうことぁちょっと、おかしいもんやね。伍長室は違うねけ、兵隊の部屋と下士官室とね。下士ちゃ伍長・軍曹・特務軍長。そういうえらいもんと、また別だねけ、部屋が違う。

親ねぇ、兵隊に入ったと何か物持って来てー。食べさせせんがに、面会に来るがやちゃねぇ。親馬鹿てこういうもんかと思ってね。おらとこは弟と二人しかおらんがで。来んでもいいがに、汽車まで歩いてって、富山の駅からまた連隊まで歩くが。ほして一週間に一遍でも二遍でも。特に母親だちゃね。今でも母親のこと思うちゃ、なんちゅう親というもんな（子が）ダラ可愛ぃてね。おハギとか何か持ってくる。連隊の中でちゃなん、公けに食べられんがに。隠れてかかって食べとったちゃ、酒保もあったれどね。来んでもいいがにまた来たがかて、親を叱っとったが。さ、また歩いて来るがだもん。教育勅語いいこと書いとるもんじゃ、夫婦相和し親に孝に、てねっ。

ほって二年間で大正九年の十一月に帰って来たがに、次の年にシベリアへ行った兵隊の後の留守隊だ云うて、臨時召集になって、また入ったが。それでまた一年、連隊に合計三年おったちゃ。あん頃、戦争に行く時ぁ長男は留守隊において、おっさん（次三男）ども入れてやったもんだ。戦時編成で一中隊五十人ほどでね。留守隊にもやっぱり三大隊おった。衛兵にも出たし、演習にも出たちゃ。そって大演習に行った時、ちょうど今の天皇陛下（昭和天皇）、摂政の宮殿下になっとるがだねけ。能登と手取川で対抗演習やった。大演習おわって摂政の宮殿下来られた。その時ぁ一番いい服着て、きちんと足そろえて、平常でも南東の方むいて宮城遥拝。

留守隊の隊長いうもんな頭古しいねけ。いったん満期して仕上がっとる兵隊ちゅうもんだ。（兵隊は）遊ばしときゃいいがに、遊ばしとかん。留守隊でも演習もやりゃ、銃剣術もやる。まってやらしとんねェ。集まれ、銃剣術やれ。ほしたら怒ってしもたが、こんだ（もう）満期ちゅう時や。おらっちゃ六九連隊な喧しなったねけ、暴れてねェ。ほして暴れたもんども、騒動起こした奴ら引っぱられてー。やっぱり一年二年食ろた。その頃ぁあんた、兵隊来んもん（兵役忌避）どももおったねけ。そういうもんどもぁやっぱり引っぱられたが。

あの時分な、「共産党」もおったしね（註1）。「共産党」も引っぱられたもんなおったねけ、連隊の中でも。それから射撃いうてもね、ほんとの実弾射撃ゃ何度もあったれどね、一級・二級・三級の間にね、悪い奴ぁなも標的に撃たずに、弾どこでもぶっ放いてくんがおる。そうすっと連隊の成績に関係するねかいね、何点入ったちゅこと案内するがだから。そいがに、悪い奴ぁ「あんなもん、あんなもん、なん、山に打ち込んで来た」云うとる。こういうこと云うとるもんもおる。なん、人間ゃ思想が悪なってしもとるからねェ、「共産党」がおってねェ。ああいう時代ゃあったがだねぇ。

1．この頃は、日本ではまだ共産党が出来る直前だったから一般的に左翼思想の広がりをそう表現したのであろう。

解説

富山県の米騒動は、軍隊出動には全く関係がなかったと思われていた一方で、騒動後発行された『日本弁護士協会録事』二三四号の『会報』欄に、「富山県無事にして騒擾なきに軍隊出動す」と、内容不明の記載があることが指摘されていた。

（註1．前掲『米騒動の研究』第五巻、第二章「米騒動の取締りと鎮圧」松尾尊允執筆）

この疑問に答えてくれたのが、当時富山六九連隊の本部勤務で、その出動命令を受けた当人である横山藤吉さん（東水橋町、現・富山市水橋新大町）の証言である。同じ家並びに住む瀧川弥左衛門さん（第二章の証言者）からそれを耳にした筆者が横山さんに会って得た第一回の証言は、『米騒動通信』第六号（一九八六、一二月二〇日）に発表されているが（国会図書館・富山県立図書館蔵）、概要だった上に、それを同氏に見せて得た第二回証言で捕捉された点もあるので、ここに全体の詳細を掲載した。

瀬島龍三氏の、参謀本部勤務時代か富山連隊勤務時代の戦前期に、陸軍部内で聞いたとの発言は、横山証言の傍証と言い得るものである。

横山さんたちが除隊するのと入れ替わりに同連隊に入って、一九二一～二年までいた櫻井安太郎さんの出兵期の留守隊暴動についての証言は、この米騒動シベリア出兵期には、他の時期には想像できぬ自由闊達さが、天皇制軍隊の中にさえ生じていたことを示すものとして貴重である。

第八章　女たちの回想

証言32　城川カオリさん「ジョーキとランプの頃の奉公」

（一九八九年九月聞き取りノート）

富山市水橋新大町
明治三六年生

私ら子供の頃は、やっぱりランプでねェ。こう掃除する、朝になったとねェ。私の母どもランプの下でよう掃除しとられましたー。電気ついた時は、嬉して嬉してねェ。たった五燭光一つですれど、私ら家が貧しかったもんですから、嬉して嬉してねー。縄（電燈のコード）長ぅして、あっちの部屋やったり、こっちの部屋やったり。幾つもとっとられた家もありましょうけど、私ら貧しかったから。えゝ、電気がついたがはー、小学校の何年じぶんやったでしょうかねぇ。

私むかしは新町におりました、あこのお宮さんの前です。町の生まれで浜の方でありませんけど、幼い時分、浜のほう遊びに行くと、ジョーキ（汽船）入っとりましたね。ほして、大協の社長の石黒重次さん、あの頃は中出町におられましたけど、たくさん煮干し製造しとられましたね。女から子供から使ぅて、（鰯の）頭取らせてねぇ。今も花鰹や鯵の昆布巻きなんか、盛んにやっとられます。えゝ、「かね七」がそっちの屋号で、薬の方が大協薬品ながです。

東水橋小學校々舎

その時分ナもう、小学校は西と東と分れとりました。私はそこ、東水橋の尋常小学校でました。私ら尋常科だけ六年で、一三で卒業しました。それから半年仕立屋へ、着物縫うが習うがに。給金ですけ？　日に一銭、二銭とは貰えなんだです。祭っつりに五銭もらうと、喜んどったもんです。半年してから奉公に、富山へ出ました。工場へいったもんもありますが、うちの母親、やっぱり人なか見せんならん言うてねぇ。奉公に行った方が行儀見習いにもなるし、言いましてねェ。

富山の町ですけ？　その時分な岡部の反もん屋ありました、関野さんいう大きい反もん屋もありましたねぇ。いま丁度どこに当りましょうかねー、中町、今の中央通りにありましたねェ。それから若林さんいう紙屋からー。なん、私は普通のうちに奉公しとりました、砂町のー。大正のいつ時分になりましょうか、大正六年から八年くらい。米騒動は覚えとりません。

母が死んだもんですから、二、三年で水橋へ戻って来て弟と居って、嫁に行きました。（相手は）売薬しとるもんです、ひとに使われて。電気騒動出すけぇ？　かすかに覚えとります。私は子供三人生みました。売薬（の妻は）はやぱり子供と留守しっかり守ってねぇー。戦争中は高岡まで米買い出しに行ってねェ、着物と交換に。折角の米、巡査に没収されてしもたりしたこと有りました—。

新装をこらせるデパートメントストア　岡部呉服店

（大正12年10月9日「北陸タイムス」）

証言33　水上ノブさん（伊よんさのお婆わ）の記憶

『高岡新報』八月七日号に「一揆更に派出所を襲う。中新川郡東西両水橋町漁師町の細民家族等が一揆を起したることは既報の如くなるが、水橋町警部補派出所にては右一揆の巨魁として一名の男子及び三名の婦女子を引致騒擾罪として取調べつゝある」が、前掲『証言米騒動』六一頁の高島佐一さんの談は、水上ノブがその一人としています。証言3・5・15・20で見た女たちの街道上での米車阻止と、関係してのことではないかと思われます。その時六〇歳ぐらいだった（孫の伊右衛門さんの談）というので、当時五〇歳前後（証言2・4）といわれる三人のリーダー中で最年長だったろうから、警察もそれなりに注目したのであろう。

　伊右衛門さんの妹（長女）の四十山善次氏夫人（水橋川原町六四一、一九八三年三月三一日聞き取りノート）は、「わたし三〜四才の頃に、お婆わは亡くなられた。〈善光寺に行ってみやげ買って来てやろうと思うとったれど、行かれんで堪忍しとくれ〉云われたがだけ覚えとる。なに買ってくたはれるつもりだったかも知らんが—。きかん気の人だった言えど、兄も何も云わんがでー」。同じく伊右衛門さんの妹（次女）の河浦初江さん（昭和五年生、水橋西浜二四二、八三年三月三一日聞き取りノート）はこう話す。「祖父の名も伊右衛門やった。ノブちゃその連れ合いやね。おら生まれる前に亡くなられた。姉さんなら知っとられるがでないか。"おらっちゃ子供の頃まで仲せ"は居ったちゃ。お父さんは定次郎、母はサトで西加積から嫁いでこられた。やぱり"仲せ"しとられた。兄《あん》ちゃん（伊右衛門さん）ナ夏は漁場、冬は丸通で、日本海電工も働きに行かれた。

　ノブさんのことについて（証言33）水上ヒサさんは、「あわ（ば）れもんの、きっつい婆わやったァー。〈嫁のサトさんが口惜しまれて（食事を制限されて）可哀想でならん〉て、おらの姑のトキはんが食物やったりしとった。怒ったサトはんナ、自分の髪切ってノブはんに投げつけたり…

左側が伊よさんのおわわ（ノブ）

証言34　松井フミ子さん「弥助さのお婆わと浜端の暮し」（一九九一年五月八日・六月一三日テープ）

富山市豊丘町二八―六
大正一一年生

　私たちの祖母は（亡くなっていて）ここへ（この写真に）入っとられませんけどもねぇ。祖母は、角川の弥助さのお婆わは、なかなかの切れもんでねぇ。汽船が入ると〝仲せ〟がたくさん出るでしょ、その米積みに出た時に、角川のお婆さんが指揮をとらんとなかなか仕事がはかどらんかった。〝仲せ〟に出るひと集めるでしょ、なかなかまぁ、利口な人やったいね。ちょっと小さいお婆さんでねェ、なかなか綺麗なん。私は大正一一年生まれだからね、その時分婆ちゃんはシャンシャンだったし、昭和のはじめまで居られた。名前はイト。弥助ちゃ、連れ合い（の名）でない。（先祖に）弥助ちゃ居ったかおらんか知らんねど、昔から弥助、弥助いうがです。

　このイトさんはねぇ、近所のうちの次男坊と結婚しとったが、そん人が松前通いの船にのっとって、そのまま向こうへ行って帰って来んようになった。それで、また相沢いう家に嫁に行って、出来たが幸次郎いう子です。ところがその相沢いうた人死んでぇ、そいで幸次郎連れてまた後妻に行かれた。そこで出来た子供も二人居ったが、もう亡くなったれど、この（三番目の）夫も死んだがか別れたがか。（婆はんが）角川いうがは自分の里の名、名乗っとられる。自分の里が死に絶えたために里の跡、建てとるがやちゃ、イト婆さんちゃ。

　えゝ、その米騒動に参加したばあさんがね、小金持っとったらしい。その時分で二千両持っとる言われた、つわもんだちゃ。さねェ、私たちが浜端《はまばた》におって冬、大敷（ブリの定置網）の舟が入って来るもんだ。そうすっとね浜端のもんが、んな（みんな）舟を引っぱるもんだね、子供も大人も皆出るわけだ。そって、大敷がとって来た魚を皆にザルに一杯こうやって分けるわけだね。そいがもやっぱり、婆ちゃんが指揮とるわけだ。その漁師ちゃ東水橋におらんで、西水橋の漁師なが。東水橋のもんは港だから仲仕だとか色んな積荷をするわけだちゃねェ。だから西水橋のものが皆漁師しとったもんだ。ほして大敷（の舟）に乗っとったもんだ。ある日ね、「今日は漁がなかったからねぇ、この次またよこす（渡す）」て、漁師がこう云うたと。その時でもね、（この婆はんな）「いや、そういうわけにちゃいかん、魚がなかったから言うて、この次よこすかよこさんかわからん。西水橋でやるようにちゃ、そういうふうにちゃいかん」て、船の艫綱《ともづな》持って放さん。それがうちの「米騒動」の婆はんながやちゃ。きっつい婆はんながやちゃ。

その「米騒動」婆はんは、家の嫁は小利口だ云うて気に入らんかったが、追い出したが。もう何人も何人も、嫁さん来て落ちつかんかったが。私の母親がパスしたわけだ。うちの母親の里ぁ相当裕福だったが、能登通い（の船持ち）だった。みんな学校へ上げた（通わせた）いう。そしたらその船持っとった親が、そんな浜端へ嫁にやって米担がせたり、ニシン担がせたりすんがなら絶対やらんて。そういうがさせんて言うと、（そんなら）ここに白いもんに黒いもん（紙に墨で誓約書）書け言うたと、そういう労働はさせませんて。ほったらね、その「米騒動」の婆さんが、白いもんに黒いもん書いたちゅうがやちゃ、ハッハッー。笑うたにも、昔の話やが本当の話やちゃー。ほして浜端へ来たら、吉谷さんのおばばとか（写真をさして）ここにおるお婆わらちが、「姐《あね》はんょ、あんたァ白いも

んに書いたれどォ、やっぱりねえ浜へ出んならんがいねて」云うたと。そってねェ「うちの嫁は字が書けるもんだから、何俵何俵て記録させられ」言うて、そって記録係なったがだ。その私らの母親は、ソデいう人。

産前・産後というでしょ、(〃仲せ〃の仕事でも)キチンと休みとらせて大事にするんですよ。姐ま(中・若年の女性)ども皆(〃仲せ〃して)働いとるからね、三時になったらね、腹へろわいと、キチンとおやつを持ってく。孫も何人でも育ててもろたけど、そのお婆さんに預けておいたら、うちのお母さんも心配いらん言うたわね。子供をちゃんと見てね、養育をちゃんと。こういうもの食べさせ、こういうもの食べさせ言うて。だから孫どもはちゃんと育って。私の下の弟まで婆はんにぼんぼ(おんぶ)されて育ったの。あの婆はんちゃ又、ひと桃割れ結うとらんがに、孫には皆桃割れ結うてやったりね。あのコレラの時(本篇末尾の「水橋の人と略史」参照)のこと皆いうてねェ。金持っとったからか、どんないい薬でも飲まして、皆助けたちゅうがだ。だからその「米騒動」の先頭に立ったちゅことも、その仲間だったちゅうことも—、役場へでも「お上ぁどうしとる」って怒鳴り込んで行くがだもん。ほってその時にね、すごいコレラだった。で、私とこの家の回りまっで、こうやって縄張ったたったがですとい。

まァその時分の浜ちゅうもんな、さ(そりゃぁ)、入船出船《いりふねでふね》で忙しかったもんですちゃ。ジョーキはね、毎日はこんがいね。あれでやっぱりねェ、時期があっからね、秋の米のとれた時とかなんとかねェ…。そいがでない、米の相場に応じて米出すがだからァ。相場師が中で操っとんがだからねェー。さ、いつごろが一番多かったか一寸わからんねぇ。来る時はいつもニシン(鰊)は来るか? ある時とない時とあるがやないか。あっでやっぱり空《から》のが(空船)ちゃ持って来んまい。大体ねぇ、ジョーキ(汽船)が来ると昆布かニッシン(鰊)降ろいたもんやねぇ。初めは馬車荷車で積んだもんだねェ。それから今の角川書店の先祖が初めてトラックを、私ら小学校の二、三年生時分だったかねェ、トラックで運ぶようになったもんです。そしたらにやかしい(賑やか)にやかしい言うてねぇ。今の角川書店の(創始者)源義の父親です、そのうちが駅前でね、大きい米の蔵やっとったもんだから、そこの米が来ると、滑川の港から幾ら幾ら、水橋の港から幾ら幾らと(米が)出されるがだちゃ。

弥助さの婆ちゃんは、また(東水橋の)西浜の小松武右衛門ね、薄い縁だれど、あそこと何か縁引きになっとるて話だったちゃ。あすこの家へ何かあったと行くわけ。ほって、あすこの家もまた何か聞きたいから、婆さんに—。そういう関係で私たち（姉妹）ゃみんな、郵便局へ入った（就職した、註：昭和一〇年代）ってわけだ（註：小松武右衛門は、昭和前期に東水橋町長を四期務めるなど要職を重ねた。本篇末尾の「水橋の人と略史」を参照）。婆ちゃんは、最後に自分の家一軒持っとったがです。その屋根（板）がめくれたかなんか知らんけど上っとって、中風か何か起ったか、落っこちて死んどられたがです。

船が来ると（勤めていた郵便局が）忙しなる、いうがは電話のことで…（註：戦前の地方郵便局は電話局を兼ねていた）。船が滑川の方からずっと回って来るいうたと、滑川・水橋の仲買人どもが、相場知るがに電話かけるもんだ—。滑川の藤田て回漕問屋ありました、その回漕問屋に電話かけるが。同じ角川（源蔵）の相場師でも分家と本家とある。早なと電話かけたもんは、いいお金で売り買いやできるもんかねェ。せり合うて滑川の藤田へ、電話かけるもんだ、市外電話申し込むが。滑川の四八番、藤田回漕問屋へ、角川源蔵も申し込むし源吉も申し込むわけだ。そうすると、向こうに四八番ちゅうもんは一つしかないから…。ねェ、リン鳴らすとこう落ちるでしょ、そうすると私ども交換は鳴った順からつなぐわけだ。そうすると先に申し込んだもんが得するがかねェ？「母屋《おもや》（本家）が先で分家がおそかった」とか、「わしとこが先に申し込んだがに母屋のがを、お前らち賄賂もろてさき繋いだ」、言うて怒るがやちゃ。わしらち（達）にしてみりゃ訳わからんが、いまでも不思議なが—。

藤田が相場の情報持っとるが、いつも藤田を通しとるが。藤田が回漕問屋の親方だから。後からつないだと損することあるらしいねェ。結局、何万俵か船やどっだけでも積まれるわけでないから、切りがあるからねェ。申し込んだが、後からんなると切られたていうことで怒んがやちゃ。ほんで暴れるが、電話で暴れるがだちゃァ。「お前は母屋のがだけ先ィつないだろう？ワリャあ（お前は）どこの娘ぇ？」ちゅなもんだ。そういうてよう暴れたもんだちゃ。しまいにねェ、「お前、弥助さの娘だろうが。親どもちゃ、そない根性悪るないがにお前、母屋の電話、先つないだろうが」て滅茶苦茶。しまいに「局長だせ。誰だせェ」言うて暴れんがだちゃ。ほして今度反対で母屋が後だと、母屋の帳場のガキども暴れて来るがやちゃ。「えー、このガキども」、言うて私どもへ暴れんがだから。今思て見りゃ面白い娘時代だわ。何やら、いつも戦々恐々としとったからねェ。汽船が来たとね、

「あー、また汽船が来た」言うて、病《やまい》あげとった（気に病んでいた）。ま、あの頃は角川しかなかったね。角川の分家と本家だけしかなかった、私らの時は。ほして滑川の藤田て回漕問屋のおとっつあんがね、こうやって自転車に乗って来んがやちゃ。ほして売買するがだね。米の積み上げをすんがやちゃ。

昔ゃ今みたいなこんな番号でない、「あー、どこやらのチョンマつないでくれ、あ、月見楼つないでくれ。あ、何んじゃらつないでくれ」言うて、みんな家の名前言うたねけ。電話交換手ども何百軒まって（まるで皆）知っとらんにゃ繋がらんわいね。アンタ、まって今昔物語じゃ、本当に。そんであんた、水橋の郵便局なんか、特に三等郵便局だったろ。んでね、局長の手の平だろ、請け負いだろ。滑川（郵便局）行きゃそんでも大きいから、給料もいいし、炭でもドンドン焚ける。水橋んなったら、冬んなったらひどいもんだよ。（今は）モダンな郵便局でね、旧構舎から新構舎になってねぇ。ありゃ小松の定次郎、造ったがだ—。

うちの父親の幸次郎というがは天神丸いう船

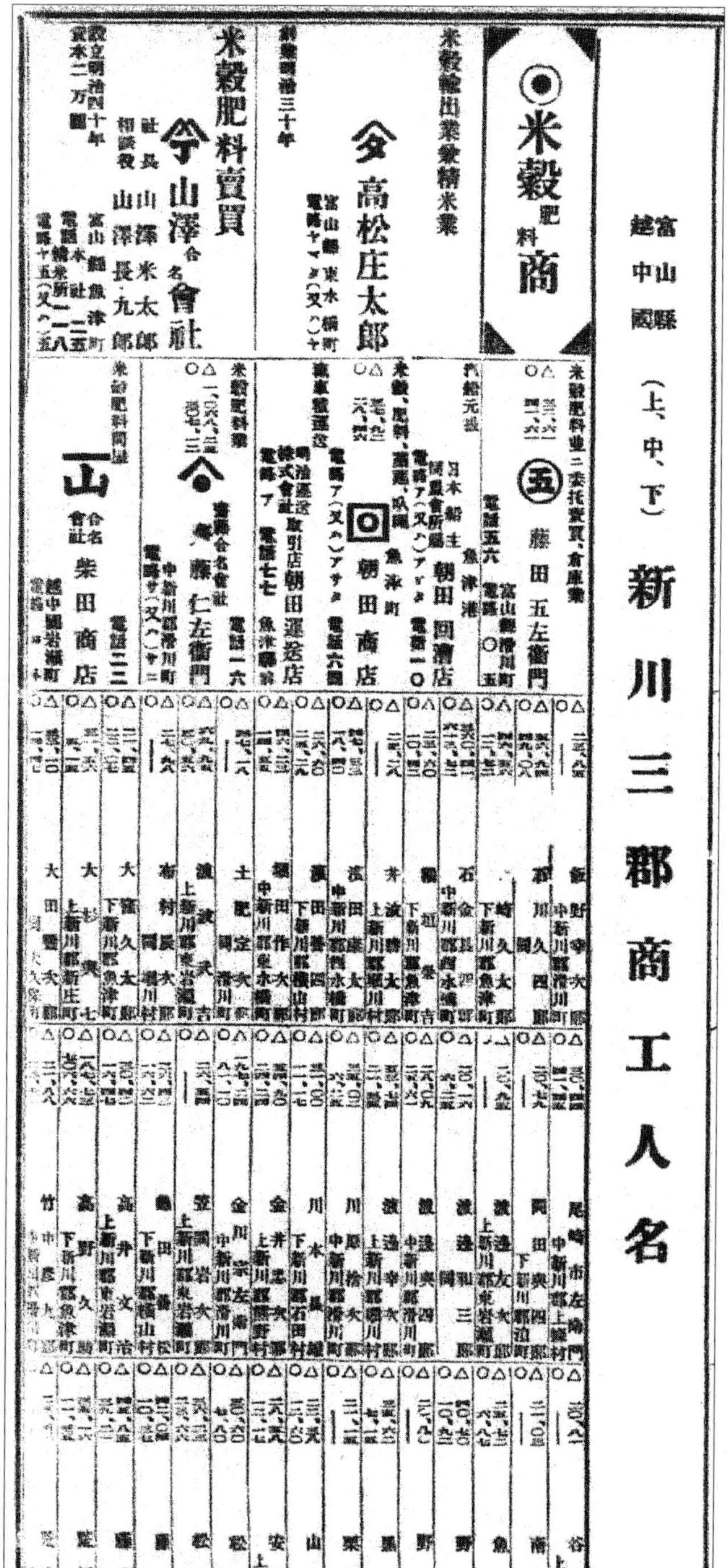

右は大正五年刊『日本全国商工人名録』より

に乗ったがです。か（これは）、飯炊きから船頭になったがだから、すごい信頼あったが。でっかい（回船問屋の）角川いう家《うち》もあって、か（これは）、米屋の角川（出版社を作った角川源義の父親・兄弟たち）でない、燃料屋の角川でもない。この（回船問屋の）角川、（東）水橋の西浜にでっかい敷地あったいね。今で駄目になってしもて上市（町）へ行っとるて話だれど、でっかい敷地あったもんだちゃ。（父の幸次郎は）そこの船に乗っとった。辞めさせてくれて言うたけれど、なかなか船頭やめさせてくれんでぇ。やめて自分が一人立ちしようと思うた時分な、もう既に鉄船に代わって駄目だったらしいがですわ。

うちの母親もなかなか―。まあその「米騒動」の婆はんから受けついだ、やっぱりその節目・折目のちゃんとした―、考え方いうもんなねぇ。幸次郎夫婦は、荷車何台も持っとって人に貸したり、運送屋みたいもんだちゃ。昭和一二、三年まで幸次郎さん生きとった。そでさんは昭和四三年に亡くなった―。

証言35　水上ヒサさん他「仲仕の暮し」

（一九八三年三月、八七年二月・四月テープ、証言18と同人）

海と陸の仕事

春三月四月、いま時分なったと水橋ぁ男ども一人もおらなんだちゃ。んーな（皆）ジョーキ（汽船）に乗って行ったもんだちゃ、北海ど（道）・カワフト（樺太）へ働きに。今ぁこゝからちゃ行かんねど。まっで（まるで）あんた、にっしんば（鰊場）行ったもんだちゃ。そっで筵から食べる米からみんなジョーキに積んで行くがだもんに。わしとこおやじ（夫）ぁ樺太の、にっしん場なら大泊と楠渓町いうところ行った、弟ぁ藤木（註1）の船乗ってカムサッカ行っとったれど。みんなそこに場所（漁場）とったもんだちゃ。

ニシン場だったとねぇ、四月行って、網仕事して網降ろいて、五月いっぱい鰊が来なんだとそいで不漁だちゃ、その勝負でみんな行ったもんだちゃ。漁れたとすぐ鰊かやいたり（網をおこしたり）降ろしたりして、六、七月みんな帰

1．藤木治郎平家　西水橋印田の船主。明治二四〜二八年と昭和八〜一五年には西水橋町の、以後二一年までは東西合併後の水橋の町長を務める。

2．加積雪嶋神社　滑川市の西部（水橋町寄り）、加島町にある大きな神社（元・郷社）。精緻な彫刻の神輿と獅子舞で知られる。証言27の地図の右端。

って来た。六、七月は水橋で太刀魚でかいと獲れた。あの太刀魚ども何処いったやら。親うちから金もろてきて舟作って、帆掛けて五人乗っとったちゃ。夏ぁニシン場、冬は仕事なければど天気よけりゃイカ釣り。

米もつけに（荷車につけに）行ったちゃ、黒崎の組合、下条の組合。黒崎は何千（俵）の米搗いた。仲せ（仕）ぁ荷車で米を在（農村部）から米屋まで運ぶし、米屋でかった（搗いた）米ぁ銀こ（行）のくらまで運ぶ。わし二一で西浜に嫁に来た頃、大正の末からの話、五〇銭ありゃ米五升買えた時代に、一俵水橋の停車ば（場）へ運んで二銭五厘もらえた。滑川までなら五銭。昔ゃ「なめりかわ」なんか言わん、「なめイか」。わしら「なめかッ」言うとった。在ご（農村部）から（水橋へ）運ぶ時ゃ五銭から一〇銭、遠けりゃ一〇銭から一二銭て距離による。黒崎行ったたし舟橋も行った。荷車やと女二人で一五俵運べど、わし、いん（犬）と一緒に一〇俵ひい（牽い）た。一月に一円よりもっとになる。滑川へ運ぶときぁ雲嶋神社（註２）の後（西側）まで。あこにあった北銀（北陸銀行）の倉庫入れた。神社の東側に仲せの溜まりもあった。わし大正の末に仲せに出てからは、滑川の町なかまで運んだことない。米騒動の頃ぁ滑川に米肥会社とか移出商でかいと栄えとっ

大正12年1月31日「北陸タイムス」より

たけね、そこまで送っとったかしれんねど。

水橋の肥料関係にちゃ、滑川の米肥会社みたいにでっかいもんは居らん。米肥会社は何でも、肥やしもんでも米の仲買でもしとったが、水橋の山田まさ吉ぁ糟（鰊糟など圧搾肥料）ばっかり扱ことった、米の仲買とちがう。水橋の肥料問屋は尾崎に、前田、押田さいち、西水橋の山田、その隣り合わせの石金清平。このっさんな（この人は）滑川高校の先生でじゅうど（柔道）何段やった。

わしとこのおやじ（夫）ぁ出袋仕（註３）もしとった、足で押さえて米俵に縄かけけんが。角川源吉だろう、源三だろう、斎藤だろう、石金だろう。そういう米屋ばっかり、水橋に何軒あったと思われる。停車場のそばの角川ちゃありゃ源三郎。いま東京で本屋しとるがありゃそのおっじゃ（二男）。角川の兄弟と島田と、斎藤いうがも居って、でかいと米かっとった（搗いていた）もんだ、砺波（郡）からまで玄米や来て。あさ停車ばからつけて（荷車につけて）来て、それをこんだ夜の目も寝んとかつ（搗く）がだねけ。そって（そして）白米にする、一分か二分白にせんにゃならんまいげ。その俵にがらっちゃ活版で「越中立山米」て押すが、墨で一俵々々。「おいっ、おいっ」って押してあいたちゃ、それで足から手から真っ青。

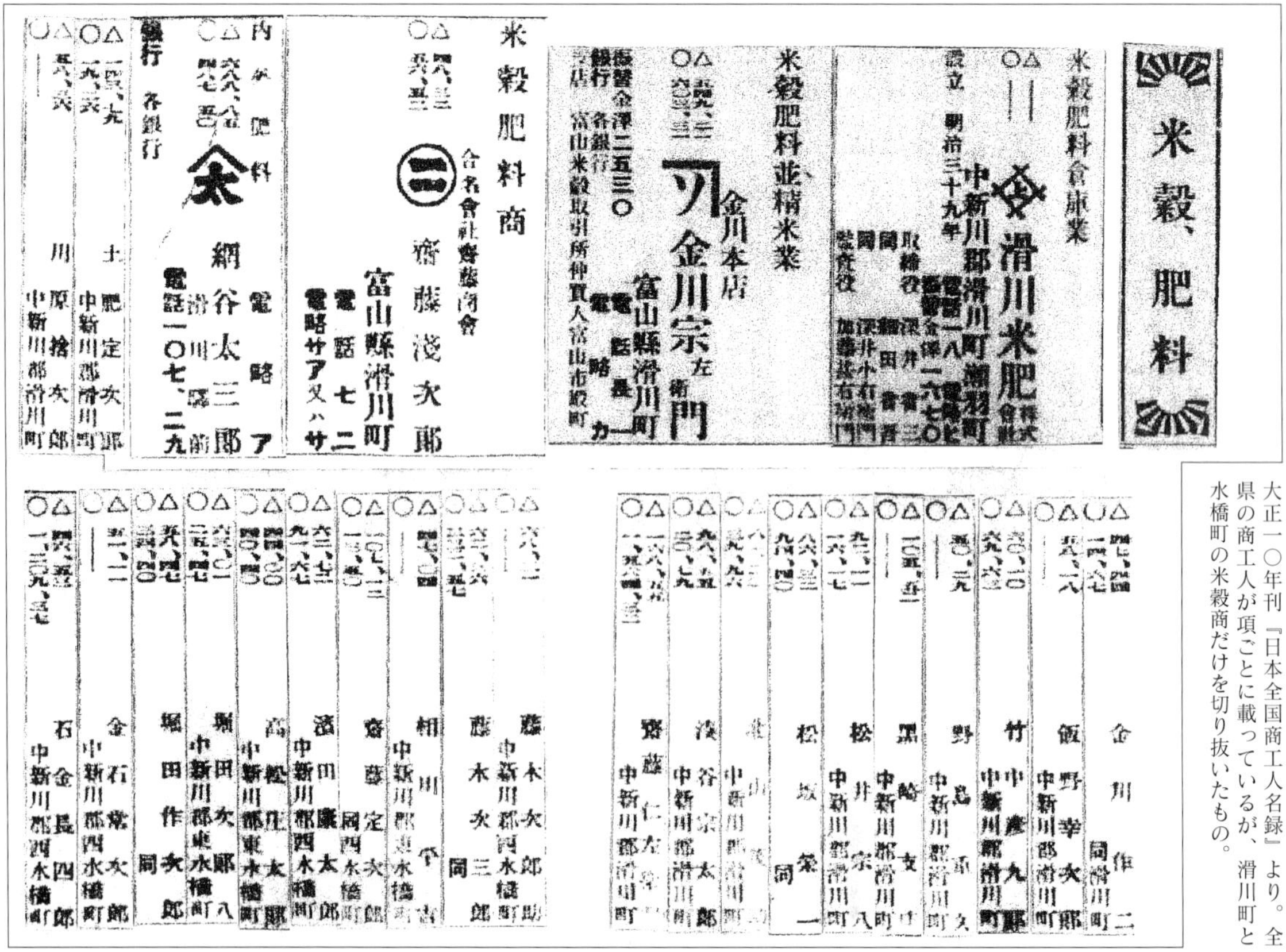
米穀、肥料

米穀肥料會社業
株式會社 滑川米肥
中新川郡滑川町
設立 明治三十九年

米穀肥料並精米業
金川本店
金川宗左衛門
富山縣滑川町

米穀肥料商
合名會社齋藤商會
齋藤淺次郎
富山縣滑川町
電話七二

網谷太三郎
電話一〇七、二九

土肥定次郎
中新川郡滑川町

川原捨次郎
中新川郡滑川町

大正一〇年刊『日本全国商工人名録』より。全県の商工人が項ごとに載っているが、滑川町と水橋町の米穀商だけを切り抜いたもの。

愛読者カード

このたびは当社の出版物をお買い上げくださいまして，ありがとうございます。お手数ですが本カードをご記入の上，ご投函ください。みなさまのご意見を今後の出版に反映させていきたいと存じます。また本カードは大切に保存して，みなさまへの刊行ご案内の資料と致します。

書　名		お買い上げの時期 年　月　日	
ふりがな		男 女	西暦 昭和　　年生　歳 平成
お名前			
ご住所	〒　　　　TEL.　（　）		
ご職業			

お買い上げの書店名　　書店　　都道府県　　市町

読後感をお聞かせください。

料金受取人払郵便

富山西局
承　　認

742

差出有効期間
2026年
6月30日まで

切手をはらずに
お出し下さい。

郵便はがき

930-0190

（受取人）

富山市北代3683－11

桂　　書　　房　行

下記は小社出版物ですが，お持ちの本，ご注文する本に○印をつけて下さい。

書　名	本体価格	持っている	注文	書　名	本体価格	持っている	注文
定本 納棺夫日記	1,500円			スペイン風邪の記憶	1,300円		
長い道	1,900円			地図の記憶	2,000円		
越中五箇山 炉辺史話	800円			鉄道の記憶	3,800円		
孤村のともし火	1,200円			有峰の記憶	2,400円		
二人の炭焼、二人の紙漉	2,000円			おわらの記憶	2,800円		
百年前の越中方言	1,600円			散居村の記憶	2,400円		
富山県の基本図書	1,800円			蟹工船の記憶	2,400円		
古代越中の万葉料理	1,300円			となみ野探検ガイドマップ	1,300円		
勝興寺と越中一向一揆	800円			立山の賦－地球科学から	3,000円		
明智光秀の近世	800円			富山地学紀行	2,200円		
加賀藩の入会林野	800円			とやま巨木探訪	3,200円		
越中怪談紀行	1,800円			富山の探鳥地	2,000円		
とやまの石仏たち	2,800円			富山の祭り	1,800円		
石の説話	1,500円			千代女の謎	800円		
油桐の歴史	800円			生と死の現在（いま）	1,500円		
神通川むかし歩き	900円			ホイッスルブロ－アー＝内部告発者	1,200円		
ためされた地方自治	1,800円			富山なぞ食探検	1,600円		
棟方志功 装画本の世界	4,400円			野菜の時代－富山の食と農	1,600円		
悪の日影	1,000円			立山縁起絵巻 有頼と十の物語	1,200円		

桂書房の本・ご注文承り書

3千円以上のご注文は送料サービス。
代金は郵便振替用紙にて後払いです。

書名	本体価格	注文○
ある近代産婆の物語	二、八〇〇円	
戦国越中外史	二、〇〇〇円	
越嵐 戦国北陸三国志	二、八〇〇円	
越中富山 山野川湊の中世史	五、六〇〇円	
富山城の縄張と城下町の構造	五、〇〇〇円	
石垣から読み解く富山城	一、三〇〇円	
加賀藩を考える	二、〇〇〇円	
加賀の狂歌師 阿北斎	八〇〇円	
立山信仰史研究の諸論点	二、五〇〇円	
浄土と曇鸞	一、八〇〇円	
宗教・反宗教・脱宗教（岩倉政治論）	三、〇〇〇円	
堀田善衛の文学世界	二、〇〇〇円	
棟方志功・越中ものがたり	二、〇〇〇円	
越中萬葉と記紀の古伝承	五、五〇〇円	
富山の探鳥地	二、〇〇〇円	
水橋町（富山県）の米騒動	二、〇〇〇円	
女一揆の誕生	二、〇〇〇円	
北陸海に鯨が来た頃	二、〇〇〇円	
加賀藩前田家と八丈島宇喜多一類	二、〇〇〇円	
加賀藩社会の医療と暮らし	三、〇〇〇円	
加賀藩の十村と十村分役	一〇、〇〇〇円	
立山の賦―地球科学から	三、〇〇〇円	
越中史の探求	二、四〇〇円	

書名	本体価格	注文○
スペイン風邪の記憶	一、三〇〇円	
地図の記憶	二、〇〇〇円	
山姥の記憶	二、〇〇〇円	
鉄道の記憶	三、八〇〇円	
有峰の記憶	二、四〇〇円	
おわらの記憶	二、八〇〇円	
となみ野散居村の記憶	二、四〇〇円	
蟹工船の記憶	二、四〇〇円	
越中の古代勢力と北陸社会	二、五〇〇円	
ためされた地方自治	一、八〇〇円	
黒三ダムと朝鮮人労働者	二、〇〇〇円	
悪の日影 翁久允叢書1	一、〇〇〇円	
元禄の「グラミン銀行」	二、〇〇〇円	
学校をつくった男の物語	一、五〇〇円	
ゆるりと風に。ここは北欧	一、八〇〇円	
北陸の中世城郭50選	二、七〇〇円	
社会を変革する科学・技術	三、六〇〇円	
富山の近世・近代―富山藩を中心に	四、〇〇〇円	
富山の食と日本海	二、八〇〇円	
地方女子たちの選択	一、八〇〇円	

ご注文者住所氏名

〒　　－

郵便はがき

料金受取人払郵便

富山西局
承　　認

937

差出有効期間
2027年
7月31日まで

切手をはらずに
お出し下さい。

930-0190

富山市北代三六八三―一一

（受取人）

桂書房行

ほって筵で、厚い筵で巻くが。しける（湿気る）もんだけね包んでしまうもんだ、横縄四回かけて。検査受けたと、何等か判る生紙の巻き封が縄に付く。一等米のハンコぁ丸一つ、二等ぁ二つ、三等は三つの丸の三角、四等ぁ紫。それをまたわしらが銀行の倉へ運んでく。ほしてそれ担保にして、米屋どもぁ銀行から金借りてくるちゅうもんだねぇ、今日は百（俵）入れたとか五〇入れたとか言うてぇ。

ほって、そういう米入れとった銀行の倉あった、西浜はまっで（まるで）銀行の倉やった。昔ぁおらとこの裏ぁ十二銀行の倉やった、四十七銀行とか大正銀行とかの倉もあった。小松の家（註4）過ぎて小島の錦屋（註5）と坂井の青もん屋（註6）あろう、あの後（西側）と室谷さんからおらとこの近所にかけてと、浜へ下がってまで倉庫ばっかりやったが西浜は。島田の米屋（註7）あろうが、あの向かえ、西出町の角も倉やった。

ジョーキと仲仕組

そってジョーキゃあんた、ジョーキむらい（なんか）その時分な三杯（隻）から四杯来とったもんじゃ、今の岩瀬みたいに。ほして米積んでくしまた北海ど（道）から鰊つんでくっし、また二〇何貫もする鱈粕やら鰊粕やら肥やしもん入った「たて（藁筵製の矩形の袋）積んで来る。鰊のたてちゃ二四〜五貫（九〇余キロ）じゃ、おらっちゃそいが腰につけて（乗せて）歩いたらいいたちゃ。こうやって鉤かけて、どっこいしょと肩れんぽしてかって、桟橋わたってあるいたちゃ。そいが皆なジョーキで積んで来て艀で上げる、川のそばに山になったもんだちゃ。艀は、白岩川の西（西水橋）の岸ちゃ関係ないが、まっでこっち（東水橋）へ集まって来とったもんだ。西浜ちゅう所ぁなも、北海道から来る荷物と能登からの材木・炭まで、まっで西浜で処理しとったもんだねェ。

そこにねセイゴ（水郷）仲せ組合ちゅうがあ

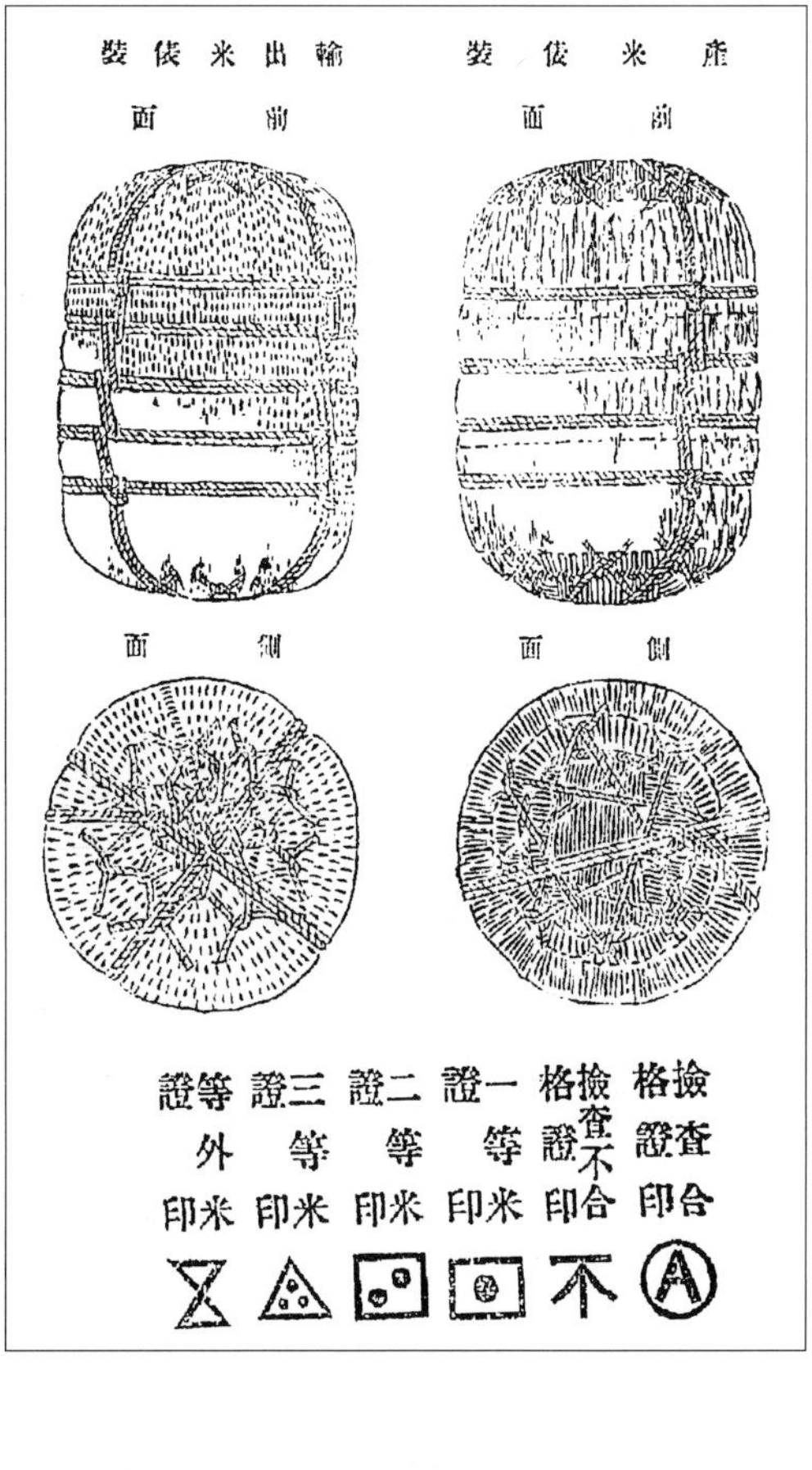

右の俵装図は、明治四三年刊『富山県米穀検査所令規類聚』より。

3. 証言2の註2を参照。
4. 証言1の註6を参照。
5. 6. 現・水橋西浜町二三一及び二三二。小松家の北並び。
7. 水橋西出町八五六。4以下はいずれも証言1の第二図参照。

った。山田の冷蔵庫んなっとったとこ、金毘羅はんの下条川挟んだ向かい（註８）、小松の（屋敷の）後ろ（西側）に。その仲せ組合ゃ火事いった、アハハハハ。仲せぁ親方おる、何十人の人間な（仕事にし）出るがだもん。村井政次郎「政よむさ」いうがと、高島佐七郎「佐七ま」いうたが一緒に親方しとった、どっちか言ゃ村井の方が兄貴分で。だれど後で別れた。村井はもとぁ米かって（搗いて）売っとったもんだ。市江も仲せの親方、「こよむさ」いうた尾島ひさの親も仲せの親方しとったことある。親方三人も五人もおって、誰りゃ働きに行ってもお前出られんとはもう言われんちゃ。親方ぁ荷主んとこ行って金もろて来る。昭和の初めで一ぺんの荷揚げに、女どもなら一円五〇銭か二円、男ならその倍ぐらい。それをそん時の人数で分けんがだちゃ、男なら二〜三〇人、女なら二〇人近く居った。合計でなら五〇人も東水橋におったたか。

　わしらは、沖へジョーキャ来たと米を倉から艀まで運ぶが（女性は海上へは出ないので、いわゆる沖仲仕ではない事に注意）。艀乗って沖まで行くが男でもきっついもん（強健な者）だけだろげ、櫓かいて（漕いで）ジョーキまで行かんにゃならんし、一番できっついもんでなけんにゃ。さ、若いもんに戦争行ってきとるもんも居る。岸から見とっと、でかーいとの米、倉庫ん中に何千俵あったがァどしてあの船ん中入ろうかと思う。そっで一ペン見に行ったことある、やっぱし汽船の腹ちゃでっかいや、倉庫三つでも四つでも空っぽにしていくがやちゃねェ。

（世継ぎの甚一さん発言）

おらっちゃもジョーキャ来たと米運ぶ艀に掴

8．下条川が白岩川河口に流入する東北岸が、艀の荷の上げ下ろし場所になっていた。証言１の第二図参照。

まって沖まで見に行ったもんだ。誰も水練ちゃ習わしてもらえんねど、ちいさい時から艀につかまってよう泳いだ。だんだん手はないて一人で泳ぐよんなる。艀からジョーキへ米揚げる時ゃ、ジョーキからウィンチぁカーッいう音たゝて降りてくんが、先に荷かける鈎ぁ蛸の足みたいに八つ付いとったちゃ。その鉤に俵の一俵一俵の縄かけて、合図したとウィンチまたカーッいうて上がってく。艀の仲せどもと一緒にジョーキへ揚げてもろたことあったちゃ。その汽船の舳先のてっぺんからおらっちゃ跳ぶが、えいッて。高さ三〇メートルあろわい、おらっちゃ何処からでも飛び込んだ。

ジョーキが懸かっと（汽船が沖懸かりすると）、こっちの倉から何百、あっちの倉から何百て米（俵）だす。おらとこの前の倉、あら角川（与三左衛）（註9）の倉だったが、角川の倉あこに七つぐらいあった。それ銀行に売って、銀行の倉なっとったが。倉は電気ないから中ぁ暗い、米俵に提灯張り付けて（提灯の持ち手を俵にさして固定）、その明かりで米出いた。倉は戸なんか重てね。火事の時や倉は戸閉めて隙間に味噌塗れいうた、火入らんよぅに。泥なんかそこらへんに置いたって、これを塗りゃいい言うとった。

鼠ちゃ入るもんでねッ。どっから入るもんやらねェ。俵に穴あけて米や全部出てしもてぇ、中身やあんた何俵も出とりますよぅ。今でも在るがは藤木さんの倉ねェ、あこもよく積みました。馬場汽船のねぇ、岩瀬の馬場（註10）はんいうと何処行っても顔いかった。あのジョーキぁどこのジョーキだ、馬場はんのジョーキだてね。積みに来とりましたよ。

停車場・在ご・検査員

（ヒサさんの話にもどる。）

停車ばへ米運ぶ時ゃ貨車一〇トン積みとか八トン積みとかあろげ、ワムいう一〇トン積みやったと一車百六〇俵、ワゴいう八トンなら百二一八俵頼まんにゃならん。

さ、それを荷車で一〇俵ずつ運んだと四台で四へん、せんにゃならんまいげ。停車ばの仲せゃ（荷積み作業は）なん、二時間ほどもあいゃないが（時間がもらえない）。それまでに持ってかんにゃあかんがだ言うてェ、ほしてなも汗ふるって、あんたァ。おらっちゃ貨車ん中入って、俵の上に上向いて寝てェ、俵を足で蹴り上げたもんだ。ワムなら百六〇俵、ワゴなら百二八俵いうたかって、そやって目一杯積まんにゃギリギリながやて、だから逆立ちして足で入れんがだちゃ。

9．証言1の第二図及び註5を参照。

10．近世後期以来、岩瀬港に拠った船主、明治一〇年代に汽船会社に成長。前掲『北前の記憶』一五八頁を参照。

停車ばも早よなと行って場所とらんにゃ米置くとこ無いがやねけ、貨車とるがも喧嘩や。そいださからい検査、出荷する米の検査、さっさとひっかゝらんよに検査員に上手こかんにゃ（ご機嫌とりせねば）ならん。あこに検査員の出張所あった、浜んとこに。「新しい検査員の旦那はん（出張所長）来られた」ちゅうと一杯ださんにゃならん。親方ぁ「おら行ったと何じゃけね、おかか、おまさ行って検査員引っぱってこう」言わっしゃる。ほって一ぺん芸者あげてぇ、検査員の旦那はんに上手こいてなも。検査員ちゃまた飲んべばっかり揃とったもんやちゃ、旦那はん狸や座っとるよなもんだ。ほって呼ぼりに行った時に、「おら腹いっぱいだ」て来っしゃらなんだと、代わりに朝とれた魚持って、「お早うございます」ておらまた行かんにゃならんことになる。

　今みたいに自動車ありゃせず、あこ行ってくれここのがも運んでくれて呼ぼりにくる。やっぱり慣れとらんと担げんし、車も曳けんがだろ。在ご（農村部）からも積みに来てくれ言う、ほしてまた検査受けに持っててやらんにゃならん。親方どこでも行かっしゃるもん、わしらも五百石でも仏生寺でも、行かんとこなしに歩いたいね。ほってまたぁ、行かんと警察から呼ぼりに来たもんだちゃ戦争中は、男らちゃ招集されて居らんまいげ。配給制度になって食べるが不自由な時分だったけね、ぜん（銭）にゃいらんからその分米でくれ言うたもんだ。ほったらそん時はじめて警察へ呼ぼられたちゃ。「このセンソ（戦争）の為におらっちゃも働いとんがだ」と、じゅんた（巡査）言わっしゃる。戦争時分なまた米屋へ一〇年ほど行ったちゃ。石金て米屋あろう？　なん、でっかい石金（註1）（長四郎）でない、別の、米屋の石金。あこァ米でかいと（沢山）入ったもんだちゃ。（戦時

ワム　50000

1. 西水橋の船主。第二回、六七頁下段の註3を参照。

で）男ちゃ居らんまい、朝から晩まで米つけて（荷車につけて）でかいと働いたもんだちゃ。

仲間たち

（甚一さん発言）

おらっちや学こ（校）五年か六年から車ひかされて、親父と二人で米どもよう運んだ。上市のあの大岩はんの下まで行って来たですよ。昔ゃあんた道ぁ、穴ぼこだったれど犬と車引きました。ふつう犬ぁ大体一〇俵引っ張る、人間一人と同じだけ働くが。小さい時にもろて来てね、すぐバンド掛ける、おらとこは秋田犬にセパード。ポインターなんかは、あんまり牽かなんだ（牽く性質でなかった）。最初は樺太から一匹船で持って来たの降ろいて、そっで犬使うよぅになった。おら学っこ四年の時、犬の背中乗って歩いた。樺太犬ちゃでかいですよ、この犬一匹で米一八俵牽くがだからねぇ、ゴム・タイヤになっとった（時代だ）れど。

（ヒサさんの談にもどる）

おら四〇年、米の上におって一〇年いん（犬）と引っ張ったちゃ。おらのつれあいども米一升食べたもんやれど、いんでさえ一升食べたちゃ。おら、人に気の毒で（戸に）鍵かけていんに食わした、麦飯や豆飯やれど。この写真、昭和に

米を一〇俵つければ風袋ともで七百キロ、大変な重さを樺太犬と引っ張るヒサさん。後ろに笠をかぶって引っ張る人は次の証言36の島田まつよさん。こちらは二人で引っ張っているので一五俵も付けているようである。

なってからだ、いんと一緒に荷車引いとろう、一六俵積んどる。棍棒引っぱっとるがわしだれど、右側で紐引っぱっとるが島田のおかゝだ。このカワフト犬ぁ大っきい犬やった。「エスや、エスや」言うと跳んで来た。かわいい犬やった、あれにどっだけ稼いでもろたやら。死んだ時ゃ体洗ろてやって、お弔いして御坊はんに来てもろた。近所からもお参りに来てくたはれて、「おゝお前死んだかい、よう働いたから極楽いかれぇ」言うてぇ。

つれあいの甚太郎は五四で死んだ。弟（四男）の吉次ぁ支那で特務機関に務めとって水上公館いうが持っとった。徐州を落といた時は命懸けの働きしたらしい、死にそうな危険の時ぁ水橋思い出いた言うとった。だけんね徐州おといた（陥落させた）あと水橋帰って来たときに、誰も駅へ迎えに出とらんだ言うて腹立てとった、もぅ死んだれど。学っこ（校）の同級生も皆死んでしもてェ、島田のおっかとおらと高島の婆わと三人残ったちゃ。高島いううちァ小松の（北の）並びに一軒とその（北）はす向かえに一軒とあれど、そのはす向かえの方だ。高島の爺はんな佐一。仲せの親方しとった佐七郎の弟。佐一とわし、杉村（政義）（註1）の旦那はんに「一ぺん米騒動の話しせんかやっ」て誘われて寄ったことあるが。爺はんな米騒動の時ぁやっぱし高松へ行ったて、そいが言うとられた。杉村はんも同級生だったが。小学こ（校）でたと給仕して、苦学して刑事なられた、偉いもんじゃ。水橋の町ちょ（長）までなられて勲四等までもらわれた。富山の湊市長の奥さんも同級やった、弓荘いう名（旧姓）やったが。杉村はんな選挙の時よばれて（招待されて）いって、お土産もろて帰ってこられた。杉村はんな、「こゝぁ河あるし、浜へ出りゃぁ能登見えっし、西浜ぁいゝとこじゃ」言うとられた。

杉村ハツさん（註2）とこは「さもよむさ」いうた、「長べさ」いうた杉村政義さんとこの昔の分家やらいう。ハツはんな仲せしとったあばれもんの（気の強い）婆はんで、なかなかのもんやった。つれあいはバイ船か何か船乗りやった。

島田のおっかのうちぁ地蔵町、地蔵町ちゃ宮（諏訪神社）から向こう（東の方）行く浦町（浜沿いの町）だねけ。島田のおっかァ、きっつい（力の強い）人やったがいね。なも、米二階担ぎにしてェ、米俵二俵担いで桟橋上がって歩かれた、米一俵でも一七貫（六四キロ）あるがァ。さ（そりゃ）あんたね、レールに乗っとる一〇トン積みの貨車あろげ、島田のおっかァあれ一人で動かいた。あ（あれは）きーッつい人やったいねぇ。

（『富山史壇』117号一九九五年七月より）

1. 西浜二五六に生まれ、米騒動当時は一四歳で、白岩川にかかる東西橋の東たもとにあった警部派出所の給仕をし、騒動を見ていた。騒動震源地の西浜の庶民の中から身を起こしたからであろう、警察コースを歩いたにも係わらず庶民の目で見ていた。
2. 証言2を参照。

証言36　島田まつよさん談・堀田次修さん「島田のお嬶《か》かのこと」

島田ノート一九八五年五月、堀田テープ九一・九三年

明治三六年生

わしけ？　いま八二、島村いううちに生まれたが。父親早ぅ死んで、小学こは三年の一月ぐらいでやめた。水橋の駅前に周旋屋しとった佐々木いう人の口で日清紡働きに行ったが。何処にあったたぁ？　日清紡け。さぁ、何処の町にあったやら知らん、子供やったから。雪氷、滑川へ行ってとってきて魚屋へ売りに行っとったこともある。何でやら巡査まで金くれたことある、子供やったからか。

母親が乳母しとった同い姓の乳兄弟、善七いうがと結婚した。だれど島田の家（分家）継いだが。だけね、わしも連れ合いも島村から島田なったが。水橋ぁ海が深こて岸に近づけたから、ジョーキャよう来た。わし仲せしとってよう働いた。力持ちで女の大将しとったけね、艀の綱引っ張って波に攫われんよぅにしとった。子供はそのあいだ浜で荷車に座らして紐で落ちんように絡げといた。あの頃の荷車はゴム輪でない、かなわ（鉄輪）やった。八俵から一三俵つけた（積んだ）。戦そ（争）中は荷車供出させられたこともある。

子供は一〇人生んで七人育った。連れ合いけ、樺太に住んどったけね一年に一度しか当たらんが。樺太のどこ？　なん知らん。終戦で引き上げて来てぇ、従兄弟の島田英夫が米出しとったとこで働いとったれど。（昭和）三四年に死んだ。父親と同い日に死なれた。

島田のお嬶かのこと

堀田次修さんの談

大正一〇年（一九二一）生

水橋郷土史料館長

一九九一年五月、九三年四月聞き取り

私のうちは、大正三年に船やめてから肥やしもん（魚肥）北海道から入れとって、三陸の気仙沼や時には石釜からも入りました。その荷を担ぐがに仲せぁ出入りしとって、島田のお嬶（かか）もその中におりました。そってね、よくおぼえとる。私が大正一〇年生まれですから、あの人の長男の正義いうのが確か大正九年の生まれですわ。私中学ぐらいだったから昭和一〇年ぐらいですか、あのお嬶にはびぃーっくりさせられた事ありましてねぇ。男の仲せが何だかんだ冷やかすでしょ、そうしたら、「あんたらっちゃ、そんなに見たいかーッ」、「そんなに見たかったら見してやるわーい」てサッと腰巻はぐった。びぃーっくりしましてねェ。あのお嬶が三五ぐらいの時ですが、ありゃ本当に、その頃から大したお嬶だったんですよぉ。

あゝいう仲仕ちゅうのは毎日仕事あるもんでない。親方が、今日は船がはいるぞぉ、米ゃ出て行くぞぅ、肥料もはいるぞぅ、みんな集まれ言うと集まって来たもんです。毎日々々仕事がない、月いく日あるか。仲仕組いうのは水橋には二つ在りましてね、私の知っとるのは昭和五年から一三年ぐらいですが。組の名は忘れましたけど、親方は市江平次郎という人と村井政次郎いう人だったんですよ。男の仲仕はどっちにも二〇人くらい、艀が三、四そうずつ。一つの艀に五人ほどずつの男が乗ってゆきます。女は、二つの組あわせて二〇人くらいも居りましたか。

艀とおか（岸・陸）とのあいだに「あゆぶ」いう板わたします。長さ三間、幅三、四〇センチほどのもんですが、厚さが六、七〇センチほどもある。その上踏むときの弾力性が、荷担いどる仲仕の体に弾みつける。昭和一〇年より前、七、八年頃だったでしょう、二つの仲仕組が合併せんならん、いうことになりました。私の父親が荷主代表ということで仲立ちして、親方は角川源三いう人にした。こりゃ本屋やった角川源義の叔父さんです。源義の父親は源三郎、その弟が源三いうた。それを親方にして水郷仲仕組合、いう名にした。そういう事も昭和一二、三年までで、一四年からは出来んことになりました。戦時は人もおらん荷も入らん。その前後からの米のことは、手広くやっとられた島田英夫さんがお詳しいでしょう。

（『富山史壇』117号一九九五年七月より）

証言37　水上ハルさん（ノブの孫の妻）「仲仕した嫁の頃」

（一九八三年三月二九日聞き取りノート）

西浜町二四三　明治四四年（?）生

敬老会に、去年はじめて学校へ呼ばれてったちゃ。嫁に来たときは、姑（サトさん）ぁ五〇を過ぎとったー。嫁来たがでもう〝仲せ〟（陸《おか》（おか）仲仕）に出られなんだが、なかなかしつかりしとったよ。まだ暫く浜へ（網引きの手伝いに）出とられた。婆ちゃんな昔のさん（人）だったけね、たまに機《はた》、織ったりしとられた。コタツ掛けなんか（織ったがは）機あったがだ、ガッタン・カッタンね。

　おら、姑もそうだったれど、西加積の農家の生まれだったがで、荷担ぎはやったことなかった。ジョーキがでかいと（汽船がたくさん）、一日に何度でも浜へ来る。何べんぐらいできくかいね。でっかいジョーキャそこへ来とるもんにィ。担ぐだけでなしに、積むがに梯子《はしご》渡らんにゃなるまい、おとろしてェ。〝仲せ〟大分おられたよ。昔ゃなん〝仲せ〟より外に仕事あるかいね。ジョーキで米でも取りにくるもん、浜でぇ。伊右衛門さん（夫）のお父さんも〝仲せ〟だろっ、男も女も〝仲せ〟おった。そこの浜で皆、積んどんがいね。米倉はわしとこの瀬戸（勝手口）の方にもあった。〝仲せ〟の親方の家は諏訪神社へ入るとこを出町の方へ行く角やった、東浜町ね。今はおらん。仲仕の仕事はやっぱり（米の収穫後の）秋、冬多い…。〝たて〟（魚肥などの筵袋）ぁ米俵より重かった。あら、どつだけ重さあったろかねぇ。ニッシン（鰊）や魚粕が藁製の袋に入っとる。

　〝仲せ〟のときは晝（昼食時にも）、ここに腰かけるだけ。（冷飯に）水かけて浚《さら》い込んで出

て行ったこともある。ひと皆、出て来られるもん…。婆はんおられても、なん出て来られんもん。〝仲せ〟の仲間ぁ、一日の仕事すむとゼン（銭《ぜに》）山わけする。〝仲せ〟だもん、一日どっだけと決まっとらんもんに—。婆はんらっちゃゼンの山、こうして固めて、六人おりゃ六人、五人おりゃ五人の小ゼン（銭）の山つくられる。三円か五円ぐらいもあったろうかね（昭和前期の金で）。六つなら六つ山作ってオイッ・オイッ・オイッてそれ分けて、一つだけ真中に残してあるがー。それ半分に分けておらに、「これ婆わの分、こっちおまさ（お前さん）。またいしとかっしゃい（しまって置きなさい）、しっかり持っとるがだぞっ」て渡される。「お前の小遣いだぞ、婆はんにゃこれだけ当たったがだ、て出すがだぞ」ってぇ…（泣き出す）。それから私、小遣い出したもんじゃ。私ゼン（銭）持たんもん、母親おらんもん（里の母が早く亡くなったので）。こィこと言われんねど、ゼンどこで呉れっけ。婆わらちァ（婆さん同士は）明日にでも道で会おわいね、ほって「昨日ゼン持ってったかいね?」「エーエもらったぞ」、「あっだけずつ当たったぞ」ってー（話す）。一度も寝れなんだちゃ、隠いて持っとっがだもん。ゼンちゃ、くたはれん（姑が金をくれない）がだもん。父ちゃん（夫）は父ちゃんで、持って来りゃ全部婆はん（姑）に渡してしまわれりゃァ…（また泣きそうになる）。

大分（かなりの人が）北海道いっとられた、ウチ（夫）のことぁ行かなんだれど。うちゃ舟持っとったからねぇ、河あろいね、舟入って来るもんー。（昭和初年になって）発動機船だったろ。浜へ行って網またい（整理）。夜さりでも風出て来りゃ、二時になっても（夫が海から）来んもんだから、子供つれて波止場の端行って、「来よかなァ?」「母ちゃん、なーん、まだ父ちゃん来んちゃ」てぇ。（夫は）一人で舟に乗っとるもんじゃけね、やっぱり（心配）ねェ。凪が出てくりゃ家におるようにない（ほど不安になる）が。何杯でも舟ゃ出とれど、「父ちゃんまだ来れなんだわ」「そうだろわいけ、何にゃまだ父ちゃん来ることいねっ」て、（子供に）笑って見せとったちゃ—

富山へ夜さり、米つけて（荷車につけて）引っ張ってったことあるわいね、米の検査に、夜中んなって。なん、そうしたらおかして（面白くて）ねェ…。検査に行ったところでねぇ、「水橋ちゃ男おらんとこか」云われたちゃ、夜中の一一時から一二時だったもんにィ。おっからち（お嫁たち）ばっかり、そういうことして（荷車）引っぱたらいた（って歩いた）もんだちゃ。冬、魚の少ない時は四時~五時に起きて、歩《あゆ》んで魚津へ魚を買いに行った。魚津まで何里あるかねぇ、歩んでかんにゃー。それ担いで在郷（農村部）へ売りに行く…。

証言38　杉村アヤさん「杉村ハツさんのことなど」

（一九九一年五月七日テープ）明治四四年生

わたし今年八〇になった。私、広島県の尾道市の生まれなの。そこの三菱商事でタイプも教えてあげるからって言うから、女中に行ったの。そこの旦那さんの家族が富山の人だった。そして旦那さん死なれて富山へ帰るのに、子供がなついていて、私が一緒に行かんのなら富山へ行かん言う。だから一緒に来てくれ言われた。親に相談したら、なら行ってやれ言うので来たの。来て見たら言葉が全然わからん。「おーわ」「あんね」て何のことだか、バカみたいになってしもて…。昭和九年ぐらいか、二五で結婚した。嫁に来たら近所の人が、「何や、あんな朝鮮人みたいもん貰うて来て」言われるけど、どっちが朝鮮人だかわからん。

ほっで、お婆ちゃん（証言2の杉村ハツさん）は、きついきつい。連れ合いにでも子供にでも誰にでもそうなの。悪い人でない、落ち着いて話せばわかる（註）。「ワーワー」言うと後カラっとしてる。私が嫁に来た時五〇歳ぐらいやったねぇー。ひどかったよォー、水橋じゅうの人が子供でも知ってるキッツイお婆さんやった。お爺ちゃん菊次郎さんはいい人で、昔から船に乗っとったいう。私嫁に行った頃は年とっとったけど、お爺ちゃん、お婆ちゃん二人で（陸《おか》）仲仕しとられた、タイヤついた荷車で。私が来てから一～二年はやっとられたねぇ。汽船は毎日のように来とった。ボーいうて汽笛鳴らいとるんで「ああ来た」言うとると、案内のもんが廻って来る。それから次、二年ぐらいは砂利を自動車に積む土方しとられた。「砂利は波が持って来る」言うとられたねっ。死なれてからもう二〇年ぐらいになる。胃腸悪かったのに、ガンコで薬のまない。ああいう人は病気になったら一番困る。

私の連れ合いになった菊造は二男です。長男は船に乗って北海道に通っていたけど、独身のうちに死んだらしい。私が嫁に来てすぐ若夫婦だけ、ハツ婆さの親うちらしい四十山《あいやま》の、（東

註：河浦初江さん（証言33）によれば「杉村のお婆わちゃ、一筋の曲がったこともきらいやった」。

水橋の）西浜にあった持家借りて別居した。高柳長七のウチ（持ち家）やった、西浜の三四四番。菊造は車の運転手。だから私はお爺さんお婆さんみたいに働かんかった。言葉がわからんかったから。子供は女の子二人、男の子二人。尾道へは二偏行って来ました。もう親居らんかった。親のおる時に行きたかったんだけど…。お父さん死なれた時、お母さんがお金、旅費送って来たがやけどォ、そのとき夫の菊造が戦地へ行っとった。そしたらハツ婆さんが「夫が戦地へ行っとるがに何の気になっとる」、「お金なんか送って来たって行かれるか、バチ当たる」言うてねェ。そいで行かれなんだ。そう言うて一人で頑張られるもん。爺ちゃんのことぁねぇ、いい人やから何も言われんねど。お婆ちゃんのは一つ言うたと、縦の箸を横にもせん言うが本当やった、きびしい厳しい。

　お母さん亡くなった時は、あんまり可哀想や知らせん方がいい言うて、知らせ無かったの。「あんたに言うてもね、来れんがに反対に悔やむだけや」言うてぇ。あとから何カ月かしてから電話かかって来て、「顔見られんけど」て。その時一度行っただけ。此頃ぁ足が悪いから、汽車に乗るには階段があるからー。生きとる間にもう一回行きたいと思うとったけど、私諦めてしもうたからもういい。昔とちがって電話があるから、行っても行かんでもいい。ああいうきつい婆さんとこへ来たので、父親が結婚式に来たとき、「ひどいお婆さんだなあ。富山へ行け言わんにゃよかった」って—。

「米騒動」の昔話？　昔話なんか、そんな話なんか薬にしようもないよ。そんなことなんかあるもんかいね。（あの人）そんな話なんかゆっくり話しとることかいね。ええ、体格もいいが、もう背も高いねェ。仕事場のことちゃ見たことないけど、あの人は大きかったよ。お爺ちゃんは小さかったけど。お爺ちゃんはお婆ちゃんのここぐらい（肩を指して）しかない、気も優しい。岩瀬の方に兄弟居る、酒屋か何か—。

　お婆ちゃんは何かちゃねえ、富山の弁護士さんの家に奉公しとった時のこと、それが一番お話の種に出るが—。ああでもないこうでもないて、私らに意見する時にねっ。お婆ちゃんの里は西浜、その四十山いう家の生まれと思うけどー。西浜には沢山お倉あった—。

第九章　移出米商の変化

証言39　小泉米次郎さん「米屋（移出商）と搗屋《かっちゃ》（小売り）」

（一九八四年八月三日テープ）

明治四一年生
水橋明治町九三

仲せの親方

わしとこ分家で、わしで三代目。先祖は、つまり親父のおと（う）さんちゃ、売薬しとられた。小泉万吉いう。二代目が米次郎、わしは襲名したがやちゃ。親父ぁ仲せ（仲仕）の親方しとった。若いもん百人から上（以上）つかう、侠客みたいもんじゃった。ジョーキ（蒸気つまり汽船）ゃ来て鰊やかれかす（鰈など北海魚の絞りカス肥料）下ろす、ほして地主から来た米、釧路や小樽へ積み出す。

汽船来るいうと連絡あって、いついっか（何日）に水橋の沖、いっかの日は滑川の浜、いっかに魚津て判った。そいがみな、仲せの親方に連絡あったが。滑川の瀬場町の魚躬（うおのみ）なんとやらいう、これも仲せの親方、このうちぁ今ありません。そういうとこから、「おい、何日の日に来っぞ」て連絡入った。ほして船ゃ来たとまた、浜に出とった仲せ小屋から連絡ある。なん、そういう小屋は今テトラポット在るとこより何十間さき、ずーっと先まで砂浜あったがだから。今は何十間先の波のなか、そこに仲せや一〇人や二〇人ごろごろしとった。弁当たべたり、ちゃんと事務所もあって、机もあって道具まってそこに置いたったが。

昔は水橋の浜、よう魚とれた、鮪（まぐろ）ども。おっかちゃん達、そいが売りに出とった。鮪、材木並べたようなもん転がいとるがぁ、何百本も上がったりしてー。骨もろて、一文銭でスーッとこうすると、刺し身そいで食べられた。あとの骨は細かに砕いて、また田んぼの肥料にするがー。それほど獲れた、あいが（ああいうの）どうなったやら。

今なも、まっで（全く）浜なうなってしもて、そばまで波や来とれどー、むかしは水橋の浜あ長かった。（水橋）朝日町の浦本八次郎の銅像立っとるとこなんか広ろて、わしらあこで小学こ（校）の運動会したもんだ。小学こは狭いから。ずーっと何十間と浜ひろて、海のふちまで行くがにどっだけ歩いたやら。泳ぎに行くがに砂やけとって、「あちゃちゃ、あちゃちゃ」言うて、走らんにゃならんかった。

　だから、沖にかかっとる汽船まで、米まって（全部）艀に載せてー、ほって帰りまた肥料（鰊など魚肥）艀に載せてって、陸へ上げる。そいつまた、荷車のせて地主のとこへ運んどった。

米屋を始める

　そうする移出米扱うがも商売になる。だから子供の頃は一升二升ずつ、杵を足で踏まされた、どん、どんッてねぇ。かりに一斗を二人で搗く。親父はおっかちゃんに任せて、三人の子供に踏ませとった。米屋（註）軌道に乗ってくると、仲せの方は小頭にまかせて、米屋本腰になった、店に若いもんも入れて。そっでおらも、一六で学校（高等小学校）卒業すっと米屋になった。

　玄米から白米にすると、四斗俵でも三升減る。白するともう一斗減る。その上に、遠いところやる米は途中で目減りしたり検査で減ったりするから、五合たす。その上で出袋（しゅったい）いうてムシロで二重に巻いて、普通の所なら縄四本巻けど北海ど（道）行くがなら五本まく、ほってそれに縦縄通して、上にサンダラ（ワラ編みの丸い蓋）かぶせて結わえんにゃ。米の等級は甲乙丙丁とハンコで押す、学っこ（校）の通信簿と同じじゃ。乙は上中下に別れとったが。縄の赤いのはもち米、もち米は一割ぐらい値ゃ高かった。出袋仕（しゅったいし）の男どもぁ、それ一日百俵や百五〇俵はするがやちゃ。さ、なかなかね、米は何んいうても一六貫（六〇キロ）あるがだから。扱うだけでも腕ゃなまるほどだれど、出袋仕どもなれとるから。それにいいぜん（銭）儲けとった、あの頃に一日に五円から一〇円もろとった。

　一升マス（枡）どもでも、米びつどもでも、みんな女や親戚どもにやってしもたが。これ、米を検査する「刺し」やった、俵刺し。これは竹で、青竹切って来たもん、後から金属に替わったれどー。わら（藁）のなか通して、刺すだけ。米とって見る。やっぱり粒が揃っとらんにゃ。

　わしらも米買いに歩いた。寺田の青木亀次郎なんか商人どもと連絡して、船橋や寺田のむこうの上滝まで買いに歩いた。九月の一五日渡しとか二〇日渡しとかで青田売り（実る前の予約）を、仲買は銀行から借りて買う。昔の農家ちゃ生活資金貸してやらんならん。農家はそれで盆の準備するが、こっちはあんまり儲からん。秋までに値あがっとりゃ、米はまだ向こうが持っとるから差額要求する、下がってももろた金はなさん。わしら石黒七次のうちも米積みに行っ

註　東水橋出身の文学者の評伝を書かれた岡本悦子さんが、ご母堂に聞いてくださった所では、小売の米屋は「かっちゃ」（「かつ」は搗く、「搗き屋」の意）と云い、各地へ送る移出業者の方を「米屋」と呼ぶ習慣が強かったらしい。少し資本ができればこぞって米移出に転じていった。

たもんだ。あこの倉はまだある。幾つもあって何百俵入ったもん、かわ（白岩川）背にしてずぅーっと奥まであって。わしら間なしにあこへ米買いに行った。下条川の川口んとこあったがは、さ、小松武ェ門の倉、先代町長しとられた。尾島屋の倉も残っとるが、北陸銀こ（行）の後ろのは（壊して）広うなってしもた、横の川も蓋して無くなってしもたし。西水橋なら石金長四部はん、今でも大きい倉あって米出いとられたが、肥やしもんもでかいと入った。わし親父の代わりに仲仕の運賃集金にもいったことある。藤木次郎平はんも、いま信用金庫の会頭しとられれど、あこの倉にもでかいと入っとったもんじゃ。

仲買い

（東水橋に）池田清兵衛いうて絹屋あって（証言12・19・28）、水橋神社のむかえ、いま吉見薬局のところ。その隠居はんな絹糸でかいと（たくさん）扱とられて、米や肥やしもん（この場合は鰊その他の北海魚肥）の仲買もしとられた。池田清兵衛さんみたいに、米も肥料も買われる、仲買みたいことしとられたうち、でかいとあったねぇ。四本松の尾崎ちゅうてね、そこも米の仲買しとられた、でかいでかい商人（あきんど）だったいね、そこも。いまのＫマートのとこ行ったと、館川英治やらいう煙草屋あったねけ（東天神町）、あこもやっとられた。それから中出町の公民館とこの堀田次作さん、あこもそいがやっとられた。死なれたさん（亡くなられた先代）は、わしの一年先輩でねぇ。そうやって肥やし（魚肥）買うて在ごへいったと売れるがやちゃ、そして米もらう。そのさや（口銭）とるがやちゃ。でかいと居られたちゃ、東水橋はこういうあきんどが。西水橋でも、山田まさ吉さんとか、鈴木さんとか、西（水橋）にも商いしとられた。昔のおやっさん皆んな亡くなられたれど。

鹿熊けん次郎の親父、在ご（農村部）から米の仲買いしてくる人やった。でかい親父さんで、よう米もって来られた。鹿熊・小林、在ごにおって、ちょこちょこ米買って持って来られる。在ごにおって田んぼも持っとって、地主だれど米あきんどもしとる。沢山おられたいね、そういが。

米を泣かす

いま死なれた（もう亡くなった）塩本タン次郎いうが、仲買いやっとった。在ご（農村部）行って五俵でも一〇俵でももって来るがやれど、米泣かせてあるがやちゃ。米泣かせるちゅうがはー。か（こりゃ）俵でしょ、その「さんだら」ごとそっとはずい（し）てぇ、検査の紙を散らさんよぅにはずいてー、そこへ竹の管さし入れる。そこへ屑米入れんがやちゃ、ほんの五合やぞ、真ん中入れる。いい米の代わりに。一〇俵の中にそいが二、三俵ずつ混ぜたるが。だから「タンま」が持って来たと、親父が目くばせする、「タンまの米調べや」て。ほしたと私ら俵の真ん中まで刺す。「タンま、この米いらんな」、「いつもかも、こいことするが。お前んとこの米買わんぞ。この米とってこぅ（持ってゆけ）」。鹿熊はんも一〇俵に二俵か三俵泣かいた人で、よう泣かいて来た。「五〇からの米、一俵一俵、刺しで触れられんー、また何俵か泣いてきたがでないか?」、「なーん、今のがだけ泣いてないがやちゃ」。「さ（そりゃ）信用すれどー。なら一寸刺して見るか」。そうすっと運悪く「泣かいた」米が刺しに入ってくる。「あれー、泣いたるねけぇ。なも、おとろして（怖くて）なも、何俵泣いてあるやら判らんねけ、あんたの米とカンまの米ちゃ買われんねけ」。

商人は買う売る、その口銭大事。小売の時は、一俵の中へ二升や三升混ざっとっても、かき混ぜてから一升二升いうて売るがで、素人にはなん判らん。今も昔もおなじこと、営団どもでも少し泣かしたるがどもあるわ。商売だ仕方ない、わしらでも少し泣かいたがだ。富山の殿町に取引所あって、商人どもは殿町で今日は一〇円上がったとか下がったとか。姿勢や顔色でわかった。肩いからして来る時もあり、道しょぼっと歩いて来る時もある。その顔色ばっかり見て商売しとった。

滑川へ運ぶ

わしら水橋の米屋は買い溜めたが百、二百んなると滑川もってく。汽船は滑川の方がよう入いった。滑川の方が商売が大きいから。一遍に何万俵て出すもんに。一番大きかったが米肥会社、瀬場町の米肥会社。でかい家で、あとで映画館かなんかになっとった。あこは非常に沢山、米商人が来て米、一日に何千俵て入った。だれど、泣かしたるがおとろして買えん。

「刺し」でそれしらべるが時間かかる。刺すがちゃ五〇俵に一俵でも暇つれてー。わしら信用受けとるもんだから、「小泉さんの米なら、なん調べんでもいい。すぐもたしてやれ。あんちゃん（兄さん）、なん、つかえん（差し支えない）ちゃ」少々泣かいていきゃ、そいで一ぺん信用落ちるねけ、なんだろと信用一番大事。仲買は滑川にでかいとおった。滑川だけでない、あの時分、日本中はしり回わっとった。わしらでも、そうやって口銭とったがだから仲買だちゃ。わしらそい事しとったがやちゃ。大正の頃は滑川付近の米は、六割まで釧路へ行った。県人がたくさん行っとった。

米騒動のとき

白岩川はいい川やった。舟橋からでもずっと川船で米だけでない、筵（ムシロ）なんかも積んで来て、みな高松（東水橋の米騒動で押しかけられた移出米商、多くを滑川を通じて移出）のとこで降ろいた。高松は水橋の米の移出商人で一番大きかった。出袋にムシロまかんにゃなならんかったから。高松はむかえにおっさん（次三男の弟）おられて、兄弟同士、二人でやっとられた。おらの親父は高松の友達やった。仲せで高松の米運んどるし、親父も米屋を五年も一〇年もしとったから。

おら米騒動の時は、ちょうど二〇歳（はたち）やった。おとろしして聞いてとるだけ、うちで。七月の末だったかー、しっかり覚えとらんが。一日だけー？　なんにゃ、何日でも続いとったわ。日稼ぎのおっかちゃんらち（達）や魚うったりの稼ぎどが怒って、高松のうちへ石かつけた。「高松のあのおっかちゃんが怒らした。高松のおっかちゃんも余計なこと言わんにゃいいがに」いうて家で聞いとった。ほして、うちも米屋やっとったから、高松がやられたて聞いておとろしなって、雨戸しめとった。おらども米屋して、百五〇俵でも二百俵でもやっぱり輸出しとる。

仲間に入っとるがだからおとろして、なん出れなんだ。おらとこ、（群衆は）なん来なんだれどー。小さいかったもん。高松は一番でっかかったがやちゃ、何百俵て、どんどん米出いとったもんー。でかい商人だったもんだから。

米商売をやめる

米騒動の後しばらくして、池田清兵衛さんとこへ、仲せの運賃もらいにいったが。でかい商人で、若いもんに払われん時や、あんま（長男）行け言われて、おら行く。そん時、隠居はんな言われた。

「あんまや、あんま。おまさ（お前）また、いっしょけんめ米屋やっとんがだそうなのぅ？」

「ええ、旦那はんまた、米わけてくたほれ（下さい）。また輸出したりして送らんにゃならんし、滑川の「米肥」の米屋にも送らんにゃならんし」

「あんまや、米屋一代でやめれよ。何か別の商売考えるて親に言えや」（註）

「隠居はん隠居はん、さ、どいがだ（そりや一体、どぅいうことです）？」

「昔から、お医者はんな二代続かんとゥ、じょろ（女郎）屋も二代続かんとー。道楽もん（者）ならんにゃ、じょろ買いに来たり酒飲んだりせんまいが？　じょろ屋の親父ぁ我が子かたなれ（堅実になれ）、ひと（他人）の子あ道楽せい。米屋とお医者はんな、人の困っとる時ほど高い金とって、じょろ屋と同じに、人の困るがで儲ける。三つとも一代で終わるもんじゃー」

それからまた、言われた。

「あんまや、おまさ儲けた金あずけに、銀行へわらじ（草鞋）履いてってぇ、その草鞋で…」。その時分な、商人はみんなわらじ履いて歩いとった。「その草鞋で、あんにゃのう（お前ねぇ）米踏んどろぅ。出袋するいうて米そまつにして、踏んだり蹴ったりしとるがー。出袋仕見い、人ぁ三〇銭か五〇銭もろとる時に、一日に五円も一〇円もとっとるが、なん、飲んだり食ったり女郎買いして、みんな使うてしもて、なん金持たんまいが。出袋仕に出世したもんちゃ、なん居らんがや。禾、食べとるもんを踏んだり蹴ったり、しまいに米ばらばらこぼれとっても、知らん顔で蹴っけらがいとくがや。在の（農村部の）百姓なら、俵空いたあと一粒一粒拾とれどー。そういう罰あたるような商売、おまさ一代でやめとけっ」

さー、よわった（困った）。三日ほど考えて「おれ、米やめる」言い出した。「なに？　おまさ、どうかしとんがでないか」。でかいとの仲せ動かいとるがで、親父や言葉荒い。「何？このガキ、勘当してやるッ」。そいで言われたこと話いたら、親父あ絹屋の隠居のとこ文句言いに行った。「そいこと、若いもんに言うもんどこにある」。いまいっしょ懸命、三馬力のモーター五馬力にして、精米機にして、ほって若いもんも頼んで、やっと軌道にのったとこながに。いらんこと言う隠居はんだ」。それでも隠居から直接聞いたら、こりゃ若いもんの気が変わっても無理ない思うたがか、親族会議になったもんや。「さ、どうする」とー、「なら、なんする？」とー。

むかしぁ自転車に「草競馬」あったねけ、どこでも浜黒崎でも、新湊でも。小杉の二の丸こうじ（？）の学校の校庭でも、自転車競争あった。富山のさかい・とら太郎、あの人いま八六、七かね、私より歳いっとるわいね。あの人、競輪で一番一着んなる、私あ二着三着なるがやちゃ。そして景品もうけに歩くがやちゃ、水橋か

註　大正九年は大戦後の反動恐慌がやって来た年である。春から始まりだした暴落で、大戦中からの空前の景気と米価騰貴で膨れ上がっていた、多数の米穀経営が全国的に倒れる。本文中にでてくる水橋の高松商店も、滑川で最大の移出商だった金川商店も、その例となった。若い小泉さんが諭されて転業する時点と一致している。「池田の隠居」は、すでにここらへんの動向を察知していたか、少なくともその兆候を察していて、忠告を与えた可能性が窺われる。又そうであれば、小泉さんの怒っていた父親があきらめざるを得なかった事情も、納得しやすくなる。

ら外へ歩くがやちゃ。そいで好きやったねけー。そして「ならーッ、お前、自転車するッ? なら、いま自転車やれ」言ってかって、滑川の友達の所へ自転車習いに行った。ほして大正九年の九月の一日に、自転車屋開いた(註)。二二歳で米屋から自転車へ変わってったー。

高松は、つぶれてから骨董屋やったちゅうが聞いとっちゃ、会ったことなけれど。その出袋仕どもぁ、今は一人もおらん、死んでしもて。伊藤いう人が、高松なくなってから停車場の丸通に務めったがー。

小泉米次郎さんの大福帳にあった記載

明治三八年
白米　一升二三銭七厘、
　一升一五銭四厘
明治四四年一〇月九日
　一升二〇銭

大正期を記した大福帳の記載

『一銭高日　第一月吉日
　明治四五年』(表紙)
大正元年八月　白米一升二四銭
大正二年二月　二三銭七厘
大正五年八月一七日
　白米一升一五銭
大正八年二月一五日　四五銭

(『バイ船研究』六号より)

証言40　市田一郎さん「大きな米屋は看板なし」

(一九八三年四月二五日のテープ)

(西水橋の)石金(長四郎)さんの倉は二つあったれど、残っとる一つだけでも千俵入る。石金・藤木(治郎平)(証言35の註1を参照)の倉には海産物もあったれど、入っとった米は立山町や上市町から来る。寺田・浦田あたりの米です。川が三筋か四筋合流して、大岩の方から来るがも合わせて白岩川になる。そいが使こて(川舟で米を)、上市口から横口・弓荘て運んどったがでも、立山軽便鉄道(今日の地鉄)が出来て電車で運ぶようになった。水橋と滑川と電車(の駅)取りあいして、滑川になったもんで申しわけに、今の西滑川を水橋口いう(駅名にし)とった。

黒川食堂の後の倉も今は平崎のタンス屋の倉

になっとるが、元は米倉で、舟場いうとった。常願寺川切離して転流させた後も名残の川ぁ残っとったから、川舟で五〇俵ずつ出しとった。今でもアスファルトの下に水ながれとる。でかい米屋は、滑川の金川さんね。こりゃ大きい。この金川のおかみさんちゃ私の親類の、水橋辻ヶ堂から行っとるもんでね、今は亡くなっておりませんねど―。あの時代は米ぁ投機取引やったもんだから、投機をやっとるくらいの米屋ちゅうものは、米屋の看板を掲げずにおってね、富山の殿町（にあった取引所）へ行って買って、東京へ送っとった。仲買どもも眼に付かんし、そういうがは普通の一般の人は判らんがです。そういう米の値をつり上げたり何したりしとる、そういう大きい仲買業者ってものがあまり表には、目に入らんがです。

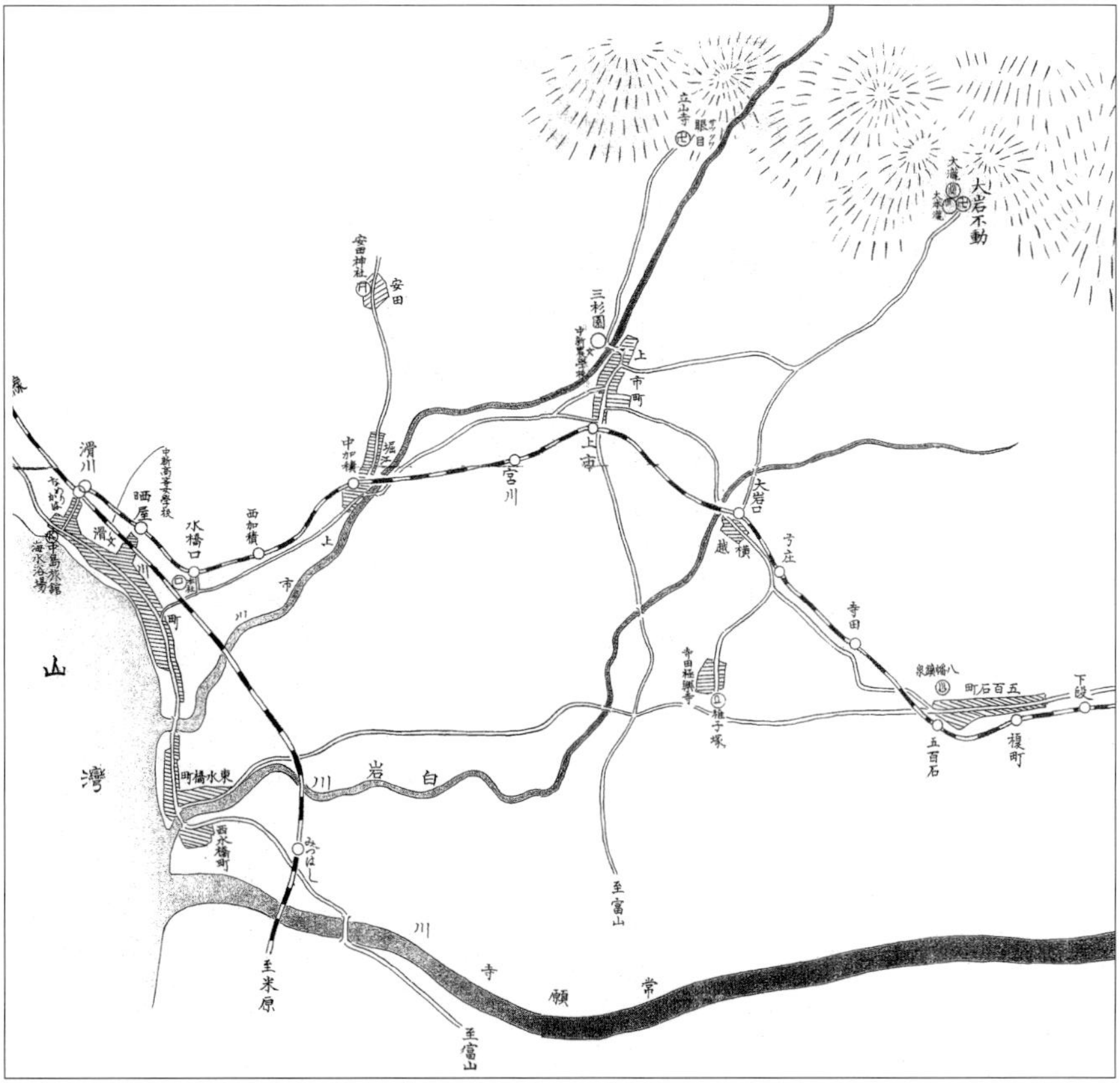

証言41　島田英夫さん「昭和の米屋、電気騒動」
（一九八五年九月一三日テープ）

水橋西出町八五六
明治四一年（一九〇八）一月二〇日生

米騒動と電気騒動

わしら米騒動は小さいときだったもんで、ただあったちゅうがを覚えとるだけです。あまり解らんもんだから、米騒動の新聞記事を参考にまたい（保存）しとった。電気争議のとき（一九二八年・昭和三年）は、んな（皆）電球もっていって（はずして）真っ暗にしとったが知っとれど。電球をみんな一カ所に集めて学校かどっか、今でいゃ公民館みたい集会所みたいいうちへ、持ってった思うがやちゃ（夫人発言「照蓮寺へもってってったがいね、『電気の葬式や』いうて」）。そういうことで真っ暗になって。篠田いうてね、昔で言ゃぁ社会党のっさん（人）だちゃ、電気争議やっとられた。あこに橋あっらいね、東西橋。あの橋の西の詰めにある家や（いまも立山町二五七〇に篠田の表札が残っている）。おっさん（次男）がしとった、兄貴は米屋、小売しとったがで。その弟が、この人は社会党系なが、昔から。今の言葉で言ぁ共産主義か。昔ならさ、社会党いうとったが。この弟さんは電気騒動。米騒動ちゃあまり関係されんかったと思うがやちゃ。兄さんは昔、関係しとったかもしれんねど。小売の米屋だから、米を出いてもらえん（移出してくれるな）いうてね。おらっちゃ輸出するが、この人らっちゃ、一番やかましい（文句をいう）がやちゃ。わしら出すがだから、出す一方やからねェ。

米騒動のあと

米騒動でやかましいかった、新大町の高松んとこ、しばらくしてつぶれた。そのー、米騒動でつぶれたがでない。やっぱり景気ぁ悪かったがやないけ。やっぱり思惑（買い）ですちゃ。さ（そりゃ）、相場が荒いもんだから、みんな投機的にやるけね、結局みんな儲けなくしてしまうがやちゃね。やっぱり米屋ちゅうのは長続きせなんだもんだがいね。やっぱり米屋で二代続いたものはおらん、言うたもんだから。

わしら米屋した時分な、だいぶ違うとったね。騒動後はやっぱり、米の値ぁ少し落ち着いたいね。やっぱり多少法律みたいなもんが、後からできたがやないけ。騒動の時分、滑川でやっとられた人、金川さんとか大分つぶれて、滑川の輸出ちゃあまり伸びなんだ。水橋はね、高松さんの頃やっとらんかった角川さんとこ、伸びた。角川さんの兄弟のなかで源蔵さん、末っ子が一番最初に、あとで食糧営団できる所で米屋やりだして、大正の終わりから駅前で源三郎さんがやり出された…。その頃は源吉さんな、西水橋の佐々木木材の付近おられたが。ところが源蔵さん失敗して止められたもんだから、そのあとの場所でやり出されたー。ええ、源三郎さんと別個にやっととられた。

わしところが一番遅いが。わしとこ西水橋の石金余所吉（よそきち、水橋大正町二二八〇?）と一緒ぐらいだわ。わたしは二七、八まで源三郎さんとこで働いておったがよ（夫人が発言「ここの親ぁ能登通いしとられたが」）。それからこんだ、私が昭和九年に独立して営業しだしたもんだから、源吉さんも源三郎さんとこ合併して、駅前でやられるようになったー。

米の送り先

はい、私とこも輸出です、主に樺太。富山県は早稲米が出たもんだから、新米の時分になるとね、一番最初に八月の末から九月二〇日ごろまで、東京の方へ新米行くわけですね。その後二〇日過ぎると東北の方から（東京に）米入るものだから、それでこんだ大阪・名古屋・京都とか関西の方へ、和歌山とかね、輸出したもんですちゃ。長野へはあまり行っとりませんね、主に新潟からいくがでしょうねぇ。そぅいが大体一〇月の末までやね。その後は樺太へ米送るわけ。樺太は年中行くわけだね、そのころは北海道へは秋田の方、東北から行ってたんよ。ここからは、北海道もそりゃやっとりましたれども、ほんの一部だけですよ。大部分が樺太へ。樺太ばっかりやったんです。樺太は大泊（今日のコルサコフ）ね、それから西海岸になると本斗・真岡（今日のネベリスク、ホルムスク）いうてね。水橋から米何石ぐらい出たか。輸出するときに検査を受けるでしょう。出ているものありますよ。富山の食糧事務所の検査部ってあっらいね。そこに誰がどれだけ米を受けてという輸出したこと書いてあっらいね。そこへ行って、おらから聞いた言うてねぇ、ちゃんと表になっておりますけね。そこにいい資料がありますわ。富山検査資料ってでかいこんな本あっらいね。ちゃんと持っておられて、樺太へどだけ行ったとか、北海道へどだけ行ったとか、名古屋へどだけ行ったとかみんな書いてある本あっらいね。

米はここの付近、五百石など中新川・水橋近辺全部から、馬車などで集めたれど、それだけでないですよ。このころは富山県で水橋が一番米が輸出しとったから、砺波の方から、両砺波（東西砺波郡）からたくさん来ました。ええ、汽車で来ます。四月、五月だいうと米ぁないようになるでしょう。だから樺太へ送るがに砺波の方から米を集めとった。だんだん遠くからとるようになるんですね、季節によってね。鉄道との間はトラックを動かしてもらったり。あれは昭和一九年か。そのころはみんなトラックばっかりやね。その時分な日産じゃない、フォードとか何やらいうとった。富山県へ初めてトヨタの車、第一号やつたが、あのときやっと富山県に入ってきた。それを駅とジョーキの両方で出した。

東京・大阪・名古屋方面は全部玄米です。大都市は全部玄米ですが、樺太は精米、全部精米、北海道もみんな精米です。北海道でも籾で送るということはない、精米にしてムシロに包んで荷造りしとるわけやちゃ。玄米の方が日持ちしそうに見えれど、あこで精米設備がなかったもんだからぁ、北海道・樺太は。後からできたれど設備が、料金が高つくが。電気料金がこっちゃよりね。電気は高かったが、昔は。そういう設備もなし。だから精米ばっかりいった。

樺太のお得意先

商売しとった時の名簿だけ残っとっちゃ。昔からのお得意先やちゃ。昭和九年の名簿を見るとさー、これは東京やね、か（これは）、大阪やね。和歌山・愛知、こいがあっとみんなわかりますよ。神戸、西宮、和歌山、奈良、こういうとこへみんなやっとった、関西が多いです。これ名古屋・岐阜がある。四日市・宇治山田、金沢も少しありますね。金沢は鉄道購買をやったとき。購買の物資部ちゅうのがあったもんだいね、昔。おかしいな、東京はなかったなぁ、ありました、最初に。これは函館・小樽。北海道ちゃ函館と小樽だけのもんです、この頃は。

樺太は大泊・豊原・本斗、東海岸の落合、シリトリ町、ニイトイ、敷香、こういうたくさん行ったもんやちゃ。敷香ちゃでかいと行ったよ、米は。こりゃ国境だれどね、か、こっでいっちゃん（一番）奥です、東海岸で。ここまで米ぁ行ったもんです。これはナイロ（内露）。か、東海岸へ行く道。シリトリとか内露、みんなあるがやちゃね、こういうでかいと。ここら村ですけどね、シンナイ、ヒサイチ、トマリオリ、ノダ。樺太にゃまだでかいとあっがい。本斗もでかいと行ったもんです、豊原・真岡。わしも真岡へは行ってきとるもんだからね、何べんも。まっで樺太へやっとったもんや。ウタカ町、ウタカちゃねぇ大泊から本斗へ出て真岡へ出ると道にあるわいね、西海岸。モト泊・内幌、あと豊原、西海岸のオノト村。だいたい樺太はそういうもんです。こだけみんな行っとったもんや、わしらの米。これはイシドリ町。これだけある、樺太全部へ行っとったわけやちゃ。

だいていお得意回りしました。こっちゃぁ暑いもんだから八月の中旬ごろに樺太へ行って、北海道を回って、ほして樺太行ってー。敷香まで行ってました、西海岸は一週間計画で。

検査と等級

富山県の検査料が一俵八円だった、昭和九年から二〇年ぐらいまでぁぁもっと高かったかな、大体覚えとるのは八円ながでね。私が一番やったとき、一二万か一三万俵ほどやっとるもん。わし富山県一でした、輸出が。その一〇万俵ほどの検査料儲けるがに、一生懸命やっとったもんやちゃ。米の値段が一俵一〇円から一五円までやちゃね、それに検査料が八円もつく、そいが。それだけ富山県の収入になっとるわけや、検査料が。その時分な、売り値一俵どっだけやったかのー。やっぱり運賃かけたりして計算してやるもんだから、場所によって違いますねかいね。売り値はもともとの値に検査料が入って、運賃や手数料が入って、何だかんだ見てやっているわけやちゃ。だから二〇円か三〇円につく、そういうもんです。だから検査料ちゃ高いもんですよ。お役所はうまい話で、税金みたいなものです。検査は「俵刺し」でちょっと見るだけやど、検査受けにゃ出されんもんにー。判こ料みたいなもんだいね。その判このおかげ

で、どこ行っても安心してみんな買うねかいね。だからわしらそっだけ、検査料の分もうけるがに一生懸命やっとったもんだ。輸出しとったもんで残っとる者はわしだけじゃないけ。後は年が若なったら判らんでしょう。食糧事務所へ行ってちゃんと検査の輸出のが見てみられ。実際に県外に出しとるもんな、わしは富山県一と出とりますわいね（夫人が見せられた写真では、島田英夫氏が和服で三〇人ほどの、丸にSの字の前掛けの出袋仕たちと写っている）。この人数ほどの出袋仕をつかうほどにまで大きくなっていたという。

検査は水橋に出張所があったんです。西水橋と東水橋のあこにもあったがです。等級は一等、二等、三等で、等外もあります。悪いやつは等外ね。値段の差はそん時ねぇ、どっだけやったろかねー。一俵にやっぱり二円か三円でなかったろかねぇ、一等と三等で。そんなに違いませんちゃ。結局粒のそろい、整粒で決まっとるもんだからね。割れとっとか、割れとらんとか。それを次から次と検査してくわけだちゃね。

米の種類

米の種類はそのころ一番よかったのはねぇ、ジンボちゅう米ぁよかった。一番最初は水島、

これが一番おいしい米やった。その次にきてバンシュウ、シンボちゅうが出てきたがやちゃ。遅いやつやちゃ。早場米というのは水島です。それから、一〇月に入るとジンボになるが。一〇月、一一月になるとジンボになるがねー。それは奨励品種で一番よい米だれど、他に雑種なもんもでかいとあっらいね。よう売れなんだんです、関西の場合は。関西とか東京行く時は、水島かジンボばっかり売れるが。ほか（の地方）からも入ってくでしょう、一一月ごろなったと、はや売れんようになっがやちゃ、関西・東京は。東京なら九月二〇日ごろからだけど、関西は一〇月二〇日ぐらいまで、この二カ月ほどよか行かなんだもんだちゃ。後は全部樺太ばかり。樺太はどういう米でもいいから搗（か）って、つまり精米して。都の方みたいに水島とかジンボとか言いません、言わんがです。白米にしてしまえばわからんもん。白米になりゃ品種はわからんないね、絶対に。玄米なら、これは水島かジンボかちゅうが判れど、精米したらもう判りませんですわ。検査員見ても一つも判らんないね。食べてみて味が違う、いうことになるがやちゃ。今と違ごてね、そんなにやかまし（口うるさく）なかったねけ。今こそちょっと不味けりゃまずいって言うもんの。実際のところ北の方へ行ったが（種類）は、そのころはオオバと

かね、たくさんあったがいね。

銀行の倉

このへんの倉庫、それは元からね、昔からの銀行の倉（貸し倉庫）あったがやちゃ。海産物問屋がでかいとあって、肥料（北海魚肥）・海産物がそこへみんな入った。倉庫どもぁみんな銀行が建てたわけやちゃ。この横（通りを挟んで西側の二三五番地）の「平しっちゃ」いうとる相沢久範（ひさのり）さんの所と、その北隣のいま室谷仙三さんのとこ（二三七番地）は一続きで、滑川銀行の倉庫あった。合併で後で十二銀行のもんになったれど。いま林マサエさんになっとる所（二三四番地）は、むかし水橋銀行の、そのあと水橋銀行が合併した十二銀行の倉やった。それをわしとここに買うたがやねけ。小松さんの後ろ（西側）の、いま坂本のタンス屋の倉庫になっとるとこも、水橋銀行の倉の続きだったがですちゃ。おらとこのウチの前の方は、高岡銀行いうがの倉庫あった。すぐ向かい角（七九〇番地）の倉庫は、おらとこ持っとったが。前はね文五郎さんて、小松（武右衛門）さんのアズチ（分家）のもんやった。ここの後ろけ？　ここもみんな倉庫あった、そいつは岩瀬銀行の倉。

積み出し

回漕店ちゅうもんな滑川に二つ、藤田回漕店と、それから共立ちゅがあったがやちゃ。藤田ちゅうがは船も持っとって、一番大きかったが。水橋には高田次郎べェいうがもあった、後からや。大正でないがで、昭和に来てからや。ほんの僅か、何やらいう船一杯か、そうたくさんないがやちゃ。そこも死んでおられんから。東天神町か、高田ってどこかにないけ。ここや（六六二番地）。ええ、戦争になるまで回漕店やっとられた。北海道へ行くがもありゃ、樺太へ行くがもあっし、東海岸へ行くがも西海岸行きもあっねかいね。高田さんよりも、藤田さんが八割。藤田は古い。そりゃ本当の回漕店。

船が水橋の沖へ来るわけです。船は伏木から来るがやねけ、汽船は。伏木へ行かれりゃ、みんな分かる。伏木に汽船の代理店なあっがやちゃ。そこへ（回漕店が）電話して、何時何日に何が来ると。樺太ならね、東海岸から来るとか、西海岸のが何日に来るとかいうて、みんな案内が（回漕店をへて）くんがやちゃ。そんで水橋に何日に来っとか。荷物を集めておくわけや。その時分は岩瀬に米（問）屋ちゃないもんだから、水橋に船が来とっても岩瀬にちゃ全然入らんがやちゃ。そのころは大正・昭和…わしゃ米屋を昭和一一年までやったれどね、やっぱなん、一つも岩瀬ちゃそのころ米ちゃ入らんがやねけ。全部ここばっかりやった。

仲仕組と出袋仕

仲せ（仲仕）がこっからみんな持っていくがい。ここに倉庫があるもんだから、ここからみんな持っていった、あのころは車もあったから。女どもはみんなここら辺、西浜が主体だちゃ。ちゃんとそういうグループあって、呼ぼりゃすぐ来るわけやちゃ。高島さんあったでしょう、あの死なれた爺はんでも仲せの親方しとられた。仲せ組は初めは一つで市江ちゅう人が親方やった。市江は地蔵町の（地図を見て）ここ（八八五番地の角川の南隣）におられた。だれど仲間割れして二つになったが。市江組と高島組とか、いうとったもんだちゃ。主が高島。後でまた一つになったれど。角川源蔵ちゅうもんがおったねかい。後からその人がまとめてまた親方になったがいやちゃ。一緒になったの昭和一五、六年だったろうかね。その人がずーっとやっておって、終戦で終わっていったわけやちゃ。

（夫人談「仲せには島田まつよ、いう親戚の女もなっとった。いまは婆さんになって病院にはいっとれど。仲仕は、西出町の南北の通りを浜の方へ下って、三六二番地（いま入江という家がある）の角を左へ曲がって、いま西浜児童公園になっている付近の河口で艀に積んどった。仲仕の親方をしていたのは高島佐七郎（本家）で、弟の佐一はそれについて仲仕をしとった。佐七郎の息子の佐七郎は島田へ出袋仕に来ていた。その姉が佐一に嫁してできた息子（佐文）さんは、石金余所吉のところに働いていたが、食糧営団へ移った（註）。

米一俵一〇円しとった時分に、運ぶとだいたい一俵二銭五厘ぐらいじゃなかったろうかね。ここ周辺ですわね。そりゃ場所によって違いますれどね。それで沖まで持っていくがも大分かかるし。船まで（行く）は男がやって、女どもは（陸）運搬するだけやちゃ、荷車で。米を積むねかい、車に。倉庫から出すがを男がやって、車は女どもが持っていく、そのころは背中でなしに大抵荷車です。周辺のところは担いでも大抵車だちゃ。出袋（しゅったい）いうて移出用にムシロに包む人がおりますね、あれする料金が一俵五銭ぐらいかねー。その頃の帳面ちゃないもんだからねぇ。仲せより出袋の方が、ええ、いかったい（賃金が高かった）。これは男だけです。

註　二日前（九月一一日）に伺ったところ、佐一さんは目を悪くしておられたので、玄関には出て来られなかったが、佐文さんに託して次のように教えてくださった。高島佐七郎さんが親方をしていた「水郷仲仕組」の仲仕たまりは、西出町の島田英夫さん宅の北側の倉庫のところに（大正のころか）あったのが、次には三軒ほど北隣の三六六番地（今の相沢賢行のところ）、さらに下条川の河口に近い、二二五番地の今の東堂茂夫氏の北隣（後ろ）と、順々に動いていったという。そうだとすると島田英夫さん宅の北側に岩瀬銀行の倉が来たのは、それからあと、昭和期のことになりそうである。

近所の職業

斜め向かいの土肥義男さん（西出町八〇〇）とこは北海道通い、その隣の東堂さん（八〇一）とこは売薬やっとられた。うちの隣の角川さんは、佐渡へ船で行っとられたうちや。ええ、もう代変わってしもうとるが。んでも、もう八〇くらいになっとられるさん（徳治さん）だから、木材運搬は詳しいがい。やっとられたがだから（角川徳治さんのところへは、このあと直ちにお邪魔し、伺った談話はすでに『北前の記憶』一九九八年・一七六頁に掲載）。そいがでかいと船おったがだぞう。そのころでも五、六杯おった、水橋に。船の大きさなら、能登通いの船だちゃ。さ、能登行ったり佐渡いったり、仕事によって。能登は能登、佐渡は佐渡で行くが、道ぁ違うもんに。何石くらいの船か？　さ、判らんな、船のもんでないもんだから。機帆船で、今流行の発動機あんねかいね。動力ぁついとるもんだ。港はやっぱり、ここへ入ってくんがやねけ。もし都合ぁ悪けりゃ岩瀬入って、凪みて（見計らって）こっち来るがやねけ。佐渡はここからやったら大抵小木へ入るがないけ。小木へ行ってから後、どこ行くがかねぇ。佐渡の木材ちゃやっぱり、杉かなんかでなかろうかね。

戦時中

戦中は配給で米屋やれんもんだから、統制で。わしも勤めとったがい。営団ちゅうもん、あったねけ。わし本部におったもん。富山の本部におって、米積んどったから。それからこっちへ来たわけ。一番最初に食糧配給公団ちゅうもんか、最初にできたがやねけ。それから営団が戦争中、それが終戦で統制解除になったら、民間になったわけやちゃ。だれど何しろ、米は小売業者が自由に出来なんたもんだから、小売業者が協力して、卸ちゅうもん出来たがやねけ。富山食糧販売協同組合ちゅうもんになった。そこにわし常務でおったが。富山市内、松川に今でもありますれど。卸が県内に五つ出来たがやね。富山経済連と富山食連のほかに、高岡食販、氷見米穀なんか。今でもあります。五つだけ卸があって、その下に小売屋があった。卸から米をもらうわけやちゃ、勝手にちゃもらわれんがやねけ。食糧庁が、食糧事務所がこの五つの卸に米を流して、その卸から各自のつながっとる組合へ。そいがになっとるわけやちゃ。いまだにそういう統制みたいがしとんがい。自分で勝手に売られんがやちゃ、あるいは勝手に買うちゅうわけにはいかんがやねけ、卸経由しなければ。

まだ続いとんがですちゃ。ただ、営団時分は官吏だが、民間なったからこりゃ半民半官です。

（『バイ船研究』六号より）

証言42　山本忠之助さん「銀行と米屋」

（一九八五年七月テープ・一〇月八日ノート）

上市町松和町五二
明治三三年（一九〇〇）生

米騒動を考える会での談話

当時一八歳で（註1）上市の役場で月給一二円のじょうばん（?）の手当もろとった町役場の書記だったんです。そして納税したお金を郡役所へ持って行く途中で見た話です。ちょうどわたしが滑川の金川宗左衛門さん、滑川の米問屋さん、このまえ通っていきました時、に、女の人が五、六人、何だかザワザワ騒いでおられてね。そこに番頭さんがおられてね、なんか「いやー、そんなこと言われたかって、こっちゃ商売だもん」と、言われていた記憶がある。そーして倉庫が、屋根かしとったれど、五つ棟ぐらいある。その中には米が一杯あったんでしょう。そこの前に女たちが一五、六人、ガヤガヤ話しておいでた。私の見たことはそっだけ程度でございますが、昨日図書館へ行って見ましたところ、大正五年に一〇キロの米が一円二〇銭、大正七年のはなかったけれど、大正八年は三円八六銭にもなっておりました。当時の湯銭が四銭、お酒（並）一升一円二〇銭、総理大臣は月千円とっとられましたが、大正九年です。

中新川の郡役所につめとりましたのですが、勤務が、早くいっても晩の九時頃まで、ご飯食べずに廻っとったわけです。それから体をこわしまして、やめて（大正一三年に）銀行の方へ入ったわけです。そして水橋に一三年おったのです。それでこれは、米騒動のずっと後になるわけですけれども、銀行の商売だもんで、米を担保にとってお金を融通しとったのを見とったんです。お米というものが北海道の方へ、移出されとりました。そういう関係で米を相手に商売しとったわけであります。

それから、いま東京で有名な商売しとる人も

1．山本さんの略歴
明治三三年五月二四日生まれ、同四〇年四月小学校入学。大正四年一〇月一日、富山商業学校入学。同六年七月二五日、上市町役場雇員、会計課に属し、月給九円。同七年三月三一日、同書記、月給一二円、臨時手当四割。同八年八月五日、同役場退職（病気）。同一三年二月、滑川銀行に入る。手代、月給四〇円。後に同行水橋出張所主任。さらに十二銀行に吸収されるに及んで十二銀行水橋出張所長となる。

2．山本さん所持の資料による滑川銀行の概要
本店＝明治二六年一〇月、滑川町大町一七三六（現在パーキングの所）で開設。上市支店＝明治三四年九月開設、上市町六五番地。五百石支店＝明治四年五月開設、五百石町一〇六の一。（?）大正七年三月、滑川町堺町八六一。富山支店＝大正一二年四月開設、富山市西堤町一六の一。水橋出張所＝大正一三年二月開設、東水橋町東小橋二番。頭取＝明治二六～四四年「竹中禎三郎」明治四五～大正八年「鷹取喜一郎」大正九～昭和二年「竹中考勉」昭和二～五年「斎藤仁左衛

いますが—。書籍で成功されました角川源義さんとも商売上つきあいしとったんですが、その方のご本家は角川源三郎さん、その弟さんが源吉さん、もう一人の弟さんが源ぞうさん、三軒米問屋しとられました。そして水橋には、ずいぶん米が集荷されまして大きい商売をしとられまして、おかげ様で銀行の商売もやっとった、というわけでございます。

二度目の談話　同年一〇月一八日

水橋の銀行支店と移出米商

米騒動のあと大正九～一〇年に今度は暴落が来て、大きく動かいとった所ほどつぶれたので（前項「小泉米次郎さんの話」の末尾注を参照）、金川さんがつぶれ、細田さんの「米肥会社」も衰えて、米騒動当時とは逆に、滑川より水橋の方がたくさん米を出すようになりました。中新川の米が東水橋に集まるようになりました。だから東水橋には、米関係で新しい商人が、角川さんなんかみたいに台頭して、経済が活発になったので銀行の支店も増えました。岩瀬銀行は大町のいま「サンフレッシュ丸一」になっているところ（大町四九番地）、水橋銀行は中大町の今の平野鮮魚店の北側（中大町一二番地）、むかし肝煎り「中の屋」の屋敷だった所）、四七銀行は今の北陸銀行のところ（大町一八番地）にありました。

滑川銀行（註2）も大正一三年に水橋に出張所を出すことになったので、私はそこへ入ったわけです。これは東水橋の東のたもとの、南側にありました。いま水橋文化センターあるところです。この出張所の倉庫は、地蔵町の海岸近くにありました（地蔵町九〇一～九〇五番地の北半分、一一七〇番地と道を挟んだ向かえ）。当時は一～五号と五つ棟ありました。倉庫には倉番がいて、「誰それの米が今、どっだけどっだけ入りました」、と電話かけてよこしますので、銀行はそれを担保に金を貸すわけです。

私らは角川源三郎さん・源吉さんとは取引しましたが、源ぞうさんは米穀検査の等級のハンコを勝手に自分で押すような、タチの悪いところあって取引しませんでした。本屋をされたのは源三郎さんの末っ子で、かたいもん（堅実な人柄）でした。四七銀行や岩瀬銀行は、米の為替を組むときは滑川銀行へ行けという調子で、滑川銀行が米を一手に扱うようになりました。それが業務の大きな部分を占めとって、当時の金で資本金百万だったこの銀行で二百万も米の為替を組んで叱られたこともあります。このころは、主に東京の山種商会に出しましたが、たまに北海道に出したこともあります。水橋での

門」昭和五～一二年「神保芳郎」昭和一二年現在の取締役「中原静二・竹中清治・斎藤浅次郎・城戸慶二」

○『水橋郷土史』第一巻による銀行の変遷

明治二六年一二月
国立第四十七銀行水橋出張所開設

明治三〇年五月
水橋町を中心とせる地方資金を以て水橋銀行創設、資本金五万円。

明治四〇年九月
岩瀬銀行水橋支店開設

明治四〇年三月
第四十七銀行出張所を水橋支店と改称

大正元年八月
水橋銀行破綻、翌年整理復興

大正一三年二月
滑川銀行水橋出張所開設

大正一四年七月
水橋銀行と新川銀行と合併

昭和一〇年八月
岩瀬銀行水橋支店は高岡銀行水橋支店となる

昭和一二年二月
滑川銀行水橋出張所は十二銀行水橋出張所となる

昭和一三年八月
十二銀行出張所は十二銀行水橋支店と改称

昭和一四年一二月
第四十七銀行解散。水橋支店閉鎖。その跡へ十二

貨車積みの場合、倉荷証券を出さず、駅が出す貨車番号が証明になりました。これを丸通に見せると、丸通の水橋支店は書類を二種類に分けて出します。赤線のついた甲号票はその権限内で火災保険も付いとって、完全に保証してくれるもの。乙号票は、倉庫不足や資金切れで保証しきれないが、米屋がどうしても出したいというので引き受けるというもんで、赤線がついとりません。銀行は双方とも荷為替の対象として貨車番号も両方とも付きます。この形式は大

郷社加積雪島神社

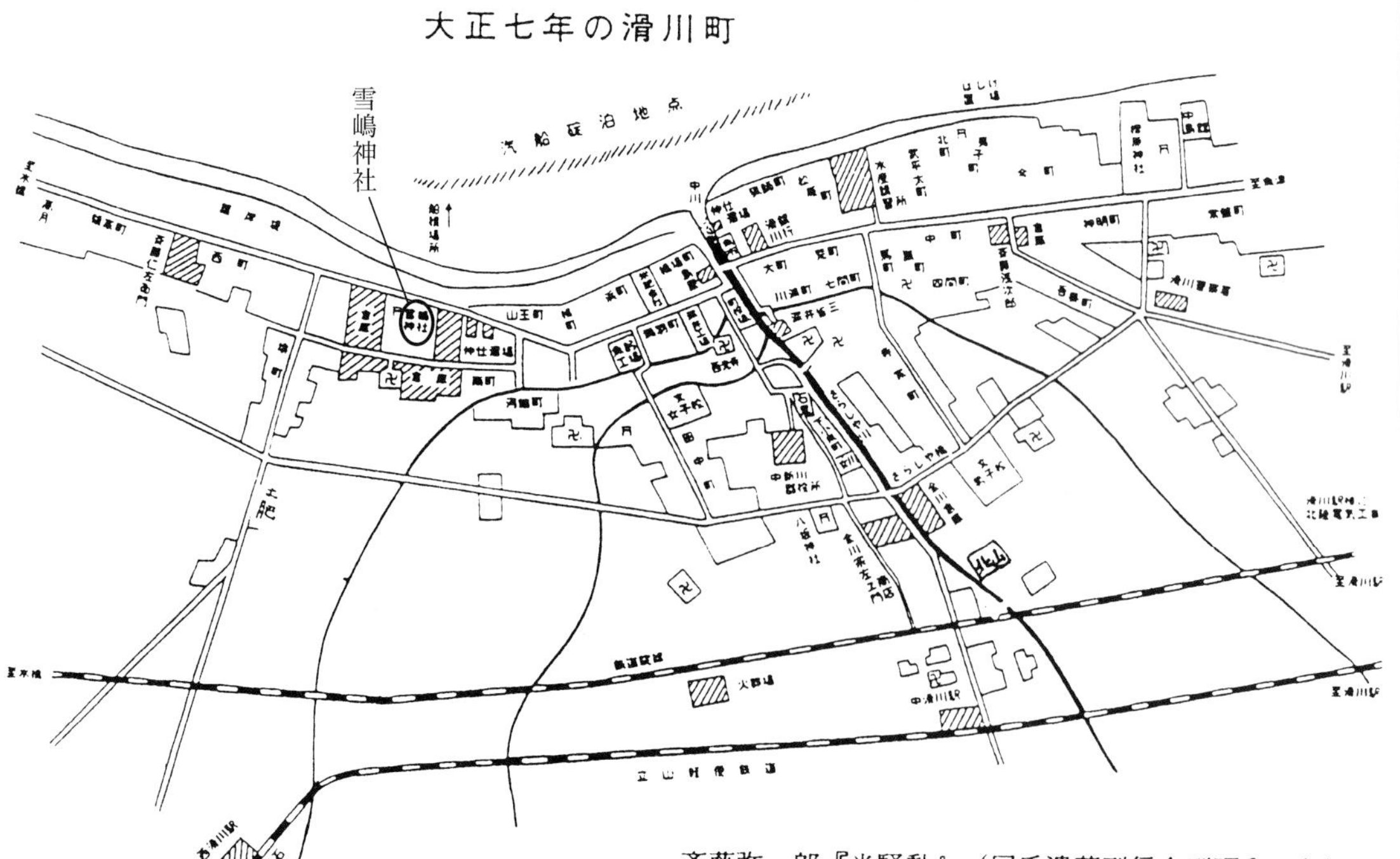

斉藤弥一郎『米騒動』（同氏遺著刊行会刊昭和51年）より転載。但し二軒の移出米商（堺町の土肥定次郎と、さらしや川沿北山茂助）の位置を付加した。

正・昭和を通じて同じで、送られる先の東京などには滑川銀行の支店がなかったので、一二銀行に代理店をたのんでありました。米を受け取ったもんがそこへ入金（手形）すると、ウナ電で入金済みの知らせがこちらに届きます。

滑川の銀行・倉・米商

滑川の雪嶋神社（註3）の西側の海沿いにも滑川銀行の倉あって、在（農村部）から荷車で運んで来た米を西側の戸口から入れて、北側の海に面する戸口から出しました。その浜で艀にのせて汽船まで運べるわけです。三棟あって、高い倉で二〇俵ぐらい積み上げられました。向かえ（南側）には、米問屋の土肥与三次郎さんがあり、西側には四七銀行の倉あって、ここらは銀行から借りた金で常磐町の遊郭に通う仲買もおりましたね。

滑川銀行（本店）は大町北側の、今の高木履物店の東隣（一八七六番地）、高岡銀行はその斜め向かえ、いま北陽舎のところ（一七七〇番地）でした。富山銀行は橋場の、道を広げたため今は道になっている、今の「たまや洋品店」の東側に、水橋銀行はその並びのいま「洋装のうめざわ」になっている所（瀬羽町一八二三番）、岩瀬銀行はその向かいの、今の柳原会計事務所のところにありました。細田さんの「米肥会社」は、瀬羽町でももう少し西の北側に（一八八七番地の今のパーキングを中心に）間口六間で広がっていて、浜まで突き抜ける倉庫がありました。その浜側から艀で汽船へ積み出しとったわけです。もう少し西側の、四つ角の南西隅（今の小島畳店と瀬羽町一八四〇〜四一番）には四七銀行もありました。

北陸銀行への合併

滑川銀行・四七銀行・水橋銀行とつぎつぎ一二銀行に吸収されて、水橋では、もとの四七銀行の場所が一二銀行水橋出張所になりましたので、私はそこに移ったわけです。後で北陸銀行に吸収されるがで、そこがいま、北銀の水橋支店になっとるところです。あの西側の後ろにあった倉庫は書類なんかが入っとったんで、米倉じゃありません。岩瀬銀行も高岡銀行に吸収されて、これもやがて北銀に吸収されました。

（『バイ船研究』六号より）

銀行水橋支店移る
昭和一五年一二月
水橋銀行は十二銀行へ譲渡、十二銀行水橋支店となる
十二銀行解散、北陸銀行となり水橋支店となる

3．証言35の註2を参照。

解説　騒動後の変化

当時この地域で米屋といったのは移出米商のことで、米の小売りは搗屋といい、他に仲買・地主・肥料商・莚藁縄商・仲仕親方・海運・船主・回漕業・倉庫業・運送など、多くの者が米作関係商品の流通・運輸に関わる職業にありました。そしてそのどれであっても又そうでなくても、一寸資本が出来れば皆が米の投機売買・移出に手を染めました。証言三九はそれらの間の相互関係や移行の機微を、極めて具体的に語っています。それへの関わりが石金・藤木・小松・堀田・池田・鹿熊などの諸家について語られ、語っている小泉米次郎さんの親も、仲仕親方から米移出もするようになっていたので、高松商店が押し掛けられていた時期は「おとろしなって雨戸を閉めとった」と云います。

　証言40の「大きな米屋は看板なし」、「殿町へ行って」見ねば「一般の人は判らん」という言葉は、当時の米取引の投機性を象徴しています。殿町というのは富山市内の取引所のあった所の町名です、証言39で「米屋とお医者はんな、ひとの困っとる時ほど高い金とって、じょろ屋と同じにひとの困るがで儲ける。三つとも一代で終わるもんじゃ」、と「池田の隠居」が諭《さと》しているとおりに、東水橋の高松商店だけでなく、滑川の金川商店や細田の米肥会社なども「潰れ」ました。一九二〇年春からの戦後恐慌による暴落が原因ですが、「やぱり思惑《おもわく》買いですちゃ、さ（そりゃ）、相場が荒いけね、みんな投機的にやるけね、結局みんな儲けなくしてしまうがやねぇ。やっぱり米屋ちゅうのは長続きせなんだもんだがいね」と、証言42の島田英夫さんも「池田の隠居」の言葉を再確認します。

　そして「わしら米屋した時分な、だいぶ違うとったね。騒動後はやっぱり、米の値ぁ少し落ち着いたいね。やっぱり多少法律みたいもんが、後から出来たがやないけ」と、一九二一（大正一〇）年に出来た「米穀法」などが評価されます。「需給不均衡ヨリ生スル急激ナル米価ノ騰落ヲ緩和」するため、国家が米の買い入れ・売り渡し・輸入制限を通して価格を制御するものです。食糧価格は、勤労者の賃金の基幹部分を占めるものですから、それを支払う政府・資本家はそれを平準化したいはずですが、その米価を地主・米商層がほしいままに操作できる状況を許して来たのは、一方で勤労者の賃金・人権を低く抑えられていたからです。〝米騒動〟という名の市民戦争が、日本社会のこの根本状況を跳ね返したので、政府・資本家は初めて、地主・米商層の利害にふれるこのような法の制定を、行うようになったのです。

「米騒動当時とは逆に、滑川より水橋の方がたくさん米を出すようになりました。だから東水橋には……銀行の支店も増えました」と山本忠之助さん（証言41）は語ります。銀行は港の傍に倉庫を持っていて、移出米を受け取るとそれを担保に倉荷証券を発行する形で金融することで、米の買い手が受け取って金を支払うまでの期間も米商たちが活動できるよう支えることで、利子を得ているのです。

この地域の場合その流通は初め、海運による関西・北方植民地向きのものでしたが、北陸線が全通してからは関東向けのものも増えたので、倉庫群も駅前に増えて、角川源三郎・源吉も店を駅前に持つようになりました。証言三九～四二は、このような銀行・回漕店の活動から仲仕組の離合集散に至るまでの、米移出関係の全機構を理解させてくれるものです。

第一〇章　正満又七の人と事績

証言43　市田一郎さん「正満又七さんのこと」

（一九八三年四月二五日のテープ）

質問　正満さんちゃどういう人柄の方ですか。

―どう言ゃよかろかねー。あの人は東水文庫といぅて、私財を投じてねぇー。最初は自分の目標で本を買うて、そして読書をするとその本をずーっと並べてぇ、しまいに図書館やって、東水文庫というねェ。書棚にずーっと並べて、ほして一般に借りに来る者に公開しとった人やった。そって売薬さんなんですよねぇ、実直な。売薬さんながで実直な人だれど、思想は新しいって言ゃいいかねェ…、社会主義者なんです。そってでやっぱり働いて金も持っとるし、その金はそのまま図書の方へ使ったりねェ…。あってぇきしーっとしたー、几帳面な人やったねぇ。正満さんは昭和三〇年ぐらいまで居られたでしょう。（富山）市に合併しない前でぇ、水橋の郷土史の編纂をやっとって、編纂委員長をやってねぇ、実直な人ですねぇ。ああいう（出身）階層の人は割とだらしないところがあるんだれど、あの人はそうでないが。キシーッとね、決まりのいい。

　子供さんがおられんでねぇ。女の子さんが一人おられたがだれど、おられれば今七五歳ぐらいですね、富山の女学校卒業するころに亡くなってねぇ、ん。そしたら子供なしで―。水上っていう近くの人の弟さんを養子にもらってね、この人ぁ東大出とるが。出て、東洋紡績の何やら淡路島かどっか、あこら辺りの工場へ勤めとられた。九州の方へも行っとられたと聞いたんですがね。

（ここで史料館員の女性が発言）　ここへ来て行かれてね、家を片付けたら出てきたっていうてね、行李に一杯ほど史料を持ってこられたが。あれ夏休みだったろか、墓参りにでも来られたがかね。四国かどっか（に平生いる）と聞いとったれど。古文書、それから（又七氏が）社会主義者だったからそいが書いたもんもあったしねぇ。

（館長の発言に戻る）　それがねえ、一たん市役所へ収まっとるもんだちゃ。富山の図書館へ行ったんです。それで私らが富山の図書館へ行ってぇ、今度これ（水橋郷土史料館）建てるときに行ってェ、見せてもらって、これもこれも、これも水橋へ返してくれって、こう言うて、申し入れて来たんです。そしたら、ちょっと待ってくれたらお返ししましょうって。大事な要のもんな向こうが握っとるがでしょう、富山市立図書館が。私が一緒に見にいったときに、毛筆で書かれたもので、ああこれ欲しいなと思っとったもんな来とらんねけ。安政五年の時の大鳶の山崩れ、地震の時の状況を書いた書類ですがね。津波の様子三冊、筆書きでねぇ。そういうものは向こうで押さえとるがだちゃ、抜いたもんだちゃ。こっちに来とらんもん…。その書類、筆のがのこたぁ、金沢図書館へ行けばあるんじゃないかと思うんです。正満さんは金沢まで行って写してきとるんです。ここは昔加賀藩領だから、当時の役人が書いたものですねェ。当時の西水橋のあこにおった、加賀藩の役人だった、岩瀬の奉行所の者ねぇ。当時の水の出た様子を報告しとるもんだちゃ—。

解説　正満又七略伝と『水橋郷土史』編集

北海道通いの売薬徒弟から独学で身を起した人で、室蘭経由の船で十勝へ入っていた売薬、麻柄太平の〝若い衆〟でした。明治一三年生まれなのに、明治十何年から船に乗ったと語っていますから、数歳から船に乗っていたことになります。北前船に乗って広がった水橋売薬の徒弟以外ではあり得ない経歴です。その広い見聞のなかで独学して叩き上げた、学問思想だったのでしょう。薬業の名望家・教養人である点では西水橋の岡本公夫と一対ですが、著書・史料蒐集、思想的影響の点では、類を見ません。(森山誠一氏紹介の)「大逆事件証拠物写」に富山県内七名の一人として挙げられている水橋で唯一の人物で、また昭和期の電灯争議(一九二八年)に東水橋の期成同盟会長に担がれるまで、一貫して名が挙げられる社会運動家でもあります。

「大正一〇年二月一一日紀元節をトして」「宗教・哲学・教育・倫理・社会学・経済・法制・文芸・歴史・美術・科学・児童文庫等」を網羅した蔵書を、無料で貸出す東水文庫を自宅(現・水橋稲荷町七四三)に創設しました。同人・篤志家の後援、町費からの奨励金などを受けた時期には、私立東水橋図書館と称しましたが、司書は夫妻が無報酬で務めました。自分がそうであったとと同じように、学ぶ機会に恵まれない民衆に学ぶ道が開けるように、との思いだったのでしょう。

『水橋郷土史 第一巻』の巻頭に、昭和二六年九月に書いたらしい本人による略伝が掲げられています。「(編述者略歴) 明治一三年三月一四日生、売薬・味噌醤油製造業、東水橋町々会議員、社会大衆党新川支部長、日本社会党富山県支部連合会顧問、私立東水図書館長、東水文庫長。(著書) 東水橋郷土小史・鉛筆書方秘旨帖・売薬行商者読本・水橋郷土史」。

『水橋郷土史』の編輯沿革

明治二二年町村制施行を意識されるなかで「明治二〇年頃」「廣瀬順平 (調査II〈廣瀬姓の人たち〉を参照)」を以って主任とし、各旧家の史料を蒐集し」て始めましたが、廣瀬の逝去で頓挫します。大正七年頃、東水橋町在住の小学校訓導尾島粂次郎 (瀧川証言13を参照) に委託しましたが、激務の余暇での編纂だったところへ転任となって再び頓挫しました。この重なる頓挫で散逸しつつあった史料が、保管を委託された後任者が当を得なかったため更に散逸しました。大正一三年、役場で編輯することを決しましたが、公務の余暇では不可能で着手に至らず、私立東水図書を設けていた因縁で正満が、大正一五年稿を起こし、昭和三年三月に刊行しました。これは (その縮小版が『東水橋郷土小史』と題されていることからみても、以後の経過からも) 東水橋町の記述に限られていたと思われます。

昭和一五年の第一次合併で、東・西水橋町及び下条村が一体化して水橋町となったので、正満が神社・仏閣等を追記したと昭和二四年九月に記していますが、同二六年に合併一〇周年の記念事業として、正満ほか五人の委員によって増補改訂が始められ、同二九年三月刊行されました。更に同年四月第の二次合併によって上条村・三郷村も加わったので、これらの地区の委員によって追加両村について書く巻の準備が始まります。同四一年刊行された版では東・西水橋町及び下条村についての巻が『水橋郷土史 第一巻』、上条村・三郷村についての巻が『水橋郷土史 第二巻』とされています。

証言44　黒川久士さん「東水文庫と『水橋郷土史』」

（黒川テープⅣ　一九八三年三月二九日）

質問者　東水文庫は今は主にどこに、富山市かどこか図書館に入っているんですか。

—ところがですね、富山の本庁（富山市立図書館のことか）から来て、そいつを必要なものだけ全部より出して、一ぺん持ってってたでしょ。そしてもう「どうでもいいわ」っていうものを、こっちにうっちゃってってった（放置して行った）わけです（註、一九八八年一〇月に護摩堂郷土史料館長に伺ったのでは、後に富山市立図書館から一定もどして貰って来たという）。うっちゃってってったら、今のセンターに使うとる元の役場の屋上に木の小屋を建てて、入れてあったんです。そいつがこんだ吹雪のために雨が漏ったんです。そしたらそっくり、全部処分してしもうたんです。お宅もそれ（調査）やっておられるからよく解るだろうと思うんですけど、そういったもの（古文書）は一番面白いんですね。ところがねぇ、惜しいかなそいつを—。みんな焼却炉へ行ってしもた—。

質問者　それは一体、何年ぐらいのことですか。

—そうですね、何年経ちましょうかねぇ。（『水橋郷土史』を指して）これはこれで収録して、それ以外に色々メモとったものが閉じてあったんですね。郷土史料館ができるずっと先です。ですからあの郷土史料館が、もう少し早く（建てる）そういう機運があったら、そいつ（東水文庫）を郷土史料館に持って行けたわけです。正満さんの集めた古文書なんか「東水文庫」はもう全部四散してしもうて、何が無いかも判からなくなってしまった—。

質問者　石金（史料館理事長）さん自身も、そういう歴史のことはお好きなんですか。

—最近になって一生懸命にあれに打ち込んどられてねぇ、大変なんですよ。どんなに少なく（見積もっ）ても二、〇〇〇万円突破しとるでしょう、あこに継ぎ込まれた金が—。とにかく町にあるものをね、外から来るものでもとにかく何でもいいから、今一生懸命集めないというとどうにもならん、と。今集めんというと日一日と記録というものがなくなる、参考品がなくなるということです。そっでも、あそこの資料館の特色というのは売薬用品です。それは富山県一にしておると同時に、方々の図書館、新庄の何と言いましたか、金岡さんのところ（富山県民会館として売薬資料も展示）にも、水橋から資料がいっているんです。ですから、富山県とすれば、売薬資料というものは最高に集めています。

水橋の記録というものは相当なくなっていると同時に、この本（『水橋郷土史』）も西水橋よりも東水橋のことが多く出とるんです。というのは、これ正満さんがつくられたでしょう。正満さんが東水橋であって、そのころ（西水橋と合併しとらん時ですから。西水橋のものは余り入っていないんです。西水橋のものも何がしのものが有ったのに、それが（合併で）全部向こうへ、東水橋へ一緒になっとって、一緒に今度は焼却場へ入ってしまったんです。それで、まとまったものは無いですが断片的に、郷土資料館が一生懸命収集してやっとるんです。博物館認可もあるんで財団法人ですが、したくても資金上できないわけです。館長さんがもちろん無報酬でしょう。理事長さんは石金さんがやっておられるので、理事長さんと館長さんと、それに毛利さん、それに職員が一人半で管理しています。たまに何か特別展をやるということになってくると、あれも来いこれも来いと、非常招集かけて何でもさせるんです。（黒川テープⅣ）

第一一章　電気争議の頃

証言45　市田一郎さん「正満又七と滑川グループ」

（一九八三年四月二五日のテープ）

米騒動の時は、正満さんはこっちに居らなんだがでなかろうかね、なんか売薬で旅に行っとってねぇ。あの人が社会主義的な活動をするようになったがは、昭和年代に入ってからだね、平井シャッポ（本名は太吉郎）や齋藤弥一郎さんども（註）とやり取りするようになってぇー。その後、いろんな人達のこたぁ、富山・水橋へやって来とりますちゃね、堺利彦さんも来られた。この方のこたぁ講演会で二晩ほど、昭和二七、八年だったかねぇ、戦後。平井シャッポねェ、平井さんのは正満さんくらい（の歳）でなかろうかね。滑川だとそれから齋藤弥一郎さんねぇ。齋藤弥一郎さんなら、私らよく一緒になって話し合うたこともありますしねぇ。平井シャッポいうがは、私は講演はよく聞いたけどね、あってでまァそうだねぇ、いや、言うことは要《かなめ》のところぁ、なかなかうまいもんだったね。非常に人を笑わせてねぇ、話が通俗的でね。そして田舎の爺さんがしゃべるような話ぶりでね、わかりやすいんですよ。理論だった学者肌のしゃべりかたでないがです。それから見ると、齋藤さんがちょっと学者肌のタイプでねぇ。

質問　シャッポってあだ名は何からきたものですか。

—どういうんだかねェ。あの人は麦わら帽子アミダに被ってあらいた（歩いた）んじゃなかろうかね（註　フランス語の帽子シャポーが大正期に訛って流行）。私ら子供の時分、大将の話を聞きに入る資格あるまい言うて、なん入られなんだ。芸術だとか、ああいう演説会になったと、その時（分）は二〇歳前のもんちゃ未成年者、入れられん。だから大将の話聞いたがァ二〇歳前後だちゃね、大正の末から昭和の初めだちゃね。

証言46　高井文助さん「篠田耕三は同級生」

松井テープG（一九七一年四月録）

註　平井太吉郎など滑川のグループ。

滑川町の商業・手工業の活発さを反映した商工層出身の知識人で、滑川町で明治三三年に、旧慣の永代借地権を地上権設定に切り替えるため、地上権獲得同盟会を作ったのが平井たちといわれます。関東遊学で明治社会主義の影響も受けて帰ったようです（前記の「大逆事件証拠物写」に記名の富山県内七名にも平井は入っています）。大正政変期には『第三帝国』誌の読者グループ、大正三年に富山県立憲青年会を（平井・松井・中村与八などが）結成し、同七（一九一八）年米騒動の余燼の一〇月には、普通選挙期成同盟会を発足させるなど、急進自由主義的な活発さを見せました。昭和三年の電灯争議での、滑川の対富電争議委員会の長を松井が務め、第一回普通選挙を前にした無産三党鼎立では、右派の社会民衆党の滑川支部を（昭和二年三月）作りましたが、ファッシズムに傾く昭和六年頃を境に、内部の疎隔もあって実質上終焉します。

文献：斎藤弥一郎『富山県社会運動史』一九六〇年、『滑川市史　通史編』（一九八五年）第五章第六・七節。

松井　滑川は派手でだから「社会主義」で名あげとったもん。松井上吉・平井太吉郎、あれはわしより亦、五つも七つも年とっとったが。（東水橋にも）正満（又七）や（西水橋には）篠田も居ったがや。

高井　篠田耕三は友達だったれど、警察に監視されてー。（私服刑事が）後付けたらく（付けて歩く）もんに。ほしたら（家の）裏から出て（西水橋から東水橋へ白岩川越えるのに）船に乗せてもろて来て、私とこずっと浜に居ったから、わしとこに五日でも六日でも遊んどった。ありゃ学校友達でもあるし、親ども友達だったし。わしとそういう政治的関係ちゃなかったれどねぇ、やっぱり友達だったもんだけね。

証言47　黒川久士さん「正満又七と篠田耕三」（黒川テープⅣ一九八三年三月）

正満又七さんの家は照蓮寺の北側（水橋稲荷町七四三）でしたが、今はありません。息子さんは養子だった、東京に出られたようです。正満さんは平井太吉郎さんより、少し年上でなかったかと思う。篠田さんは次男（耕三）が社会主義で、正満さんの下っぱです。篠田さんの家は、地下一階のある三階作りやった。地階は一世帯暮らせて便所もあるもんで、次男が独立生活してたんです。そこへ河川丈太郎などが逃げてきてました。（社会主義関係の）あらゆる人が水橋に来てったらしい。大抵は、北陸へ逃げて来ていたのでないかと思います―。（以上、黒川テープⅣより）

証言48　黒川久士さん「電気争議の頃」（黒川テープⅢ・Ⅳ一九八三年三月）

電気争議でも、うまく話し合いついたのは滑川・水橋だけで、あとはみんなうまくいかなんだ。電気争議のとき、私とこのそこからずっと駅前まで街灯がついて（灯って）おったんです。

それは全部タダだったんです。それから滑川でも、高月の宮（加茂社）から駅前まで、街灯は全部タダだったんです。（以上、黒川テープⅣより）

そうこうしとるうちに、今度ぁ会社の方がだんだん強気になる。そしたら、需要家の方も対抗して強くなる。そしたところ、（会社側が）今度は電気を切ったでしょう…。切ったたってことから、今度は爆発してしまうんです。あの斉藤（仁左衛門）のとこ（滑川町加島町）の電気ぁ切れたのが一番最初です。それから、水橋でもどっか切ったらしい。それも滑川と水橋てのは警察が一本で、（町民の方も）何だかんだで殆ど一本みたいになっとるから、会社も一緒ですからねぇ。滑川ぁこぅやった、それやれっ。今度ぁ水橋も一緒に、ということでしょうね、近いせいもあるけど、よく滑川・水橋は気揃えてやったらしいんですよ。（以上黒川テープⅢより）

史料4　正満又七による電気争議の記述（『水橋郷土史』第一巻　六八八頁）

大正一四年滑川町に於て商工会を中心として電気事業を町営とする調査会設立、但し進展せず。

昭和二年四月富山電気株式会社は器具貸付料其の他の名目を以て過分の料金を徴収し、且つ水力国たる本県は電力の投資安価なるに拘らず高価な料金を徴収して公益を無視し、会社の利益に専念するの故を以て非難の声各地に起り、三日市青年団の奮起する処となり、三日市電気料金値下規制同盟会連合会代議員会を滑川町雪島舘に開催した。

各地代議員

石田村　宮崎喜智蔵、生地町　富山善重・嘉志麻庄之助、三日市　中川秀蔵・柳原亀次郎・土原泰蔵、西水橋町　押田喜久・篠田耕三・児島治一郎・護摩堂健次郎、東水橋町　正満又七・長谷信一・林喜一・寺田治一、滑川町　松井上吉・平井太吉郎・女川直基・島田又平・渡辺与四郎・山田五三・椎名和二郎・飯坂□《ママ》吉

値下要求額　三割五分

会社は要求を拒否せしに依り、電気料金未払者を生ずるに至った。会社は不払を理由として、

五月一七日一部不払者に対し断線消燈の挙に出た。同盟会側に於ては、不払ではない、解決せば、支払うのである。然るに一方的に断線消燈は暴挙も甚しいと憤慨し、事態は益々強化するに至った。

右に対し地方有力者が調停に乗り出したが同盟会の主張と懸隔ありて成立せず、幾多の論議を重ね、遂に各町一斉電球返納の実行に入り、各町は暗黒の街となった。返納電球、滑川六〇個、東岩瀬、東水橋、西水橋各三千個、斯くて上市、五百石の一部、北加積、浜加積、西加積、東加積など値下同盟会に加入し、加入町村二四、消燈数二万四千燈を超えるに至った。

此の争議は富山電気株式会社の送電区域たる石川県輪島町に及び、二割値下げ要求となり実行委員を選び、会社との交渉に入った。斯かる状勢下に暗黒化の対策として、カーバイド、ガスランプなど点じて、夜警団を設け、各同盟会執行委員は之れを統括し夜警の任に当った。

昭和三年八月七日各町有志に依って組織されあった争議調停会は調停の成果を上げ得ず、声明書を発表して解散した。

県当局調停に乗り出す

争議はいよいよ拡大深刻化し憂慮すべき事態となったので、内務省の内命に依り、県知事の上京となり、主務省と打ち合わせ何かの成案を得て帰県し、知事は会社及び同盟会連合会に向って白紙一任を求めた。八月九日会社は之れに同意したが、連合会は拒否した。然るに八月一九日夜間、県庁庁舎に於ける会見に於て遂に知事一任に同意するに到った。滑川同盟会は知事一任に反対し、町営を主張し、この調停に加わらなかった。

調停案（大要）

五燭　値下五銭
一〇燭・一六燭・二四燭　値下一〇銭
平均一割三分七厘　動力料金は審議の上、県当局の承諾を得て発表する。会社は争議に費せし各町同盟会の費用として金一三万円を支弁し、且つ争議期間中の不納料金を、同盟会の徴収せし金額に対し一割五歩を支払う事を約束した。

以上の経過を以て二カ年に亘る電気争議は解決された。此の争議に活躍せし人々は、各大字の青年多数である。ここには二、三の氏名を載せて置く。

西水橋町　篠田耕三・押田喜久・児島治一郎・護摩堂健一郎
東水橋町　正満又七・蛭谷吉之助・尾島基康・一村与三松・堀田次作・長谷信一・蓮本尊宜・林喜一
下条村　角田又一

第一二章　水橋郷土史料館前の記念碑

記念碑碑文（米騒動六〇周年）付写真　同企画図

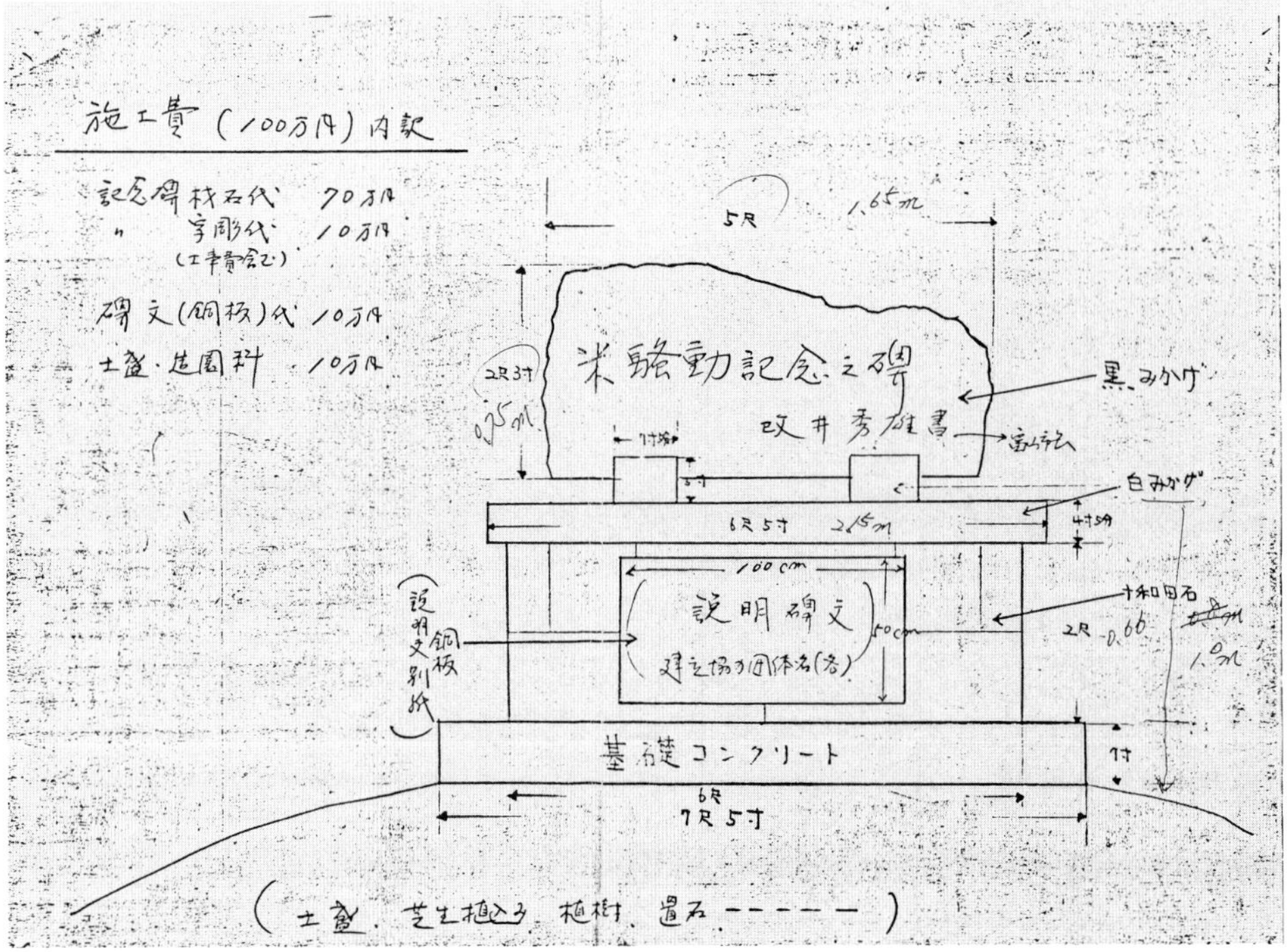

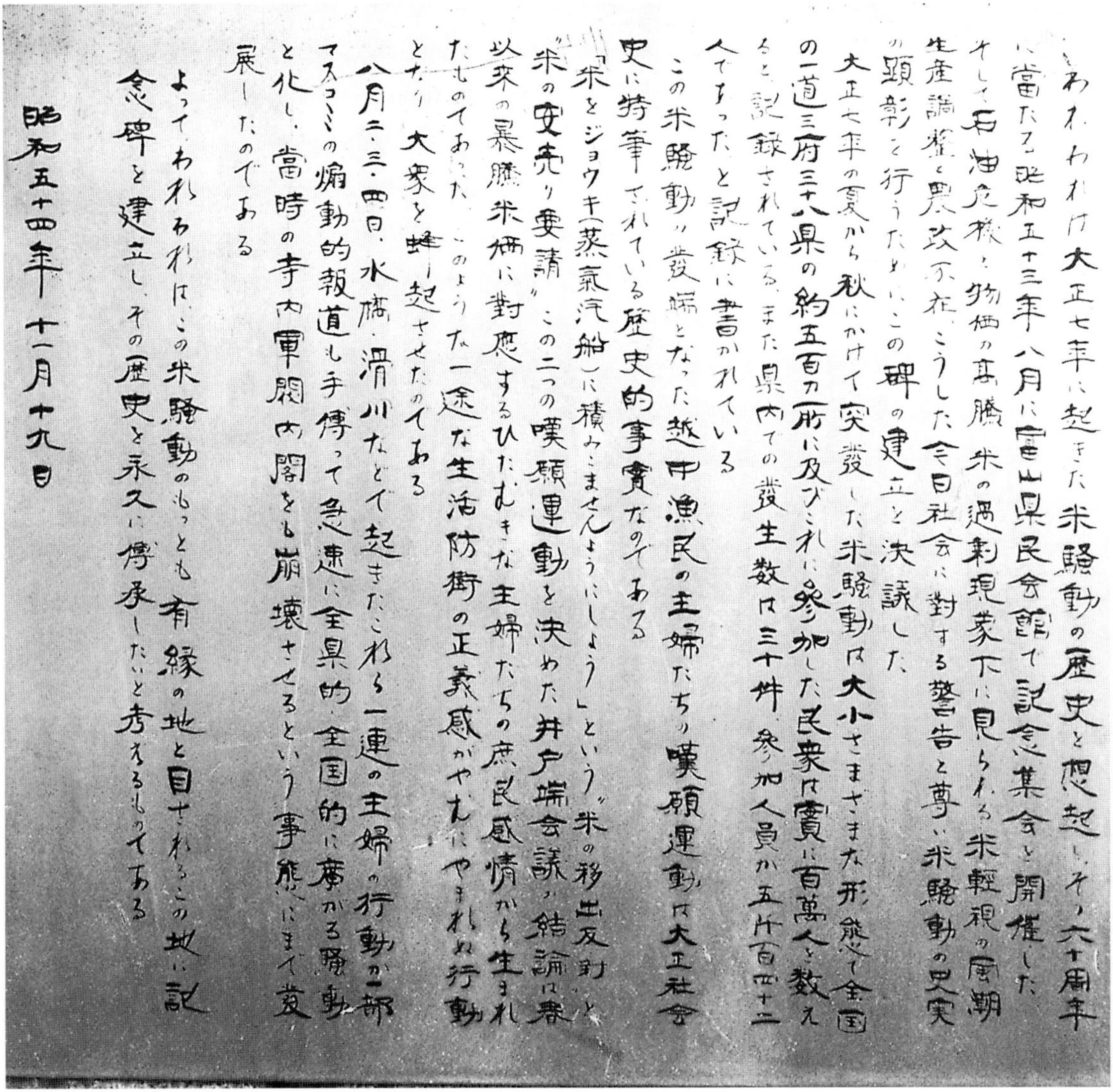
われわれは大正七年に起きた米騒動の歴史を想起し、その六十周年
に當たる昭和五十三年八月に富山県民会館で記念集会を開催した
そして石油危機と物価の高騰、米の過剰現象下に見られる米軽視の風潮
生産調整と農政不在、こうした今日社会に對する警告と尊い米騒動の史実
の顕彰とを行うために、この碑の建立を決議した
大正七年の夏から秋にかけて突發した米騒動は大小さまざまな形態で全国
の一道三府三十八県の約五百カ所に及びこれに參加した民衆は實に百萬人を数え
ると記録されている、また県内での發生数は三十件、參加人員が五千百四十二
人であったと記録に書かれている
この米騒動の發端となった越中漁民の主婦たちの嘆願運動は大正社会
史に特筆されている歴史的事實なのである
「米をジョウキ（蒸氣汽船）に積みこませんようにしよう」という"米の移出反對"と
"米の安売り要請" この二つの嘆願運動を決めた井戸端会議の結論は春
以来の暴騰米価に對応するひたむきな主婦たちの庶民感情から生まれ
たものであった このような一途な生活防衛の正義感がやむにやまれぬ行動
となり大衆を蜂起させたのである
八月二・三・四日、水橋・滑川などで起きたこれら一連の主婦の行動が一部
マスコミの煽動的報道も手傳って急速に全県的・全国的に廣がる騒動
と化し、當時の寺内軍閥内閣をも崩壊させるという事態にまで發
展したのである
よってわれわれはこの米騒動のもっとも有縁の地と目されるこの地に記
念碑を建立し、その歴史を永久に傳承したいと考えるものである
昭和五十四年十二月十九日

史料5「食料政策の転換を要求、米騒動60周年記念集会」

『北日本新聞』七八年八月四日

食糧政策転換を要求

26日に県民会館で　米騒動60年記念集会

越中の女一揆（いっき）に始まり全国四十都道府県に広がった米騒動からことしで六十年になるが、これを記念する全国規模の集会が二十六日午後一時から富山市の県民会館で開かれる。新生産調整や外国食糧の輸入拡大、食管制度の改悪など米軽視の風潮のなかで農業破壊の政策が相次いで打ち出されている情勢にあって、米騒動問題を取り上げ、食糧政策の転換を要求していこうというもので、記念講演、体験報告、アピール採択など行う。

米騒動は大正七年八月三日にいまの富山市水橋方面で集団請願したのがきっかけで「米よこせ」運動が全国的に広がったもので、ことしはちょうど六十年にあたる。そこで、発祥地の富山県内で米騒動六十周年記念集会を開くことになった。

同集会実行委員会（実行委員長・長谷川俊政県労協議長）は県内の労働者、農民、消費者組織十一団体で構成し、総評、全日農、全国消団連、中央労農会議などが後押ししている。当初、八月三日に開催を予定していたが、参加人員がふくれ、会場変更になったため、二十六日に変更したもの。

集会は全国から千三百人が参加し、長谷川実行委員長のあいさつ、米審の槙枝総評議長、松沢全日農食管対策特別委員長、大野全国消団連事務局長、社会党中央本部代表（飛鳥田委員長か多賀谷書記長）改井富山市長らの祝辞があり、高野中央労農会議事務局長が基調報告する。

このあと元北日本新聞社会部長、田村昌夫氏が米騒動について記念講演、米騒動体験者の体験報告があり、食糧政策の転換を要求するアピールを採択する予定。

証言49　瀧川弥左衛門さん「米騒動記念碑と隠蔽意見」

一九八三年秋

（郷土）史料館を水橋に持ってくることについて、今の（史料館）理事長の石金さんが自分の持っとる（別の）地面を提供してもいいとか、非常に尽力されとったれど、結局あそこが荒れ地だから（富山）市の方から寄付してもろたらいいんじゃないか、ってことで市に交渉した。そしたら改井さんがね、当時の市長さん（社会党推薦の改井秀男氏）がね、「そんなら米騒動（六〇周年）の記念碑も立ててくれるか」、「わかりました」いう条件付きで、あこに建つことになったんです（註1）。そこで愈々《いよいよ》建てるちゅうことになって、理事会を招集したんですけども（東水橋からの）理事には池田君がおれば私もおるし、（西水橋からは）護摩堂七之助という人もおりました（顔ぶれは註2の「昭和五六年度新役員紹介」を参照）。護摩堂いう人は町内会の理事をしとって、これも何か本を出しましたけどね、自分の人生歩いて来た道っていうような本だったれどね、米騒動については間違ったこと書いとりました。騒動のところ訪ねて書いたらしいけれど、ずっと若いからね（米騒動時七歳、一〇年後の電気騒動で活躍）。

　この前もソ連から（米騒動記念碑を）訪ねてきたそうです、市田一郎君に聞けということで—。あれァ社会党ですからね。

質問者　さっきの記念碑作るがに反対した方もあったそうですが。

—池田太吉、それから渡辺達二、それからはっきりとせんけど岩井武夫かね。これは表具屋でね、京都へ表具の丁稚奉公へ行ったときに、梅原真隆さん（註3）の紹介で行ったらしいですね、そしたら水橋の者だいうことを言うたら、「米騒動やったから都合が悪い」ということで禁止されたと（雇われなかった、の意か）。それで、その人も恥辱だと思うとる—。そういう人達が五、六人おるんですよ。渡辺さんちゃ売薬です。この人はね、いわゆる公民館長だからね、やっぱり一つの地域の善良な風習を培うていかんにゃならん、過去を暴くようなことはいかんと、そういうことで池田君に同調したわけだ。池田君もそれを利用したわけだ。そして石金（理事長）さんのところへ、こういうことをやると後々までの水橋の恥辱になるからというんで、強硬に、建設をやめろと言うてったわけです。石金さんも困ったわけだ、それで理事会のときにね、〈理事長に一任したらどうかと言うてくれんか〉と、私にそう言われたわけだ。私はそれは良かろうということで、「理事の一任にしたら」ということを私が言うたもんだから、瀧川がやらせたということで、私の方におっかぶってきたわけだね—。（以上、瀧川テープⅢ前部）

1. 郷土史料館建設費は当時の金額で四億円という。

2.

昭和56年度新役員員紹介

(イ) 理事会

理事長	石金　長四郎	副理事長	石黒　重兵衛	副理事長	林　実
常務理事	西永　仁義	常務理事	石金　良太郎	常務理事	護摩堂七之助
常務理事	市田　一郎	理事	滝川弥左衛門	理事	池田　太吉
理事	渡辺　達二	理事	岩井　武夫	理事	毛利　善彦
理事	新鞍　邦三	理事	廣瀬　義信	理事	金木　清次
監事	金山　米次郎	監事	泉　二郎		

(ロ) 職員

館長(兼)	西永　仁義	館長補佐(兼)	毛利　善彦	学芸員	寺口　順子
学芸員補	大村　歌子	学芸員補兼書記	尾島　光枝	書記	林　フミ子

3. 滑川町出身の西本願寺派の仏教学者、仏教大学教授を務めた。

証言50　横山藤吉さん「売薬先でも米騒動は悪くいわれない」

（一九八七年一月三一日テープ）

質問者　水橋から来た売薬だというと、「米騒動」のこと訊かれるもんですか。

―うん、訊く。やっぱり富山県の米ぁ旨いとか、肥料に何やるかとか言う。「北海道からくる鰊とか来るが入れる」言うと、「へー」いうとる。

質問者　そうすると、よそ（売薬に）廻ってて、「米騒動」のせいで迷惑したてことないもんですか。池田さんは迷惑したとかですが（証言28）。

わがまちの文化施設

水橋郷土史料館　富山市

富山市の北東部、富山湾に面した水橋地区は、平安時代の「延喜式」に早くもその名が見え、古くから漁港と家庭薬行商の町として栄えてきた。昭和四十二年に富山市へ合併されたが、貴重な水橋の歴史資料を展示保存し永く次代に伝えようと、地元の有志らが五十四年十一月に設立したのが財団法人・水橋郷土史料館（石金長四郎理事長）である。

地域文化の発展に寄与する水橋郷土史料館

北陸文庫

民衆の歴史を刻む

前庭に米騒動記念碑

972点が国の民俗文化財に

前庭に米騒動記念碑が建っている。大正四年、一石（一五〇キロ）の値段十二円四十七銭だったのが七年には三十一円八十二銭という米価の暴騰に民衆の不満が爆発、同年夏から秋にかけての約五十日間にわたり、ほとんど全国で米騒動が繰り広げられた。

百万人以上が参加した米騒動は富山県に起きたのが発端。同年七月二十三日、魚津市の漁民の主婦らが米の県外移出反対、米価引き下げなどを叫んで決起。翌月三日、水橋に飛び火し新聞に報道されたのがきっかけとなって全国に波及した。記念碑は、当時の民衆パワーをしのび同県消費者団体連絡会議などが五十四年、米騒動に縁深いこの地に立てたものだ。

水橋郷土史料館は鉄筋コンクリート二階建て約二四〇平方メートル。展示品は売薬資料、郷土の産業、歴史関係の三種に大別される。売薬資料は製造用具、売薬用具、信仰儀礼器具、古文書など多方面にわたり、計九百七十二点が国の重要有形民俗文化財に指定されている。

かつて水橋は北海道との交易船、北前船の港でもあった。産業の展示室には、米騒動など農業や漁業関係の資料のほか、北前船の帆、計器、船だんすなど、今日では極めて貴重な品々が保存されている。大正七年に暴風のため水橋海岸で大破した当時、富山県最大の千石船「加徳丸」の二〇分の一模型も目を引く。

第二十代横綱、梅ケ谷藤太郎（一八七八―一九二七）や角川書店を創設した俳人、角川源義（一九一七―一九七五）ら水橋出身知名人の写真紹介が並ぶ歴史関係展示室で注目されるのは海防よろい二領。嘉永六年（一八五三）、ペリー率いる黒船がわが国を訪れたころ、領内海岸の海備にあたった前田藩関係のものという。

こうした常設展のほか企画展も開催。富山県出身の人間国宝陶芸家、石黒宗麿（一八九三―一九六八）回顧展、水橋地区五小学校歴史展など地域に密着したすぐれた企画が多い。また、梅ケ谷伝（五百円）、郷土の俳句（百円）、石黒宗麿の詩文（千五百円）といった図書の刊行もしている。

売薬資料は国の重要有形民俗文化財指定の貴重なものだ

メモ

富山市水橋館町七一七。電話0764・79・0081。国鉄北陸線水橋駅から車で約十分。富山駅前から水橋東部団地・中滑川行きバス約三十五分、中村町下車歩いて約五分。開館時間は午前九時―午後四時半。休館日は月曜と祝日の翌日及び十二月一日から二月末日までの冬季。入館料は大人百円（三十人以上の団体は七十円）高校生五十円（同三十五円）小中学生三十円（同二十円）

―そんなことない。池田太吉は親が売薬で自分も薬専出とったが、売薬の行李担いで旅（よその地へ）でるが嫌がって県庁へ出とった、課長まで行って停年退職するまで―。一〇年ほど前まで。

質問者　そうすると、売薬されてたのでないわけだ。

―なーん、したことない。しかし親は何人か人使うて、そして遠くへ遣っとった。あれも薬専いっとったから、親が行けいうて夏休みぐらいだけ、行ったことあるかも知れんが。人付き合い下手でェ、役所勤めたから、命令するが上手やったかも知れんがー。池田太吉はいまでも生きとる、わしより歳三つ四つ下か。その親は売薬で、事業家やった。レース編工場をやって、女工にレースのハンカチ作らせとった。（以上一九八七年一月三一日テープ）。

解説

一九六八年八月「食糧政策の転換を要求」する、「米騒動」六〇年記念の全国集会が水橋郷土史料館前で開かれた、そこに〝米騒動〟記念碑がたてられました。当時の時代環境は、記念碑碑文（米騒動六〇周年）付写真　同企画図や新聞記事にみられますが、戦後一貫する対米従属・財界優先の下で日本の農業・食糧政策が犠牲にされ、なお一層混迷を深める今日、その碑文を読み返し「米騒動」の歴史を振り返ることは、極めて有意義なことと思われます。

但し、この碑文や郷土史料館が建てられた時期は（本書の「まえがき」や「あとがき」に書いた理由で）米騒動が東水橋では七月初旬から始まっていたことが忘れられており、また魚津では七月二十三日に始まったと信じ込まされて来た誤りを指摘する研究（「あとがき」に挙げた⑧→⑦→⑤→④→③のいずれも）がまだ発表されていなかった時点でした。そのため二五三頁の碑文、二五四頁の新聞記事、二五六頁の史料館紹介記事のいずれでも、米騒動の始まりの日付・場所については正しく書かれていません。

付録Ⅰ　明治期水橋の米騒動・米価

史料6　水橋米価：明治元年〜昭和二年（『水橋郷土史』第一巻六三九頁より）

明治　元年	四円二三
〃　二年	七・八七
〃　三年	四・六七
〃　四年	二・七九
〃　五年	二・〇〇
〃　六年	三・〇〇
〃　七年	四・六八
〃　八年	五・一三
〃　九年	二・九四
〃　一〇年	三・三六
〃　一一年	四・八〇
〃　一二年	六・六〇
〃　一三年	一〇・二〇
〃　一四年	八・二〇
〃　一五年	五・二〇
〃　一六年	三・一二（四・四五）
〃　一七年	四・六二（四・〇二）
〃　一八年	四・三二（四・七〇）
〃　一九年	三・八八（四・四八）
〃　二〇年	三・七〇（四・〇五）
明治二一年	三・五四（三・八八）
〃　二二年	五・〇〇（五・一三）
〃　二三年	五・一〇（七・六〇）
〃　二四年	六・六〇（六・二九）
〃　二五年	五・七〇（五・九八）
〃　二六年	六・六〇（六・三七）
〃　二七年	六・六六（六・四〇）
〃　二八年	七・三〇（六・二六）
〃　二九年	一〇・〇〇（八・六一）
〃　三〇年	一四・三〇（一〇・二一）
〃　三一年	八・二〇（一〇・九〇）
〃　三二年	一〇・〇〇（九・七六）
〃　三三年	九・四〇（九・九四）
〃　三四年	九・五〇（一〇・二四）
〃　三五年	一二・四〇（一一・三七）
〃　三六年	一〇・九〇（一二・三七）
〃　三七年	（一一・六一）
〃　三八年	（一一・七二）
〃　三九年	一三・二〇（一三・五五）
〃　四〇年	一四・三〇（一五・五五）
明治四一年	一二・三〇（一四・六九）
〃　四二年	一〇・〇〇（一二・一七）
〃　四三年	一三・四〇（一三・四一）
〃　四四年	一五・四〇（一五・七七）
大正　元年	二〇・八〇（一九・七一）
〃　二年	一八・二〇（一九・五八）
〃　三年	一〇・八〇（一一・六〇）
〃　四年	一二・八〇（一一・八五）
〃　五年	一五・〇〇（一三・九四）
〃　六年	二一・二〇（一九・二三）
〃　七年	三六・五〇（二九・〇三）
〃　八年	五〇・〇〇（四三・五五）
〃　九年	二五・〇〇（四一・六）
〃　一〇年	三五・五〇（三六・八九）
〃　一一年	二五・五〇（二五・四八）
〃　一二年	三一・〇〇（二九・三二）
〃　一三年	三八・三〇（三七・四〇）
〃　一四年	三九・八〇（三四・一五）
昭和　元年	三四・九三（三〇・八四）
〃　二年	三三・八五（二七・〇二）

（　）中は富山米価（『富山県史　近代　統計図表』一二二頁による）

解説と史料紹介：水橋の明治期米騒動

前頁の米価表に見るように、明治後半からは水橋米価が消費者の多い富山の米価を上回っている年（傍線付き）が多くあります。北方開拓へ米を積み出す、新川海岸地帯の相対的な高値を示すものと思われます。明治期に数回あった顕著な米価高騰期に、水橋に生じた状況を見ましょう。

第一回は、戊辰戦争遂行のため発行された太政官札によるインフレのなかで、全国的凶作で起こった明治二年端境期の米騒動で、砺波地方などに「ばんどり虫」と呼ばれる飢民が溢れ、滑川では七月一一日に打毀しが起こって（註1）、水橋御蔵に対して難渋者への米放出を請う文書も残っています（註2）。この秋に新川郡全域を席巻する、明治初年全国三大一揆に数えられる「ばんどり騒動」が勃発するのです。水橋御蔵に年貢米を納めに白岩川を上下する舟上での農民たちの謀議から始まって、一揆は塚越村忠次郎・浅生村伊七郎など、東水橋の河口港によって日本海海運に結び付けられた白岩川流域の、商品流通によって覚醒した開明的中農層によって主導されています。頭取忠次郎が江戸・奥州・蝦夷地を股にかけた、開明的な経歴の持ち主だったことも、それを象徴しています。

明治期米騒動の第二のピークは、殖産興業投資に西南戦争出費が重ねられた明治一〇年代初期のインフレで起ります。「富山縣警察部調」（註3）は、「水橋町ニ於テハ明治二年ノ一揆ニ恐レ細民ノ騒擾ヲ起スヲ予見シ」「救助シタル為メ事ナクシテ止ム」と書いています。コレラの流行と重なった明治一二年八月一日の東水橋では、検疫所架設に出張した巡査を河中に投げ入れ、多人数が棒・竹竿で「半死半生の目に」あわせたので、富山警察署及び魚津分署より警部巡査が出張、翌二日午後までに一六人が捕縛されています（『大阪日報』M12・8・12、同日の『報知』、翌日の『朝野』）。ここでM12・8・12は明治一二年八月一二日号を意味し、以下では例えば『高岡新報』を『高新』と略します。

第三のピークは企業勃興期末の明治二三年です。東水橋では、一月二〇日に細民六、七〇名が同町役場に迫って救助ヲ要求し（註4）、二月下旬に「糊口に窮する貧民二百三十餘名あるよしにて」「有志者」が二四日「より施米を始

1.『中山歳代記』中山文書、滑川市史編纂室蔵。

2.「当年凶作、飯米差支につき水橋御蔵渡米切手渡方願書」明治二年一一月、立山東神職。芦峅寺文書、芦峅寺一山会蔵。

3. 大正七年米騒動当時、県警察部が発表した『富山県下ニ於ケル米ニ関スル紛擾沿革一覧表』のことで、隠蔽や歪曲が多い。『高岡新報』大正七年九月一～三日に掲載されたため、大原社研の米騒資料にも入って、明治期米騒動の研究を歪めるもととなった。同表は一九六五年の『富山県警察史』六一六頁としても採用されている。

4. 内務省報告（富山縣一月の項）・同摘録（大日方・我部・勝田編『内務省年報・報告書』第一四巻七八頁）。内務大臣から五月一日付で内閣總理大臣へ上申された、内務大臣官房丙第二百五六號「各地方米價騰貴ノ為メ細民困難ノ状況近日到達シタル警察報告中ヨリ別紙ニ摘録シ御参考ノ為及報告候也」の臨時報摘録の部分である。この時期は内務・総理両大臣を伯爵山縣有朋が兼ねており、内

め」（『北陸公論』M23・2・26）ました。五月に入ると「漁猟の少きより貧民次第に増加せしか中にも放火するとの風評」で「非常に警戒」（『北陸公論』M23・5・7）。「十日より四百餘名の貧民へ一人に付白米一合宛の施與」し（『富山日報』M23・5・15）、「醤油商河合四郎八氏は夙に節儉力行の聞へあり且慈恵の」人で「四十二の祝年なるを幸ひ賀宴を開く代りに二百餘戸の貧民へ味噌一升醤油一升と小豆二合（是れは祭典に付赤飯の用に供する爲め）宛を施與したるに付貧民共は」感泣し（『富山日報』M23・5・15）「消防夫六十余人にも醤油二升宛十三日より施與」されます（『富山日報』M23・5・20）。六月中旬には、東水橋で「糊口の道なきもの三百餘名のるを以て同町の佐々木平兵衛、廣瀬乾二等の諸氏は右貧民救助方に付協議中の處」「同町町議員諸氏に於て同様の見込かわしたるを以て此際共に協力するをに決した」（『北陸公論』M23・6・14）。隠蔽をこととする「富山県警察部調」は、「東西両水橋町に於て」「も暴挙に至らざりき」と書きますが（『富山県警察史』六一六頁も同じ）、「男女混合約百名の一隊」の、男も入ったかなりの集団行動があったことを認めています。取引所のある高岡市での打毀し放火を中心に、小矢部・庄川下流地帯、富山市・東岩瀬港に騒動が広がった、六月二〇日前後のことではないでしょうか。

第四のピークは日清戦後インフレ期です。明治三〇年「東水橋町にては目下貧民二千人もあるよし（中略）一人當り米五合宛の割合にて一升の價二錢安を以て救助することとし救助金高七百圓は同町有力者三十餘名にて之を負擔」（『北陸政報』M30・10・5）、「本年冬期間中同町の船方に使用せる縄、筵等を貧民をして之を製作せしめ相當の賃金に幾分を増して救助する」（『北陸政報』M30・10・7）。「富山県警察部調」は「東西両水橋町細民」の「婦女百名斗リノ集團」が「役場及富豪者ヲ訪ヒ救助方ヲ哀願シタルモ不穏ノコトナシ」「町役場ヨリ焚出」とし、月日も書きません（『富山県警察史』六一六頁も同然）。翌三一年に入っても「東水橋町にては昨年以來物價の騰貴に依り細民の糊口に窮」し、「町長佐々木兵衛氏及ヒ町會議員一同發起して有志の義捐金を募集し」、「劇場朝日座を仮用して此等細民を収容し製筵事業を起して」賃錢・救助を「與へ來りしに、爾來原料缺乏を告けしのみならず工場狭隘にて行員百名を容るゝの餘地なく、（中略）町費免除の三百八十餘戸一千八百餘口の窮民中菜食を絶つもの近日増加し或は町役場に訴へ或は有志家に就き其惨状を訴うる有様（中略）、更に町税三戸以上の賦課を受くる人より一戸賦課毎に凡そ金八拾錢以上の割

相としての山縣は富山県から報告を受けた一月末に見ることができたわけである。『明治二十三年　公文雑纂、内務省二ノ六』、国立公文書館蔵。

合を以て義捐金を募集し」ています（『北陸政報』M31・5・1）。同町の「池田清七氏は（中略）南京米三百石を買入れ同店及び同町の雑穀店へ卸し（一升）十五錢宛に販賣しつゝあるよしなるが同町貧民はその奇特に感激」しています（『北陸政報』M31・5・1）。

　第五のピークは元号交替期の大正政変前後です。「東水橋町の昨冬火災に罹りたる細民等は」「十日相伴ひて同町役場に出頭し救助方を出願」（『北陸タイムス』M44・8・13）し、「一時不穏の風説が傳へられたが單に數名の貧民が米價低減を佐々木町長に逼つた」（『高新』M45・6・25）。「町長は役場吏員をして其取調べをなさしめたるに、幾分の救助を興へざれば後日に患を胎すに至るべきものあらんと察せられる、者三十三名ありければ、一両日前密かに町會議員を役場壇上に招き其救助法を講じたる結果、遂に外國米を役場にて買ひ求め原價より一升に就き三四錢づゝ割引して賣り出し」「有志の寄附金を募集する事とな」り（『高新』M45・7・3）、「役場にては同町貧民へ六日より救助米の賣出しを始めた」（『高新』M45・7・8）。「救濟方を願出る者既に數百名に及び」「役場吏員は有志者間に奔走醵金募集中の處、愈々六日より救濟を要すべき極貧者に對し、四才以下六才以上其他疾病の爲め止む得ざる者に一人四合の割合にて、原價より一升に付き六錢五厘安の割にて蘭貢米の販賣を實施」、「救濟人員は二百卅六名にて、又救濟寄附金は六日迄申込めるは石黒七次氏の金百圓を最とし合計六百八十一圓此人員卅四名」（『富日』M45・7・9）。「富山県警察部調」（『富山県警察史』六一六頁も）（明治四五年部分）は、「東西両水橋町ノ」「婦女子百名斗リ一團」「ハ役場及有志者宅ヲ訪ヒ救助方哀願セシモ不穏ノコトナシ」と集団行動のあったことを認め、「町ニ於テ焚出等ヲ」させています。

　以上を一覧して気づくことは、明治二二年の東西水橋町分離後の新聞記事・内務省報告のすべてが、東水橋町の記事のみに限られていることです。西水橋にことが無かったとは思えませんが、記者が東水橋の方にばかり記事を集めに入るような差が、町の大きさからも湊の有無からも生じていたようです。他方「富山県警察部調」は、「東西両水橋町」「百名」「哀願」「不穏ノコトナシ」と型にはまった繰り返しが殆どです。両町各々の状況を区別して報ずることなどしない官僚的なものですが、百名前後或いはそれ以上の、集団行動が明治一二年八月のコレラ騒動以来、米騒動ごとに生じていたことが読み取れます。

付録II　水橋の人と略史

水橋の人と略史

水橋は平安末期「和名抄」「延喜式」の駅名として登場し、現在の白岩川・常願寺川が合流していたた大河「水橋川」の河口付近の右岸に、駅馬が置かれていました。義経や西行も渡ったとも云います。水橋門徒とも謂れる、浄土真宗の古い拠点とされるのは、越後の五智（直江津）に流された親鸞の弟子たちの、布教によると伝えます。中世には、越後・魚津・富山を結ぶルート上の大渡河点として、交通・軍事上の要衝でしたから、水橋将監なる者の館があり、一六世紀前半には守護代椎名氏の勢力下に水橋城といわれ、同後半には神保氏春・上杉謙信・姉崎景家らの攻防の地となりました。東水橋の館村・館町の字名で残ってきた地域で、今日の水橋郷土史料館のあたりに中心があったと云われます。

近世　東水橋について見ると、寛政年代（一七八九〜一八〇〇）までは生業の殆どは漁業で、文化年中（一八〇四〜一八一七）から売薬業・航海業・肥料商が加わり、天保三年（一八三二）には豆腐屋八軒・油屋三軒・油売三軒・蝋燭屋及び材木屋（軒数不明）、鍛冶屋・紺屋・酒屋各一軒となり、慶應期（一八六五〜一八六七）には漁業が衰えています。酒造業は、東水橋では宝暦三年（一七五三）に中野屋次右衛門が始め、寛政元年に狐塚屋伝三郎（桜井氏の先祖）が譲り受け、西水橋では天保七年に池田屋円右衛門が開業しています。

近世中期の越中人口は四一万（三二万が加賀藩領内、九万が富山藩内）と言われるなかで、一七一一（宝永八）に西水橋二二八軒一一〇〇人、東水橋二二〇軒一〇七〇人とあります。これで見る限り、西は東に対し遜色がないので、差がつくのは近世後期、西回り航路の寄港が東水橋港を本格化させてからか、と想像されます。

東水橋の戸数・人口は前掲『東水橋郷土小史』六五頁にこうあります。

一六八〇年　延宝八年　一四二戸

一七一〇年　宝永七年　二二四戸（内二七戸は浜町）
一〇七〇人
（内一〇四四人浄土真宗、二一人法華

宗、五人禅宗）

一七八〇年　安永九年　三七〇戸

一七八二年　天明二年　三七一戸

　　　　　　　　　　割家借家二〇戸

　　　　　　　　　　家不持者六戸

　　　　　　　　　　寺一、塔中一

一七八九年　寛政一年　四〇一戸

　　　　　　　　　　一六三五人

一八一六年　文化四年　四六四戸

一八四一年　天保一二年　六三一戸

一八五三年　嘉永六年　七三五戸

　　　　　　　　　　二九七五人

一八五八年　安政五年　八三一戸

　　　　　　　　　　三八七〇人

一八六四年　元治一年　八五三戸

一八六九年　明治二年　八四二戸

渡し場と立山橋　渡し場の位置は東側でいうと、義経伝説にあるのは今日の新大町南部あたりで、延宝頃（一七世紀）までは河口近い艀場あたりだったようです。近世には今日の東西橋の位置にあって、参勤交代など藩主らの通るときは、七〇艘の舟を川沿いから徴発して並べ、板を敷いた「舟橋」で人馬を通しました。架橋の許可が出て、その場所に立山橋が架かったのが、明治二年六月でした。現在の東西橋の二倍半以上の二四六メートルもあって、幅五・一メートル、常願寺川右岸の神社の御神木を一〇〇本を集めて使ったので、東側のたもとに「水神社」を創って、神慮を慰め河の安泰を祈りました。

藩倉　舟で河を下げられて来るものが多かった年貢米は、東水橋の今の中部小学校の敷地にあった加賀藩の倉に集められました。寛文八年に建てられ、以後数回増築され、玄米九千石・籾一千石内外を収納しました。大きな帆船は河を上ってこれないので、積み出す際は河口東岸の艀場付近まで仲せ（陸仲仕）が運びました（証言1の第二図、証言26・28の地図を参照）。今の新大町・大町・東天神町を通り、天満宮のところで西に折れて西天神町に出て琴平橋を渡ると、下条川が水橋川に入る西浜の角に弘法の祠があり、その前が艀場になっていました（現在、碑と説明板が立っています。本書冒頭の「水橋米騒動の概要」にある写真）。大坂への廻米船が初めて入港したのは正徳四年（一七一四年）です。維新後は御県蔵と称しましたが明治六年廃止されて、跡地が小学校になったわけです。

給人蔵　西水橋の海岸よりに寛文二（一六六二）年に置かれ、預かって米の出入りを明細に記録・管理する者は蔵宿と呼ばれました。給

伝蔵地蔵

人米も大坂へ廻米されましたから、近世には西水橋にも“仲せ”がいて、蔵宿と河口の間をつなぐ水路の艀に積み降ししていたのです。

伝蔵地蔵　東西橋の東水橋側のたもと、水橋神社の入口左側に六角堂があって、伝蔵地蔵と呼ばれ高さ八〇センチの延命地蔵が、やさしく微笑んで坐っています。霊験あらたかと域外からも参詣者があり、毎年八月二五日に例祭が行われます。この地蔵の謂われについて、正満又七は『水橋郷土史』第一巻七〇五頁に大略次のように書いています。「米は他藩へ許可なくして移出できないのに、高田という米問屋が移出したことが発覚して斬首にあった。年代不明、天明と天保の間あたりか。それを気の毒に思う里人が供養のため地蔵の建立となった。昔建てられていたのが東天神町と大町の間に（以前あった）橋の袂、今は北陸銀行支店、むかし狐塚伝蔵の家のあった傍だった。それで里人は伝蔵地蔵といった」。

一方、本篇で証言の瀧川弥左衛門さんは次のような話をされました（一九八七年聞取りノート）。「高田という大きな家が、今の荒物屋さん辺り（水橋明治町五八四）を中心に東西に続いて、裏の方もずっとあったそうだが、私の知った頃はなくなっていた。二つほど年下の高田由造という人が同じ郵便局に勤めていて、いま高田直吉という名が出ている辺り（水橋明治町九三）に住んでいた。この由造氏が、家付き娘のお祖母さん（安政五年生まれ九四才で没）から、子供の頃に次のような話を寝物語に聞かされたという。「明治一一年の天皇の北陸巡幸の際、『この家からは謀反人が出たことがあるから』と、湯茶のお水の献納以上に関わることを禁ぜられた。それで金沢の前田家へ伺いを立てたところ、先祖に米麦輸出禁止のお咎めを蒙って極刑に処せられた者があるとの事だった」。この高田由造氏が郵便局関係の雑誌に書いたものがあると、瀧川さんから聞いたので、取り寄せて読んで見たところ、「先祖は代々眼目屋《さっかや》与左衛門を名乗って、網元・豪農・売薬業を兼ね、蔵の並びが今の小学校校庭まで続く豪商だったが、三度の大火と藩制末の「徳政」で没落した。

最後に正満氏とも話をした」と書かれています。すると地蔵に祭られた人物は、高田（眼目屋）与左衛門であることになります。

郷土史料館長だった小松外二さんに話したところ、眼目屋与左衛門家も三度の大火も実在し、小松さんの祖母小松ムラは高田与助の長女で、与助の妻は眼目屋与左衛門の三女テル（天保一三年生まれ）が嫁いで来たものだと言われます。小松さんは相当すると思われる史実を杉木文書と給人蔵関係で、見付けておられました。蔵宿勝島屋市郎右ェ門（明治以後西水橋で勝山姓を名乗った家）が、御給人塚越村入江定蔵様の扶持米を預かっていたが、飢饉の年（天保七年頃か）民衆の惨状を見るに忍びず、その米を無断搬出した米商人がおり、奉行所のあった魚津に送られて、生き埋めの刑に処せられたというのです。伝蔵地蔵の由来はほぼ明らかに成ったかと思われます。

河身分離と東西橋　日本一の暴れ河と云われる常願寺川が、上流から運ぶ土砂で河港が浅くなり、大洪水も明治二三年、四年と続いたので、オランダ人技師デレーケの指示で、白岩川から常願寺川を証言25の図のように分離する工事を、同二五年に完成しました。橋は九一・八メートルに縮まり、橋幅は八メートルに広がりました。常願寺川が分離された分だけ、西水橋は広く成ったので、廃川地には住宅・商店街・工場などが出来て、今日の振興に役立ちました。東・西水橋が近くなって、橋の名も後には東西橋と呼ばれるように成りました。この東西水橋の一体化は、米騒動の広がり方に影響を与えることに成りました。

東・西水橋町の離合　近世の初め慶長の頃から別れていた東・西水橋は、明治四年に金沢藩によって一体化されましたが、同二二年の市町村制発布で再び分離され、大正の米騒動の際も、橋一つの長さ、たった九二メートルしか離れていなかったのです。このことが米騒動の展開の仕方にどのように影響したかは、すでに本篇第五章で見たとおりです。昭和一五年の第一次合併で再び、東・西水橋町及び下条むらが一体化して水橋町となり、同二九年四月の第二次合併で上条村・三郷村も加えました。昭和四一年には富山市に合併されました。

水橋売薬

売薬は水橋の経済・政治・教育・文化を活性化した原動力です。富山藩から両側の加賀藩領に影響が広がった売薬が、水橋で特別の発展をみたのは、水橋川による水運と北陸街道が交わり、河口港に北前船が入る交通の便によると思われます。水橋では富山城下の古い薬種問屋、松井屋・茶木屋から売薬株（営業免許）を得た者が多く、延享四（一七四七）年頃に株を持ち始めて、明和年間（一七六四〜一七七二年）に西回り航路の充実で薬荷・行商の便が良くなるとともに発展して、文化年中（一八〇四〜一八一七）に繁栄の域に入ります。寛政一二（一八〇〇）年の「反魂丹場所連中定書帳」では水橋一八（内一二が東水橋）・滑川五の業者が見られ、文政五年の調書では東水橋だけで株持人四四、売子数一一八人、安政五（一八五〇）年の伊藤彦四郎（新川郡役所海岸方主任）の巡視では、売薬人（株持人か）東水橋五四人・西水橋四一人となっています。下図に見るように、富山城下を別にすれば、東西併せた水橋町が最も多いのです。ここで「行商人」数とは手代の売子数を含めた数と思われます。上新川郡内の嘉永六（一八五三）年の営業量の比較も残っています。ここで「脚」とは行商人一人の旅先回りを表す営業量の単位です。

黒牧村 一二四人脚、東岩瀬 九〇人脚、西水橋 二二九人脚、高月 一四一人脚、新庄 七六人脚、東水橋 二八七人脚、滑川 一四八人脚

黒牧村・新庄だけが内陸部で、北陸街道の走る海岸部が圧倒的ですが、なかでも東西水橋が群をぬいています。水橋神社には「売薬中」の石燈篭の献灯が二基あって、積船 長栄丸・権七、三宝丸・吉左衛門と彫られています。売薬が北前船とともに広がったことを示しており、例えば慶應三（一八六七）年には、東水橋

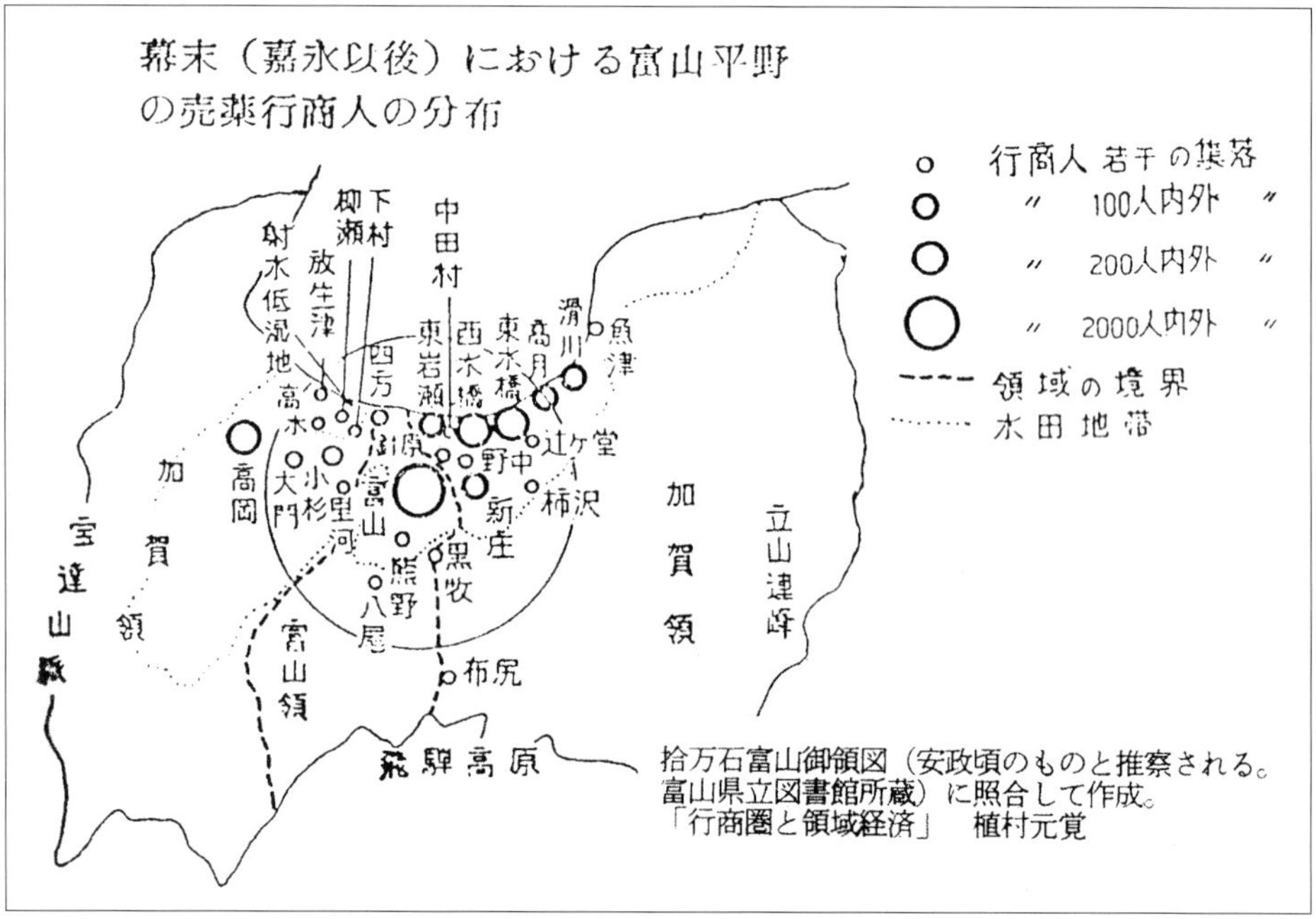

大村歌子「水橋売薬」『水橋の歴史』第一集（1989年より）

港から四三八もの売薬荷物が積出されたとあります（「売薬永帳」）。

　製薬は古来各自の秘伝で、製丸師の手によっていましたが、明治一〇年売薬規則の発令されたので、水橋では同業者が集まって石黒七次を営業者として製剤の官許を得て、共同製剤を行うようになりました。明治二〇年佐々木平兵衛を営業者に博愛堂を創立し、今日の会社組織の売薬業への途を開きました。

（文献：大村歌子「水橋売薬」前掲『水橋の歴史』第一集所収。前掲『東水橋郷土小史』七八頁）。

海運と北海道・北洋通い

　新川海岸地帯の近世以来、海運が大きな要因であったことは、第五章の調査の際にも触れました。直接水橋に限ってでも、石金長四郎氏の稿（『バイ船研究』第一号・一九八七年）や、前掲拙著『北前の記憶』（桂書房）所収の堀田次修・相川与八・角川徳治・桜井安太郎・護摩堂守八の諸氏の稿・談話があるので、ここでは正満又七『水橋郷土史』第一巻五七八頁からの以下の引用の転載に止めます。宝永七（一七一〇）年の記録に「外海船一隻につき銀七匁を賦課したとあるから、幾十艘かの渡航船の存在した事は明らかである。天保の頃より北海道への航海船漸次増加し、船形愈巨大となり、三百石より五百石積みとなり（中略）千石積みの現出となりて、北陸・奥州の諸港及び遠く松前・馬関・大阪へ航海し、米穀・縄・縄・莚等を移出し、魚肥・石材・木材及び日用品を移入し、広く他藩の商人と取引し居たのである」。「水橋神社・金刀比羅社にはその盛時を物語る大和船の額面が奉納されてある」。

大正期のコレラ

同五年　九～一一月富山湾沿岸にコレラ広がり、東水橋にも発生。一〇月からは寺内内閣になり、大戦期物価上昇で米価一石一五円前後。
同六年　四月より第二次寺内内閣、大戦景気で各地に成金・大工場。日本鋼管伏木工場。米価五月以後急上昇、二一円前後。コレラ流行で八、一〇月には西水橋にも患者。
同九年…コレラ大発生で、六月末から東水橋にも入る。

文化人その他

「欅の家」尾島《おしま》屋　東水橋の大町の、商店街の中心を少し北へ抜けると、少しさきが西本願寺派照蓮寺で、真向かいが水橋神社という中心地に、ひときわ間口の広い商家の造りが目だちます。背後の鬱蒼たる欅・桧葉の（樹齢三百年、一九六センチという）大樹の林が繁る奥庭が白岩川まで続いて、「欅の家」は水橋の歴史を象徴する一画となっていました。尾島屋の創始者傳右衛門は延宝八（一六八〇）年に、水橋館村にあった兄の庄助家から、田畑・外海船・漁業具などの分与を請けて分家したと云われます。元禄の頃（一六八八～一七〇三年）から鰤網の権利を拡大し、正徳年間（一七一一～一五年）には地主としても成長し、町肝煎・組頭・算用聞・吟味役を勤め、幕末までに醤油醸造販売、売薬の帳主、質屋にも手を広げました。「尾島家過去記」「尾島氏代々仏方暦数記」をはじめ、慶安元年（一六四八年）以降の七九七点におよぶ文書を保存し、門構えは鰤網の網元に由来する風格で、母屋は（奈良文化財研究所の調査で）一八世紀末の建築であったといわれました（一九九六年の建替えで外観は変化）。

明治元年生まれの傳次は東水橋町長、町議五回、中新川郡会議員、水橋銀行取締役・副頭取を歴任し、書を好んで頼山陽の書体で石黒七次・石金長四郎家などの表札を書いたそうです（『郷土水橋の先覚　第二集　町村長編』）。その子、庄太郎（一八九九～一九八〇年）は、坪内逍遥が演劇理論を講ずる早大文学部に入り、第一次大戦後の演劇・文化運動の影響下に、アイルランドの詩人について「イェイツの研究」で著名です。日本イェイツ協会長、早大英文学教授で、象徴性や民族色のある文学・芸術の研究・育成につとめました。子の榮太郎は『北日本新聞』社幹部。後継は英一郎氏。（文献：尾島庄太郎著『欅の家』、竹山恭子「尾島庄太郎とイェイツ」『水橋の歴史第四集』水橋郷土歴史会一九九七年）。

千石喜久　東水橋町稲荷町出身、小学校卒だけで哲学・文学を独学し、紀平正美・白鳥省吾・相馬御風の門を叩きます。一九二六年『金沢新報』記者、白鳥創刊の『地上楽園』編集同人となり、詩集『文明の宣布』・『石川県歴代長官物語』などを書きましたが、三一年二月、三一才で夭折しました。プロレタリア文学志向の戯曲『越中米騒動』は、本篇に証言の瀧川弥左衛門氏（同級生）などからの情況聴取で書いたものですが、筋立ては純粋にフィクションです。（文献：岡本悦子編『千石喜久・全作品集』桂書房）。

伊井弥四郎　戦後の国鉄労組中央執行委員長（明治三八年、西水橋生まれ）。一九四七年の二・一ゼネストに全官公庁共闘の議長として、占領軍マッカーサー司令官による中止の全国放送を強制され、指令原稿にない「一歩後退・二歩前進、労働者農民の団結万歳」を加えて、小菅刑務所に二年半投獄されました。前掲『水橋西部百年のあゆみ』の二九頁には、一九一九年一〇月八日に御真影が郡役所から西水橋小学校へ運ばれた際の捧持役に、男子職員二名とともに六年生児童代表四名の一人として、井伊弥四郎の名があります（級長か何かだったのでしょう）。七一年一二月歿。（『水橋郷土史』第一巻、五一三、五一九頁）。

角川源義　東京で出版社角川書店を創立した角川源義は、角川姓が多い東水橋町西浜で大正六年に生まれ、水橋の伝統文芸である俳句（『水橋郷土史』第一巻参照）に中学時代からなじみ、国学院大學国文科に進みました。岩波文庫の宣伝をアルバイトにやっていて、書店設立に開眼したと云われます。金尾梅の門とともに水橋出身の俳人で、文学博士でもあります。一九八三年の文化の日、水橋郷土史料館前にその句碑が建立されました（文献：角川源義句碑建設実行委員会編『郷土の俳句』水橋郷土史料館、一九八一年）。

あとがき

米騒動から四年しか経っていない一九二二（大正一一）年八月の『北陸タイムス』を、桂書房の勝山敏一社長が見つけて下さったのを見ると、米騒動で全国的に有名になったのは滑川女だが、その米騒動自身は東水橋町（現・富山市水橋）に始まったものだ、という記事が一二～一四日にわたって連載されています。本書の中心的な証言者の一人である瀧川弥左衛門さんもそのことを、早くから証言され、戦後もテレビ対談や研究者の来訪などで、しばしば発言して来られました。

そして米騒動五〇周年の一九六八年には、この瀧川さんのほかに、松井滋次郎（筆名千冬）さんが本証言集の主柱になった、米騒動参加者・目撃者達の証言のテープ蒐集を始められました。その報告がすでに六八年中に、松井千冬「座り込む富山の女たち」（『労働農民運動』同年八月号）と座談会記録「米騒動から五〇年、思い出を語るおばばたち」（『赤旗日曜版』同七月二八日）の、二つの形で発表されています。それによって、東水橋ではまだ梅雨中の七月初旬から女（陸）仲仕たちによる行動が開始されていた、という事実が世に出て、それには警官も再三つきまとっていたという証言も伴っていました。そしてこの松井さんによる証言蒐集は七〇年代半ばまで続けられていたのです。

このように、富山県の米騒動が東水橋から始まったという証言は、戦前の早くから戦後も七〇年代半ばまで一貫して行われて来ていたのです。それにもかかわらず、それ等の事実が忘れられたのは、富山県で米騒動について出された最初の本である『証言　米騒動』（一九七四年三月、北日本新聞社刊）が、なぜか松井氏の業績だけを紹介しなかったことに始まります。その上、松井氏が七六年に早逝されたこともあって、以後は松井調査の成果は無視されていました。筆者が水橋歩きを始めたのは八〇年頃から、梅田欽治さんのご指摘（「米騒動論」、歴史学研究会『現代歴史学の仮題、下』一九七一年に所収）を読んで、東水橋での七月初めからの始まりを強調し始めたのは八七年からですが、世に知られていなかった松井テープの存在を発見したのは、十余年の水橋歩きの後の九一年でした。松井さんのご遺族の所在を知ったお蔭で、九三年に一部を文字化させてもらい発表しましたが、不明箇所などを解き明かすため、老人会の名簿などを頼りに更に米騒動世代の生き残りを訪ね歩かねばなりませんでした。方針上の混乱や不手際もあって二十数年後の今日、ようやくこの形にまとめることが出来ました。

松井滋次郎さん・瀧川弥左衛門さんはじめ、お話し下さった多くの古老の方々にお詫び申し上げるとともに、心より感謝の辞を捧げる者です。

一九一八年の米騒動については、水橋のそれについて以外にも、筆者は下記①～⑧のような報告を書いてきました。

①『〝米騒動〟と呼ばれた市民戦争　その国際性と二重構造』（仮題・近刊予定）

②「日本近代と米騒動　二重構造と東ア波及性」（『北陸都市史学会誌』14号二〇〇八年八月）

③「魚津米騒動と藤田日記など公開の必要」（二〇〇五年、翌年改訂、紙谷信雄氏など県内外の関係者に配布）

④筆者監修『図説　米騒動と民主主義の発展』二〇〇四年、歴教協編・民衆社、一〇五頁。

⑤『北前の記憶』巻末解説の第８節、一九九八年、桂書房

⑥「日本近代米騒動の複合性と朝鮮・中国における連動」（『歴史評論』一九八八年七月）

⑦米騒動史研究会北陸支部「米騒動の日付け修正と『米騒動の研究』・『細川史料』の限界」（『歴史評論』一九八八年七月）

⑧「米騒動考」（『北日本新聞』一九八七年七月一八～二二日）

これ等は内容的に見ると、大別して三種の問題を扱っています。第一は、第一次大戦という帝国主義世界体制の破裂がどのような形で日本に波及し、維新以来の国内構造とどのように絡んだのかという、米騒動の基本的性格に関わる全国問題です。第二は富山県内の他の町の騒動をも調べ、共通性とともに町々の個性が、どのように現れているかを観ることです。その過程で、魚津での始まり日の正しい日付けが七月一八日・二〇日であることにも気付きました。県警察部がそれを（東水橋での始まりを隠したのと同様に）意識的に後らせて発表した文書が、大原社研史料に紛れ込んで東海側研究者を欺いているのに気付かず、その誤りを『証言　米騒動』や富山県人自身が、県内外に拡げた影響はまだ清算されきっていません。第三は、富山県米騒動に対する女性史からの関心に正しく応えることです。第一の問題については、上記の⑥→④→②で深めて来たので、④の第二章と第四

章§5か②を読んで頂けば、大凡を理解できます。第二の問題は⑧→⑦→⑤→④→③と深めて来て、④の一〇五～一〇九頁に一応のまとめが見られますが、詳細は③に記されているので、必要な方は送付を筆者宛てご請求下さい。

①は第一・第二の問題を更に完成した形にまとめた上に、第三の問題も論じているので、多くの方に見て頂きたいのですが、それらをこの証言集と一冊にまとめるには分量が多すぎる等で、次期の出版に譲らざるを得ませんでした。出来るだけ早く、日の目を見させたいと思っています。

最後になりましたが、編集を担当して下さった桂書房の皆さんの、日頃からのご労苦に深甚な感謝を表するものです。

二〇一〇年八月

井本三夫

編者略歴

井本　三夫（いもと　みつお）

一九三〇年七月一四日生まれ。

京都大学理学部・同博士課程（理論物理専攻）卒業、欧州留学。

元・茨城大学理学部教授、一九八〇年、科学的認識の自然・社会への統一的適用を志し、大学専任を辞して著述生活に入る（元・富山大学教育学部非常勤講師）。

現在、歴史科学協議会『歴史評論』編集委員。

著書・編著
『蟹工船から見た日本近代史』（新日本出版社）、二〇一〇年二月
『図説　米騒動と民主主義の発展』（共編著、民衆社）、二〇〇四年
『北前船の記憶』（桂書房）、一九九八年一二月
『いま、よみがえる米騒動』（共著、新興出版社、絶版）、一九八八年八月

現住所　〒270-1154　千葉県我孫市白山二丁目　一八-一七-三〇一

水橋町（富山県）の米騒動

定価二、〇〇〇円＋税

二〇一〇年九月一〇日　初版発行

著　者　井本三夫
発行者　勝山敏一
発行所　桂　書　房
〒930-0103　富山市北代三六八三-一一
Tel　〇七六（四三四）四六〇〇
Fax　〇七六（四三四）四六一七
印　刷　菅野印刷興業株式会社

地方小出版流通センター扱い

©Imoto Mitsuo Printed in Japan

ISBN978-4-903351-89-6

＊造本には十分注意しておりますが、万一、落丁、乱丁などの不良品がありましたら送料当社負担でお取替えいたします。
＊本書の一部あるいは全部を、無断で複写複製（コピー）することは、法律で認められた場合を除き、著作者および出版社の権利の侵害となります。あらかじめ小社あて許諾を求めて下さい。